L'image de la Cité

Extrait de notre catalogue

L. BENEVOLO	Histoire de l'architecture moderne, 4 tomes
M.J. BERTRAND	Architecture de l'habitat urbain
M.J. BERTRAND H. LISTOWSKY	Les places dans la ville
PH. BOUDON F. POUSIN	Manuel de figuration graphique en architecture
PH. BOUDON	Introduction à l'architecturologie
PH. BOUDON	Pessac de Le Corbusier 1927-1967
B. CHEMETOV M.J DUMONT B. MARREY	Paris-Banlieue 1919-1939
G.N. FISCHER	Le travail et son espace
J.C. LUDI	La perspective pas à pas
K. LYNCH	L'image de la cité
C. MASSU	L'architecture de l'école de Chicago
CH. MOORE G. ALLEN	L'architecture sensible
F. POPPER	L'art cinétique
G.H. RIVIÈRE	La muséologie
M. TAFURI	Architecture et Humanisme
A. TZONIS L. LEFAIVRE	Le classisme en architecture
B. ZEVI	Le langage moderne de l'architecture

KEVIN LYNCH

L'image de la Cité

Traduit par
Marie-Françoise Vénard
et Jean-Louis Vénard
Architecte Dplg, Iuup

DUNOD

Traduction de l'ouvrage publié en langue anglaise sous le titre *The Image of The City* par The M.I.T. Press, Massachussetts Institute of technology, Cambridge (Massachusetts) et Londres (Angleterre).

ISBN 2 10 003716 1

Préface

Ce livre traite de l'apparence des villes, de son importance éventuelle et des possibilités de la modifier. Même si ce n'est pas son seul rôle, le paysage urbain est quelque chose que l'on doit voir, dont on doit se souvenir et se délecter. Donner une forme visuelle à la ville est un problème de création d'un type particulier et assez nouveau.

En étudiant ce problème nouveau, ce livre se réfère à trois villes américaines : BOSTON, JERSEY CITY et LOS ANGELES. Il propose une méthode permettant de traiter de la forme visuelle à l'échelle de la ville et présente quelques principes de composition urbaine.

Le travail sur lequel repose cette étude a été dirigé par le Professeur Gyorgy KEPES et moi-même, au Centre d'Études Urbaines et Régionales du Massachusetts Institute of Technology. Il a été généreusement soutenu pendant plusieurs années par la Fondation Rockefeller. Le livre lui-même est publié dans la collection du Centre d'Études Urbaines commun au Massachusetts Institute of Technology et à l'Université de Harvard, organisme issu des activités de recherches urbaines de ces deux institutions.

Comme tout travail intellectuel, cette étude s'appuie sur de nombreuses sources et il serait difficile de les citer. Plusieurs chercheurs ont participé directement à son déroulement : David CRANE, Bernard FRIEDEN, William ALONSO, Franck

HOTCHKISS, Richard DOBER, Mary Ellen PETERS (aujourd'hui Mme ALONSO). A tous je suis très reconnaissant.

Un nom devrait figurer sur la première page à côté du mien, si celui qui le porte ne devenait pas, par là même, responsable des défauts du livre : ce nom est Gyorgy KEPES. Le développement détaillé et les études concrètes sont mon œuvre, mais les concepts fondamentaux sont nés au cours de mes nombreux échanges avec le Professeur KEPES et je serais bien en peine de démêler mes idées des siennes. Pour moi ce furent de bonnes années d'association.

Kevin LYNCH

Sommaire

I.

L'image de l'environnement

Il y a un plaisir particulier à regarder une ville, si banale que puisse en être la vue. Comme un morceau d'architecture la ville est une construction dans l'espace, mais sur une vaste échelle et il faut de longues périodes de temps pour la percevoir. La composition urbaine est donc un art utilisant le temps, mais il est rare qu'on puisse y employer les séquences contrôlées et limitées d'autres arts basés sur le temps, telle la musique. Suivant les occasions ou suivant les gens, les séquences sont renversées, interrompues, abandonnées, abrégées : on voit la ville sous tous les éclairages, par tous les temps.

A chaque instant il y a plus que l'œil ne peut voir, plus que l'oreille ne peut entendre, une occasion de découvrir un nouveau décor ou une nouvelle perspective. L'expérience que l'on peut faire quelque part dépend toujours de son environnement, de la suite d'événements qui y conduisent, du souvenir des expériences passées.

Washington Street construite en pleins champs pourrait ressembler à la rue commerçante qui se trouve au cœur de

Boston, et pourtant elle aurait l'air tout à fait différente. Tout citadin a longtemps fréquenté certaines parties de sa ville et l'image qu'il en a baigne dans les souvenirs et les significations.

Dans une ville les éléments qui bougent, en particulier les habitants et leurs activités, ont autant d'importance que les éléments matériels statiques. Nous ne faisons pas qu'observer ce spectacle, mais nous y participons, nous sommes sur la scène avec les autres acteurs. Le plus souvent notre perception de la ville n'est pas soutenue, mais plutôt partielle, fragmentaire, mêlée d'autres préoccupations. Presque tous les sens interviennent et se conjuguent pour composer l'image.

La ville est non seulement un objet perçu — et peut-être apprécié — par des millions de gens, de classe et de caractère très différents, mais elle est également le produit de nombreux constructeurs qui sont constamment en train d'en modifier la structure pour des raisons qui leur sont propres. Tandis qu'elle peut rester stable dans ses grandes lignes pendant un certain temps, elle n'arrête pas de changer dans le détail. On ne peut contrôler que partiellement sa croissance et sa forme. Il n'y a jamais de résultat final, mais seulement une succession ininterrompue de périodes, et il n'est alors pas étonnant que l'art de modeler les villes pour le plaisir des sens soit un art tout à fait distinct de l'architecture, de la musique ou de la littérature. De celles-ci il peut apprendre beaucoup, mais il ne peut pas les imiter.

Un environnement urbain admirable et ravissant n'est pas chose banale : certains diraient que c'est impossible. Il n'y a pas de ville américaine, d'une taille supérieure à celle d'un village, qui soit d'une qualité uniformément bonne, même si quelques-unes contiennent des fragments agréables. Il est alors à peine surprenant que la plupart des Américains n'aient qu'une faible idée de ce que cela peut signifier de vivre dans un tel environnement.

Ils sont suffisamment convaincus de la laideur du monde où ils vivent et lui reprochent très bruyamment sa saleté, ses fumées, sa chaleur, sa congestion, son chaos en même temps que sa monotonie. Mais ils sont à peine conscients de la valeur possible d'un environnement harmonieux, monde dont ils n'ont pu avoir qu'un bref aperçu au cours de déplacements touristiques ou d'évasions pour les vacances. Ils ne peuvent guère pressentir ce qu'un décor peut représenter en termes de bonheur quotidien, ou comme ancrage permanent pour leur vie, ou comme accroissement de la signification et de la richesse du monde.

La lisibilité

Ce livre examinera la qualité visuelle de la ville américaine en étudiant la représentation mentale de cette ville chez ses habitants. Il portera spécialement son attention sur une qualité visuelle particulière : la clarté apparente ou « lisibilité » du paysage urbain. Par là nous voulons dire la facilité avec laquelle on peut reconnaître ses éléments et les organiser en un schéma cohérent.

Tout comme cette page imprimée est lisible si on peut la percevoir comme un canevas de symboles reconnaissables et liés entre eux, de même une ville lisible est celle dont les quartiers, les points de repère ou les voies sont facilement identifiables et aisément combinés en un schéma d'ensemble.

Dans ce livre nous soutiendrons que la lisibilité est cruciale pour la composition d'une ville, nous l'analyserons de manière approfondie et nous essayerons de montrer comment employer aujourd'hui ce concept pour reconstruire nos villes. Comme le lecteur s'en apercevra rapidement, cette étude est une approche préliminaire, un premier et non un dernier mot, une tentative pour fixer les idées et suggérer des moyens pour les développer et les mettre à l'épreuve. Son ton sera spéculatif et peut être légèrement irresponsable : à la fois un essai et une présomption. Dans ce premier chapitre nous exposerons quelques-unes des idées fondamentales, dans les suivants nous appliquerons ces idées à plusieurs villes américaines et discuterons leurs conséquences sur l'art de la composition urbaine (*).

Bien que la clarté, ou lisibilité, ne soit nullement la seule

(*) Note du traducteur : « Composition urbaine » : telle est l'équivalence française que nous donnerons aux termes anglais : « urban design » ou « town design », littéralement : l'art de dessiner la ville.

propriété importante d'une belle ville, elle devient essentielle lorsqu'on se place à l'échelle de la ville, du point de vue de la taille, de la durée et de la complexité, pour examiner l'environnement. Pour comprendre cela, il ne faut pas considérer la ville comme une chose en soi, mais en tant que perçue par ses habitants.

Structurer et identifier son milieu est une faculté vitale chez tous les animaux. Toutes sortes d'indications sont utilisées : les impressions visuelles de couleur, de forme, de mouvement, ou de polarisation de la lumière, aussi bien que d'autres sensations telles que l'odeur, le son, le toucher, la kinesthésie, la sensibilité à la pesanteur et peut-être aux champs magnétiques et électriques.

Une vaste littérature (*10*, *20*, *31*, *59*) décrit et souligne l'importance de ces techniques d'orientation, depuis le vol polaire du sterne, jusqu'au cheminement de la bernicle au mieux de la microtopographie d'un rocher. Des psychologues ont également étudié cette faculté chez l'homme (*1*, *5*, *8*, *12*, *37*, *63*, *65*, *76*, *81*) mais d'une manière plutôt sommaire, ou dans des conditions expérimentales restreintes. Bien qu'il reste quelques phénomènes troublants, il semble aujourd'hui improbable que le fait de trouver son chemin soit dû à un quelconque « instinct » magique. Il s'agit plutôt d'une utilisation et d'une organisation logiques des indications sensorielles fournies par l'environnement extérieur. Cette organisation est fondamentale pour l'efficacité et la survivance même de toute vie sans entraves.

S'égarer complètement est peut-être une expérience assez rare pour la plupart des gens dans la ville moderne. Nous sommes soutenus par la présence des autres et par des moyens particuliers de trouver notre chemin : cartes, numérotation des rues, signalisation routière, écriteaux des autobus. Mais s'il arrive, par malheur, que nous soyons désorientés, la sensation d'anxiété et même de terreur qui accompagne cette perte de l'orientation nous révèle à quel point en dépendent nos sentiments d'équilibre et de bien-être. Le mot même de « perdu » signifie, dans notre langue, bien autre chose qu'une simple incertitude géographique : il comporte un arrière-goût de désastre complet.

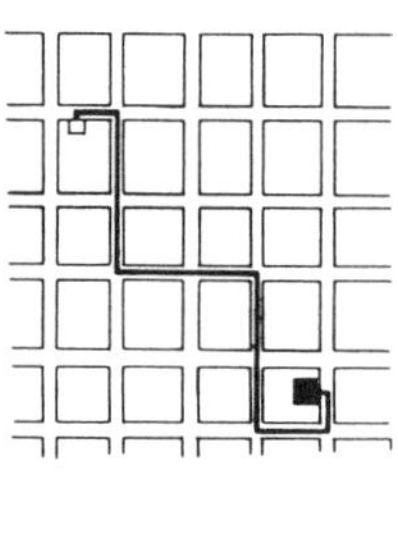

Dans l'opération qui consiste à trouver son chemin, le maillon stratégique est l'image de l'environnement, la représentation mentale généralisée qu'un individu se fait du monde physique extérieur. Cette image est produite à la fois par les sensations immédiates et par le souvenir de l'expérience passée, et elle sert à interpréter l'information et à guider l'action. Le besoin de reconnaître et de rattacher à un modèle ce qui nous entoure est si crucial, et plonge si profondément ses racines dans le passé, que l'importance, pratique et émotive, de cette image pour l'individu est immense.

Il tombe sous le sens qu'une image claire permet de se déplacer avec facilité et rapidité ; de trouver la maison d'un ami, un agent de police ou une mercerie. Mais un environnement mis en ordre peut faire plus que cela : il peut servir de vaste trame de référence, organisant les activités, les croyances ou les connaissances. Par exemple, à partir d'une connaissance structurelle de Manhattan, on peut classer une quantité considérable de faits et d'idées sur la nature du monde où nous vivons. Comme n'importe quelle bonne ossature, une telle structure donne à l'individu une possibilité de choix et un point de départ, pour l'acquisition d'une information ultérieure. Une image claire de l'environnement sert ainsi de base au développement individuel.

Un cadre physique vivant et intégré, capable de « produire » une image « aiguë », bien typée, joue aussi un rôle social. Il peut fournir aux communications de groupe, la matière première des symboles et des souvenirs collectifs. Un paysage impressionnant est pour beaucoup de races primitives le squelette sur lequel elles bâtissent les mythes importants de leur société. Des souvenirs communs de leur ville natale ont souvent servi, pendant la guerre, de premier et de plus facile point de rapprochement entre des soldats solitaires.

Celui qui possède une bonne image de son environnement, en tire une grande impression de sécurité émotive. Il peut établir des relations harmonieuses avec le monde extérieur : c'est l'opposé de la peur née de la désorientation. Ceci veut dire que c'est au moment où la maison est non seulement familière mais aussi distincte, que l'agréable impression de « foyer » est la plus forte.

En effet pouvoir distinguer et lire l'environnement, non seulement procure la sécurité, mais augmente également la profondeur et l'intensité potentielles de l'expérience humaine. Bien que la vie soit loin d'être impossible dans le chaos visuel de la ville moderne, les mêmes gestes quotidiens prendraient un tout autre sens dans un cadre plus frappant. Virtuellement la ville est en soi le puissant symbole d'une société complexe. Bien exprimée visuellement, elle peut aussi avoir une forte signification.

A l'encontre de l'importance de la lisibilité physique, on peut prétendre que le cerveau humain est merveilleusement adaptable, et qu'avec un peu d'expérience on peut apprendre à trouver son chemin à travers les sites les plus désordonnés ou les plus embrouillés. Il y a de nombreux exemples de navigation précise à travers les étendues vierges de la mer, du sable, ou des glaces, ou à travers le dédale enchevêtré de la jungle.

Voir annexe A

Cependant on trouve quand même en mer le soleil et les étoiles, les vents, les courants, les oiseaux et les couleurs de l'eau, sans lesquels toute navigation non assistée serait impossible. Le fait même que seuls des professionnels chevronnés puissent naviguer entre les Iles Polynésiennes, et ceci seulement après avoir suivi un entraînement approfondi, montre les difficultés qu'impose ce milieu particulier. Les expéditions les mieux préparées connaissaient quand même tension et anxiété.

Dans notre propre monde, on peut dire que la plupart des gens peuvent, en étant attentifs, apprendre à naviguer à travers Jersey City, mais seulement au prix d'un certain effort et de quelque incertitude. De plus il manque les valeurs positives d'un environnement lisible : satisfaction émotive, ossature pour la communication ou pour l'organisation conceptuelle, nouveaux approfondissements éventuels de l'expérience quotidienne. Ces plaisirs nous font défaut, même si notre ville ne constitue pas un milieu à ce point désordonné qu'elle impose une tension intolérable à ses familiers.

Jersey City est étudiée au chapitre 2

Dans un environnement on doit reconnaître que la mystification, le labyrinthe ou la surprise présentent un certain intérêt. Beaucoup de gens aiment le Palais des glaces, et les rues tortueuses de Boston ont un charme certain. Mais ceci à deux conditions cependant : la première est qu'il ne doit y avoir aucun risque de perdre de vue « la forme, le schéma de base » ou l'orientation, ou de ne jamais en sortir. La surprise doit se produire dans un cadre plus général ; les zones de confusion doivent être de petites parties d'un ensemble visible. En outre la forme du labyrinthe ou du mystère doivent être telles qu'on puisse les explorer et les appréhender au bout d'un certain temps. Un chaos complet sans l'ombre d'une liaison n'est jamais agréable.

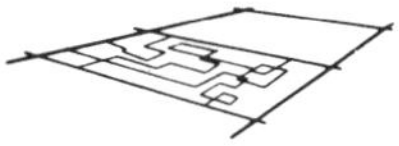

Ces sujets sont abordés plus en détail dans l'annexe A

Mais ces dernières réflexions laissent prévoir une restriction importante. L'observateur lui-même devrait jouer un rôle actif dans sa perception du monde et avoir une participation créatrice au développement de son image. Il devrait avoir le pouvoir de modifier cette image pour l'adapter à des besoins changeants. Un environnement ordonné de manière détaillée, précise et définitive, peut interdire tout nouveau mode ou modèle d'activité. Un paysage dont chaque rocher raconte une histoire peut rendre difficile l'élaboration de nouvelles histoires. Bien que, dans le chaos actuel de nos villes, il ne semble pas qu'on risque d'en arriver là, ceci montre cependant que l'ordre que nous cherchons n'est pas définitif mais qu'il débouche sur autre chose, qu'il est capable d'un développement ultérieur continu.

Bâtir l'image

Les images de l'environnement sont le résultat d'une opération de va-et-vient entre l'observateur et son milieu. L'environnement suggère des distinctions et des relations et l'observateur — avec une grande capacité d'adaptation et à la lumière de ses propres objectifs — choisit, organise et charge de sens ce qu'il voit. L'image ainsi mise en valeur limite et amplifie alors ce qui est vu, tandis qu'elle-même est mise à l'épreuve des impressions sensorielles filtrées, en un processus constant d'interaction. Aussi l'image d'une réalité donnée peut présenter des variations significatives d'un observateur à un autre.

Il y a plusieurs façons pour que se produise une image cohérente. Le fait qu'un objet réel ne soit qu'à peine ordonné ou remarquable, peut ne pas empêcher son image mentale d'acquérir une identité et une ordonnance à la suite d'une longue familiarité. Une personne peut retrouver facilement certains objets sur ce qui apparaît à n'importe qui d'autre comme une table de travail en complet désordre. D'un autre côté, il peut arriver qu'un objet qu'on voit pour la première fois soit identifié et rattaché à autre chose, non parce qu'il est familier en lui-même, mais parce qu'il est conforme à un stéréotype antérieur de l'observateur. Un Américain repérera toujours le drugstore du coin, tout indiscernable qu'il puisse être pour un Boschiman. En outre, des traits physiques frappants peuvent faire attribuer à un objet nouveau une structure solide ou une forte identité, en suggérant ou en imposant leur propre modèle. Ainsi la mer ou une grande montagne peuvent capter l'attention d'une personne venant des plaines de l'intérieur, même si elle est trop jeune ou trop provinciale pour pouvoir donner un nom à ces phénomènes importants.

Du fait qu'ils agissent sur l'environnement physique, les urbanistes portent un intérêt primordial à l'agent externe dans le phénomène d'interaction qui est à l'origine de l'image. Des environnements différents contribuent ou résistent plus ou moins au processus de fabrication de l'image. Une forme donnée, joli vase ou motte d'argile, a une probabilité plus ou moins grande de provoquer une forte image chez différents observateurs. On peut vraisemblablement calculer cette probabilité avec d'autant plus de précision que les observateurs sont mieux regroupés en classes homogènes par rapport à l'âge, au sexe, à la culture, à la profession, au caractère ou à la familiarité avec l'objet. Chaque individu crée et porte en lui sa propre image mais il semble qu'il y ait une grande concordance entre les membres d'un même groupe. Ce sont ces images collectives, exprimant l'accord d'un nombre significatif de personnes, qui intéressent les urbanistes dont l'ambition est de modeler un environnement destiné à être utilisé par beaucoup de gens.

En conséquence, cette étude visera à dépasser les différences entre les individus, aussi intéressantes qu'elles puissent être pour un psychologue. Sa première préoccupation sera ce qu'on peut appeler « les images collectives », représentations mentales communes à de grandes quantités d'habitants d'une ville : zones d'accord que l'on peut s'attendre à voir apparaître sous l'interaction d'une même réalité physique, d'une culture commune et d'une nature physiologique identique.

Les systèmes d'orientation utilisés dans le monde varient largement d'un endroit à un autre, changeant suivant les cultures ou les paysages. L'annexe A en cite beaucoup d'exemples : les systèmes directionnels abstraits et fixes, les systèmes mobiles et ceux qui sont dirigés vers la personne, la maison ou la mer. L'univers peut s'organiser autour d'un ensemble de points focaux, ou être divisé en régions auxquelles on a donné un nom, ou sillonné d'itinéraires connus. Aussi inépuisables que semblent être les indices qu'un homme peut choisir pour différencier son univers, aussi variées que soient les méthodes d'orientation, celles-ci éclairent de manière intéressante les moyens que nous employons aujourd'hui pour nous repérer dans notre propre monde urbain. La plupart de ces exemples semblent, assez curieusement, faire écho aux types formels d'éléments entre lesquels il est commode de répartir l'image de la ville : voie, point de repère, limite, nœud, quartier. On définira et on discutera ces éléments au chapitre III.

Structure et identité

Une image de l'environnement peut s'analyser à travers trois composantes : identité, structure et signification. Il est commode de les séparer pour l'analyse, tout en se rappelant qu'en réalité elles se présentent toujours ensemble. Une image utilisable requiert d'abord l'identification d'un objet, ce qui suppose qu'on le distingue des autres choses, qu'on le reconnaisse comme une entité séparée. Cela se nomme identité, non pas au sens d'égalité avec quelque chose d'autre, mais dans le sens d'individualité ou d'unicité. En second lieu l'image doit comprendre la relation spatiale ou paradigmatique de l'objet avec l'observateur et avec les autres objets. Enfin, cet objet doit avoir une signification, soit pratique soit émotive, pour l'observateur. La signification est aussi une relation mais tout à fait différente de la relation spatiale ou de la relation paradigmatique.

Ainsi quand il s'agit de fabriquer une issue, une image utile exige que l'on reconnaisse qu'une porte est une entité distincte, que l'on discerne sa relation spatiale avec l'observateur et sa signification de « trou pour sortir ». Tout cela ne peut vraiment pas être séparé : le fait de reconnaître visuellement une porte s'enchevêtre avec sa signification en tant que porte. Cependant, il est possible d'analyser la porte en termes d'identité de sa forme et de clarté de sa situation comme si celles-ci étaient antérieures à sa signification.

Ce qui pourrait être une prouesse d'analyse ne rimant à rien dans le cas d'une porte, présente de l'intérêt dans l'étude de l'environnement urbain. Tout d'abord la signification est un problème difficile dans une ville. A ce niveau, il est moins fréquent de rencontrer dans les images collectives une signification consistante que d'y trouver les impressions d'identité et d'affinité. Par ailleurs, une manipulation physique a plus facilement de l'influence sur ces deux composantes que sur la signification. Si c'est notre but de construire des villes pour la joie d'un grand nombre de gens ayant des genres de vie très différents — et des villes qui puissent également s'adapter aux usages de l'avenir — nous pouvons même être bien avisés de concentrer notre attention sur la clarté physique de l'image et de laisser la signification se développer sans que nous l'orientions directement. L'image de Manhattan se découpant sur le ciel peut vouloir dire la vitalité, le pouvoir, la décadence, le mystère, la congestion, la grandeur ou ce que vous voudrez, mais en tous cas, ce vif tableau cristallise et renforce la signification. Ce que signifie une ville pour les individus est si divers, même lorsque sa forme se communique facilement, qu'il semble possible de séparer la signification de la forme, du moins dans les premières étapes de l'analyse. Cette étude se concentrera donc sur l'identité et la structure des images de la ville.

Pour qu'une image serve à s'orienter dans l'espace où l'on vit, elle doit avoir plusieurs qualités : elle doit être suffisamment importante et vraie, au sens pragmatique du terme, pour permettre à l'individu d'agir autant qu'il le désire dans le champ de son environnement. La carte, qu'elle soit exacte ou non, doit être d'assez bonne qualité pour permettre de rentrer chez soi. Elle doit être suffisamment claire et complète pour économiser l'effort mental : la carte doit être lisible. Elle devrait être sûre, avec un excès d'indications de manière à laisser des possibilités alternatives d'action, sans que le risque de se tromper soit trop grand. Si un feu clignotant est le seul signal annonçant un tournant dangereux, une panne d'électricité peut causer un désastre. De préférence l'image devrait être ouverte, elle devrait pouvoir s'adapter au changement, laissant l'individu poursuivre son investigation et continuer à organiser la réalité : elle devrait comporter des vides dans lesquels on pourrait prolonger pour soi le tracé. Enfin l'image devrait, dans une certaine mesure, pouvoir être communiquée aux autres individus. Pour obtenir une « bonne » image, l'importance relative de ces critères variera selon les personnes et les situations ; l'un appréciera un système qui économise l'effort et soit suffisamment clair, un autre préfèrera un système ouvert et communicable.

L'imagibilité

Puisqu'elle met l'accent sur l'environnement physique en tant que variable indépendante, cette étude recherche les qualités physiques qui ont un rapport avec l'identité et la structure, attributs de l'image mentale. Ceci nous conduit à la définition de ce que nous pourrions appeler l' « imagibilité » : c'est, pour un objet physique, la qualité grâce à laquelle il a de grandes chances de provoquer une forte image chez n'importe quel observateur. C'est cette forme, cette couleur ou cette disposition, qui facilitent la création d'images mentales de l'environnement vivement identifiées, puissamment structurées et d'une grande utilité. Cela pourrait aussi s'appeler « lisibilité » ou « visibilité », pris dans un sens élargi de qualité des objets qui ont non seulement la possibilité d'être vus, mais aussi l'aptitude à se présenter aux sens d'une manière aiguë et intense.

Il y a cinquante ans, Stern traitait de cette qualité d'un objet d'art et l'appelait « apparence » (*74*). Bien que ce ne soit pas le seul but de l'art, il avait pressenti qu'une de ses deux fonctions principales est « de créer des images qui par la clarté et l'harmonie de leur forme, satisfassent ce besoin d'une « apparence vivement compréhensible ». Dans son esprit c'était un premier pas indispensable vers l'expression de la signification interne.

Une ville ayant une forte « imagibilité » (apparence, lisibilité ou visibilité), prise dans le sens particulier défini ci-dessus, devrait apparaître comme bien formée, distincte, remarquable ; elle devrait inciter l'œil et l'oreille à augmenter leur attention et leur participation. Un tel environnement serait appréhendé par les sens d'une manière non seulement plus simple, mais aussi plus étendue et plus approfondie. Ce serait le cas pour une ville que l'on pourrait percevoir au bout d'un certain temps comme une structure fortement continue, composée d'éléments nombreux à la fois distincts et clairement liés entre eux. Un observateur habitué et réceptif pourrait y recevoir de nouveaux chocs sensoriels sans que ceux-ci brisent l'essentiel de son image, et chaque impact nouveau se répercuterait sur un grand nombre d'éléments existant dans l'image. Cet observateur serait aidé à bien s'orienter et pourrait ainsi se déplacer facilement : il acquerrait une conscience profonde de son environnement. La ville de Venise peut être considérée comme un exemple d'environnement possédant une telle imagibilité. Aux États-Unis il est tentant de citer en exemple certaines parties de Manhattan, de San Francisco, de Boston et peut-être le Front du Lac à Chicago.

Voilà comment nos définitions conduisent à caractériser les villes possédant une bonne imagibilité. Ce concept n'implique pas nécessairement d'un objet qu'il soit fixe, limité, unifié ou ordonné de manière régulière, bien qu'il puisse parfois posséder ces qualités. Il ne signifie pas non plus quelque chose d'évident à première vue, de patent ou de manifeste. La totalité de l'environnement que l'on doit représenter est profondément complexe, alors qu'une image évidente est vite ennuyeuse et ne montre que quelques aspects du monde vivant.

L'imagibilité de la forme urbaine sera au centre de l'étude qui va suivre. Un bel environnement possède d'autres propriétés fondamentales : signification, force d'expression, agréments pour les sens, rythme, caractère stimulant, ambiguïté. En concentrant notre attention sur l'imagibilité nous ne nions pas l'importance de ces propriétés. Nous avons simplement pour but de réfléchir au besoin d'identité et de structure dans le monde tel que nous le percevons, et de mettre en évidence à quel point cette qualité d'imagibilité s'applique spécialement bien au cas particulier de notre environnement urbain, changeant et complexe.

Puisque l'image se développe suivant un processus de va-et-vient entre l'observateur et l'objet observé, on peut la renforcer soit en utilisant des moyens symboliques, soit en rééduquant celui qui la perçoit, soit en refaçonnant son environnement. On peut munir le spectateur d'un diagramme montrant de manière symbolique, comment le monde est ajusté : par exemple une carte ou un jeu d'instructions écrites. Tant que le diagramme correspondra à la réalité, le spectateur se rendra compte de la façon dont les choses sont reliées les unes aux autres. On pourrait même installer une machine indiquant leur direction aux passants, comme cela a été fait récemment à New York (*49*). De tels moyens sont extrêmement utiles pour fournir des informations condensées sur les interconnections, mais, en même temps ils sont précaires car, s'ils viennent à disparaître, l'orientation fait défaut, et, de plus, ils doivent être constamment référés et ajustés à la réalité. Les cas de lésions cérébrales cités dans l'annexe A, illustrent à quel point une confiance absolue en de tels moyens s'accompagne d'effort et d'anxiété. Il manque, en outre, l'expérience complète de l'interconnection, l'approfondissement total d'une image éclatante.

On peut également exercer l'observateur. Brown a remarqué que, si on demande à des personnes de circuler les yeux bandés dans un labyrinthe, celui-ci leur semble au premier abord un problème insoluble. Quand on répète l'expérience, certaines parties du schéma, notamment le début et la fin, deviennent familières, et revêtent un caractère d'endroit localisable. Finalement, lorsque les personnes peuvent parcourir le labyrinthe sans se tromper, il semble que l'ensemble du système soit devenu une seule localité (*8*). De Silva décrit le cas d'un jeune garçon qui avait l'air de posséder un sens automatique de l'orientation : il fut prouvé que ce garçon avait été exercé depuis sa plus tendre enfance (par une mère qui ne savait pas distinguer sa droite de sa gauche) à réagir quand il entendait

« le côté est du porche » ou l'extrémité sud de l'armoire (*71*).

Le rapport de Shipton sur sa reconnaissance de l'ascension de l'Everest présente un cas émouvant d'éducation de ce genre. Abordant l'Everest par une voie d'accès nouvelle, Shipton reconnut immédiatement les principaux pics et cols qu'il avait l'habitude de voir par le versant Nord. Mais le guide Sherpa qui l'accompagnait et qui connaissait depuis longtemps les deux versants, n'avait jamais réalisé que c'étaient les mêmes particularités, et il en accueillit la révélation avec surprise et joie (*70*).

Kilpatrick décrit le processus d'un apprentissage des perceptions auquel on soumet un observateur au moyen de stimuli nouveaux qui n'ont aucun rapport avec les images antérieures (*41*). Cela commence par des formes hypothétiques destinées à expliquer conceptuellement les nouveaux stimuli, tandis que persistent les anciennes formes. Ainsi la plupart d'entre nous peuvent témoigner, par expérience personnelle, de cette persistance d'une image illusoire longtemps après que nous ayions réalisé conceptuellement qu'elle était inadéquate. Par exemple nous fouillons la jungle des yeux sans voir autre chose que la lumière du soleil sur des feuillages, et pourtant nous sommes prévenus par un bruit qu'un animal s'y cache. Ensuite, l'observateur apprend à interpréter la scène en choisissant parmi les indications qui lui sont offertes, et en réévaluant les signaux précédents. L'animal camouflé peut maintenant être repéré grâce à la réflexion de la lumière dans ses yeux. Enfin, après avoir répété l'expérience, le modèle de perception est entièrement transformé, et l'observateur n'a plus besoin de rechercher consciencieusement des indications ou d'ajouter de nouvelles informations à une ancienne construction : il est arrivé à réaliser une image qui réussira à agir dans la nouvelle situation en ayant l'air naturelle et vraie. Tout à coup l'animal caché apparaît au milieu des feuilles, « clair comme le jour ».

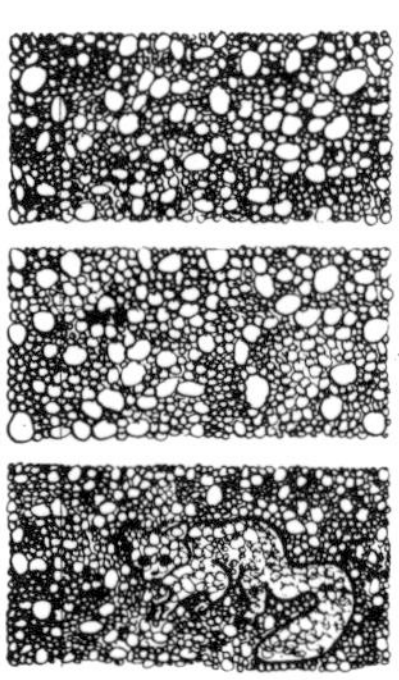

C'est de la même manière que nous devons apprendre à voir les formes cachées au milieu des vastes étendues de nos villes. Nous ne sommes pas habitués à nous représenter et à organiser un environnement artificiel sur une échelle aussi grande ; et pourtant nos activités nous y poussent. Curt Sachs cite un exemple de défaut dans l'établissement de liaisons au-delà d'un certain niveau (*64*). Chez les Indiens d'Amérique du Nord, la voix et le roulement du tambour suivent des rythmes complètement différents, étant perçus indépendamment l'un de l'autre. Cherchant une analogie musicale dans notre propre société, il cite les offices dans nos églises, où nous ne pensons pas à coordonner le chœur qui chante à l'intérieur, avec les cloches qui sonnent à l'extérieur.

Ainsi dans nos vastes aires métropolitaines, nous ne faisons pas la liaison entre le chœur et les cloches ; comme le sherpa nous ne voyons que les faces de l'Everest et pas la montagne. Étendre et approfondir notre perception de l'environnement serait la poursuite d'un long développement biologique et culturel, allant des sensations de contact aux sensations à distance, et des sensations à distance aux communications symboliques. Notre thèse est que nous sommes maintenant capables de développer l'image de notre environnement en agissant sur la forme physique externe, aussi bien qu'en suivant un processus interne d'apprentissage. En effet, nous y sommes aujourd'hui forcés par la complexité de notre environnement. Dans le chapitre IV nous débattrons de la façon dont cela pourrait être fait.

L'homme primitif était obligé d'améliorer l'image de son environnement en adaptant sa perception à un paysage donné. Il pouvait apporter des petites modifications à son milieu à l'aide de cairns, de feux d'alarme, ou d'arbres en flammes, mais les remaniements importants dans un but de clarté ou d'interconnection visuelles, étaient limités aux lieux d'habitation et aux enclos religieux. Seules de puissantes civilisations peuvent commencer à agir sur la totalité de leur environnement à une échelle significative.

Le remodelage conscient et sur une grande échelle du milieu physique n'a été possible que récemment et c'est pourquoi le problème de l'imagibilité de l'environnement est un problème nouveau. Techniquement, nous sommes capables, à l'heure actuelle, de fabriquer en peu de temps des paysages absolument neufs, comme c'est le cas des polders hollandais. Les responsables de tracés sont dès à présent aux prises avec la question de savoir quelle forme donner à l'ensemble du décor pour qu'il soit facile à l'observateur humain d'identifier ses parties et de donner une structure au tout.

Nous sommes en train de bâtir rapidement une nouvelle unité fonctionnelle, la région métropolitaine, mais nous devons déjà comprendre que cette unité devrait avoir, elle aussi, une image qui lui corresponde. Suzanne Langer pose le problème dans sa définition condensée de l'architecture : « C'est la totalité de l'environnement rendue visible » (*42*).

II.

Trois villes

Pour comprendre le rôle que jouent les images de l'environnement dans notre vie en ville, il nous était indispensable d'observer soigneusement plusieurs zones urbaines et de nous entretenir avec leurs habitants. Nous avions besoin d'élargir et de mettre à l'épreuve l'idée d'imagibilité, et également, en comparant l'image à la réalité visuelle, de découvrir quelles formes conduisent à des images fortes, afin de proposer quelques principes de composition urbaine. Nous avons fait ce travail en étant convaincus que l'analyse des formes existantes et de leur effet sur les citadins est un des fondements de l'urbanisme, et en espérant obtenir comme sous-produit un développement des techniques d'exploration du site et d'interview des citadins. Comme dans toute étude-pilote de faible importance, l'objectif était d'élargir les idées et les méthodes plutôt que de prouver définitivement des faits.

En conséquence les zones centrales de trois villes américaines furent analysées : Boston, au Massachusetts ; Jersey City, dans le New Jersey; et Los Angeles en Californie. Boston, voisine de notre université a un caractère unique parmi les villes d'Amérique, car elle possède une forme frappante et en même temps on y éprouve beaucoup de difficultés à se repérer. Jersey City fut choisie parce qu'elle paraissait informe et semblait, à première vue, posséder une imagibilité d'un niveau extrêmement bas. Enfin Los Angeles est une ville récente, d'une échelle tout à fait différente, et dont la zone centrale a un plan quadrillé. Dans chaque cas nous avons choisi d'étudier une zone centrale dont les dimensions étaient d'environ deux milles et demi, sur un mille et demi (*).

Dans chacune de ces villes nous avons effectué deux analyses fondamentales :

Pour plus de détails se reporter à l'annexe B

1. Un enquêteur entraîné à l'observation fit une reconnaissance systématique du terrain, à pied et sur toute la zone, en relevant sur un plan la présence des divers éléments, leur visibilité, la force ou la faiblesse de leur image, les liaisons, disjonctions et autres relations entre ces éléments, et en notant toute réussite ou difficulté particulière dans la structure potentielle de l'image : jugements subjectifs basés sur l'apparence immédiate des éléments sur le terrain.

2. On procéda à l'interview en profondeur d'un petit échantillon de personnes résidant dans la ville afin d'évoquer l'image qu'elles se faisaient de leur environnement physique. Au cours de l'interview, nous demandions de décrire, de localiser, de faire des croquis, et de mimer des excursions imaginaires. Les personnes interrogées étaient des gens qui habitaient ou travaillaient depuis longtemps dans la zone, et dont les lieux d'habitation ou de travail étaient disséminés à travers toute la zone en question.

Nous avons ainsi interrogé à peu près trente personnes à Boston, quinze à Jersey City et quinze à Los Angeles. A Boston les analyses de base furent complétées par des tests où l'on demandait de reconnaître des photographies, par des excursions sur le terrain avec les personnes enquêtées, et par l'interview dans la rue d'un grand nombre de passants à qui nous demandions de nous orienter. De plus certains éléments

(*) Note du traducteur : soit, à peu près quatre kilomètres sur deux kilomètres et demi.

particuliers du paysage de Boston furent l'objet d'une reconnaissance détaillée.

Toutes ces méthodes sont décrites et jaugées dans l'annexe B. La petite taille de l'échantillon et la forte proportion de cadres supérieurs et membres des professions libérales, ne nous permettent pas d'affirmer que nous avons obtenu une véritable « image collective ». Mais les résultats sont riches de suggestions et ont suffisamment de consistance interne, pour être l'indice qu'il existe réellement des images collectives et, qu'on peut, du moins en partie, les découvrir par de tels moyens. Les analyses sur le terrain, menées indépendamment des interviews, prédisaient assez exactement les « images collectives » qui ressortaient de ces interviews, et montraient ainsi le rôle que jouent les formes physiques elles-mêmes.

Assurément le fait que les voies de communication ou les lieux de travail soient concentrés de la même manière pour tous, contribuait à la formation de cette image collective consistante en présentant les mêmes éléments au regard d'un grand nombre de personnes. Des communautés de statut ou d'histoire, d'origine non visuelle, renforçaient encore ces ressemblances.

Mais il ne fait aucun doute que la forme même de l'environnement jouait un très grand rôle dans le façonnement de l'image. La coïncidence des descriptions, des souvenirs frappants, et même des confusions là où la familiarité semblait être un indice de connaissance, montre clairement ce rôle. C'est cette relation entre l'image et la forme qui est le centre de notre intérêt.

De nettes différences d'imagibilité sont apparues entre les trois villes, alors même que les personnes interrogées avaient toutes trouvé, en quelque sorte, un *modus vivendi* avec leur environnement. Certaines particularités — espaces libres, végétation, sensation du mouvement quand on circule sur les voies, contrastes visuels — semblaient revêtir une importance particulière dans le paysage urbain.

Le reste de ce livre découle, pour la plus grande part, des informations fournies par la comparaison de ces images collectives avec la réalité visuelle, et des spéculations qui en résultent. Les notions d'imagibilité et de types d'éléments provienent en grande partie de l'analyse de ce matériau, ou l'ont utilisée pour s'affiner et se développer. Quoique nous ayons reporté en annexe la discussion des forces et des faiblesses des méthodes employées, il est important de connaître les bases sur lesquelles repose notre travail.

Boston

A Boston nous avons choisi comme zone d'étude toute la partie de la péninsule centrale qui se trouve en deçà de Massachusetts Avenue. C'est une zone assez exceptionnelle pour une ville américaine, du fait de son ancienneté, de son histoire, et de son atmosphère quelque peu européenne. Elle comprend le noyau commercial central de la zone métropolitaine, ainsi que des quartiers résidentiels de forte densité, allant des taudis aux immeubles d'habitation de grand standing. La figure 1 présente une vue aérienne d'ensemble de la région, la figure 2 les grandes lignes de son plan, et la figure 3 une représentation schématique de ses principaux éléments visuels, tels qu'ils ressortent de la reconnaissance du site.

Figure 1
Figure 2, page 22
Figure 3, page 23

Pour la plupart des personnes interrogées, cette partie de Boston se compose de quartiers très distincts et de voies tortueuses où l'on se perd. C'est une ville sale, bâtie en briques rouges, symbolisée par l'espace libre de Boston Common, la State House et son dôme doré, la vue panoramique depuis Cambridge, de l'autre côté de la Charles River. Presque toutes ajoutaient que c'est un lieu ancien, historique, rempli de maisons décrépites, et renfermant cependant quelques bâtiments neufs au milieu des vieux. Ses rues étroites sont embouteillées par les passants et les automobiles, il n'y a pas de place pour stationner mais il y a un contraste frappant entre des larges artères et des rues transversales étroites. La cité centrale est une péninsule entourée d'eau. En plus du Common, de Charles River et de la State House il y a plusieurs autres éléments frappants en particulier Beacon Hill, Commonwealth Avenue, le quartier des spectacles et du commerce de Washington Street, Copley Square, Back Bay, Louisburg Square, North End, le quartier du Marché et Atlantic Avenue bordée par les entrepôts. Une fraction importante des gens attribuait à Boston d'autres particularités : il y manque des espaces libres ou de détente ; c'est une ville « originale » de taille petite ou moyenne ; elle comporte de vastes zones dont l'utilisation est mixte ; ou bien elle se remarque à ses baies vitrées, ses grilles de fer forgé, ou ses façades de grès.

Les vues préférées étaient généralement les panoramas lointains où l'on ressent l'eau et l'espace. On citait souvent la vue depuis l'autre côté de Charles River, et on mentionnait parfois la vue de la rivière quand on descend Pinckney Street, l'échappée depuis une colline de Brighton, la vue de Boston à partir du port. Un autre aspect très apprécié était celui des lumières de la ville, la nuit, vues de près ou de loin, au moment où la cité semble revêtir une apparence d'animation qui lui manque normalement.

Figure 4, page 24

La structure de Boston est comprise par la plupart des

FIG. 1. — *La péninsule de Boston vue du Nord.*

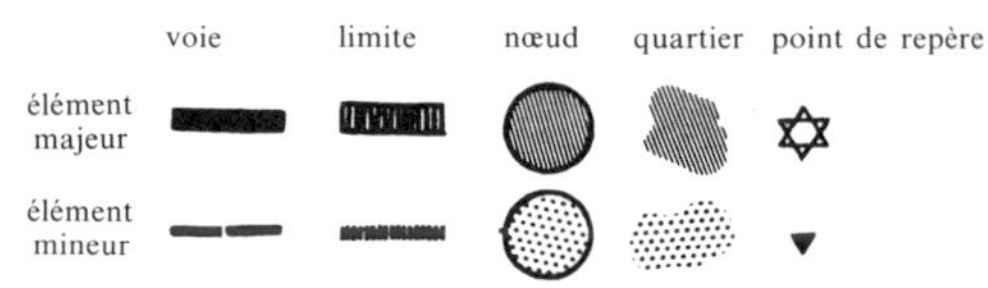

personnes interrogées. La Charles River avec ses ponts marque une limite ferme et claire, à laquelle sont parallèles les principales rues de Back Bay, notamment Beacon Street et Commonwealth Avenue. Ces rues naissent dans Massachusetts Avenue, elle-même perpendiculaire à la Charles River, et se dirigent vers le Boston Common et le Public Garden. Sur le côté de cet ensemble de rues de Back Bay se trouve Copley Square, sur lequel débouche Huntington Avenue.

Figure 5, page 25

Dans le bas du Common se trouvent Tremont Street et Washington Street, parallèles l'une à l'autre et reliées entre

FIG. 2. — *Carte générale de la péninsule de Boston.*

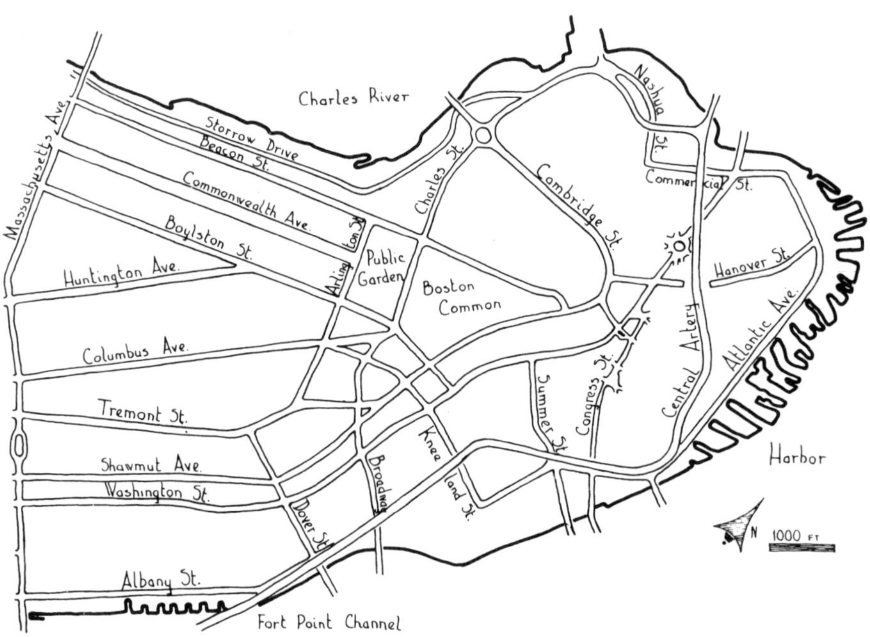

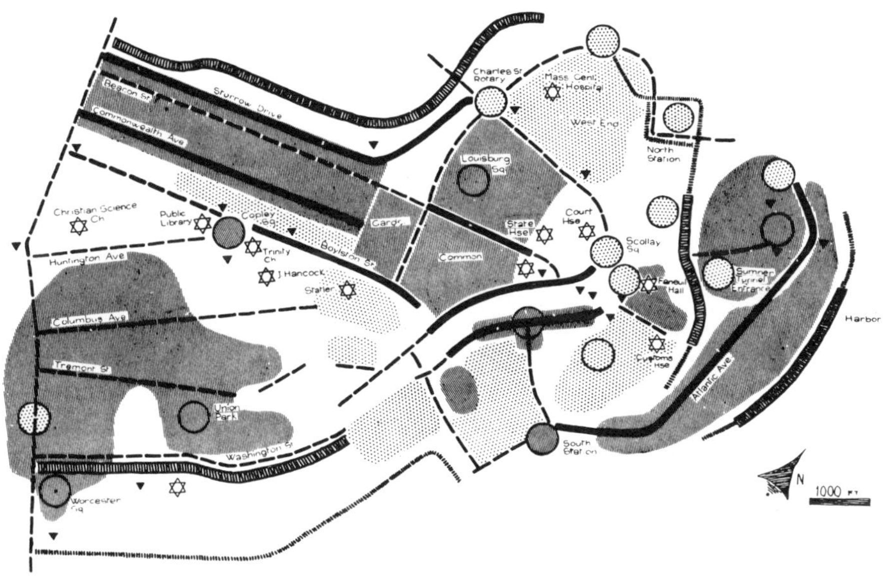

FIG. 3. — *La forme visuelle de Boston, telle qu'elle ressort de l'enquête sur le terrain.*

elles par plusieurs rues plus petites. Tremont Street va jusqu'à Scollay Square, articulation ou nœud à partir duquel Cambridge Street retourne vers un autre nœud, le carrefour giratoire de Charles Street. Celui-ci ramène l'ossature vers la rivière en entourant Beacon Hill. En s'éloignant un peu plus de la rivière on trouve une autre rive très nette, Atlantic Avenue et le front du port, qu'on ne peut relier au reste que de manière incertaine. Bien que beaucoup de personnes conçussent intellectuellement Boston comme une péninsule, elles étaient incapables d'établir une liaison visuelle entre la rivière et le port. Boston semble d'une certaine manière, être une ville « à un seul côté », qui perd de sa précision et de son contenu au fur et à mesure que l'on s'éloigne de la rive de Charles River.

Si notre échantillon est représentatif, chaque habitant de Boston, ou presque, peut vous raconter tout cela de sa ville. Tout aussi vraisemblablement, il ne pourrait *rien* décrire d'autre, ni la zone triangulaire comprise entre Back Bay et le South End, ni le no man's land qui s'étend au Sud de North Station,

FIG. 4. — *Boston vue de l'autre côté de Charles River.*

ni la manière dont Boylston Street débouche dans Tremont Street, ni le plan des rues du quartier des affaires.

Un des quartiers les plus intéressants qui ne soit pas cité est la région de forme triangulaire comprise entre Back Bay et le South End. Toutes les personnes interrogées ont laissé cette partie en blanc sur la carte, même celles qui y étaient nées et y avaient grandi. C'est une zone de taille importante qui comprend des éléments connus, telle Huntington Avenue et des points de repère occasionnels telle la Christian Science Church : mais le cadre dans lequel ces éléments pourraient s'inscrire est absent et sans nom. Il est probable que cette disparition est causée à la fois par un blocage dû à la voie de chemin de fer périphérique, et par une éviction imaginaire de cette zone due au fait que les rues principales de Back Bay sont ressenties comme parallèles au South End.

Figure 35, page 171

Par ailleurs, le Boston Common est, pour beaucoup de gens, le centre de leur image de la ville, et en même temps que Beacon Hill, la Charles River et Commonwealth Avenue, est mentionné le plus souvent comme un endroit particulièrement frappant.

Figure 6, page 27

Fréquemment, lorsqu'ils traversent la ville, les gens font un détour pour s'y arrêter. Vaste espace planté en bordure du quartier le plus animé de Boston, lieu de rencontres accessible à tous, le Common ne peut passer inaperçu. Il est situé de telle manière qu'il présente un côté commun avec trois quartiers importants : Beacon Hill, Le Back Bay et le quartier commercial du Centre-Ville. En conséquence il constitue le noyau à partir duquel tout le monde peut élargir la connaissance de l'environnement. En outre il est lui-même très varié, renfermant la petite esplanade du métro, la fontaine, la mare aux grenouilles, le kiosque à musique, le cimetière, l'étang des cygnes, et cætera.

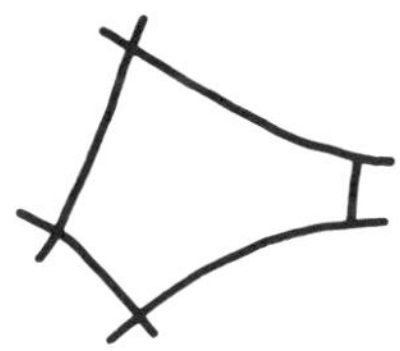

En même temps cet espace libre a une forme extrêmement particulière, dont on se souvient difficilement : pentagone aux angles sensiblement droits, une sorte de rectangle qui aurait un cinquième côté. Comme il est également trop vaste et trop planté pour qu'on puisse voir d'un bord à l'autre, les gens qui essayent de le traverser sont souvent désorientés. Le problème se complique du fait que deux des rues qui le bordent, Boylston Street et Tremont Street, sont des voies importantes de la ville, qui tantôt se coupent à angle droit, tantôt donnent l'impression d'être parallèles, jaillissant perpendiculairement à la même ligne de base, Massachusetts Avenue. De surcroît l'alignement commercial central tourne bizarrement à angle droit à ce même carrefour de Boylston et Tremont Street,

FIG. 5. — *Le Boston que tout le monde connaît.*

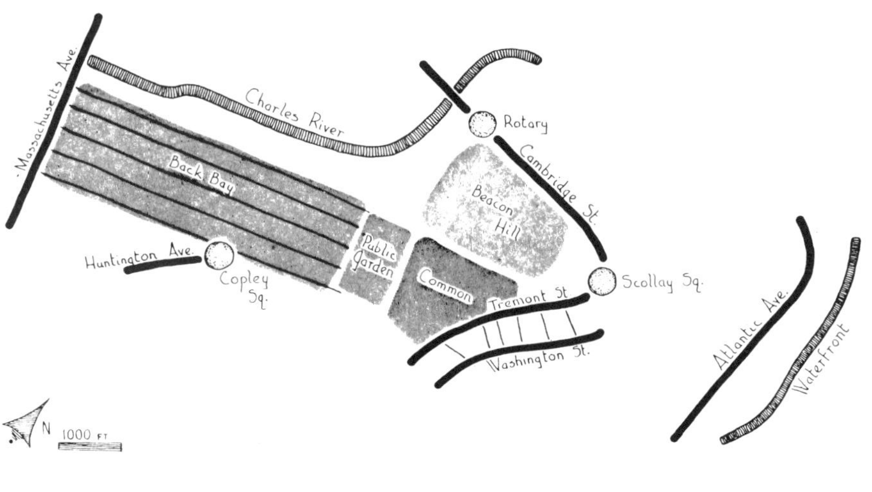

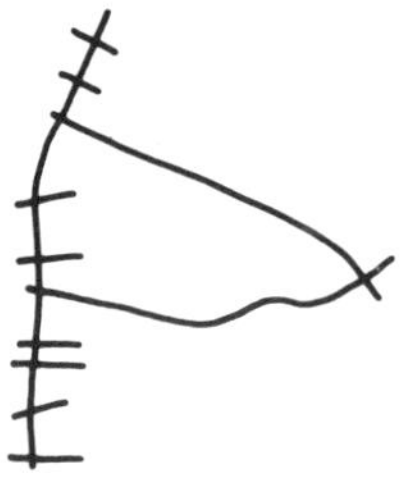

puis s'affaiblit pour réapparaître plus loin dans Boylston Street. Tout ceci produit un défaut majeur d'orientation qui s'ajoute à la forme dangereusement équivoque du cœur de la ville.

Boston est une ville dont les quartiers se reconnaissent, et dans la plus grande partie du centre on peut savoir où l'on se trouve simplement en observant le caractère général de ce qui vous entoure. Un seul endroit présente un cas inhabituel de mosaïque continue composée de quartiers distincts de ce type : la séquence Back Bay — Common-Beacon Hill — quartier commercial central. Dans cette zone on sait toujours où l'on est, et pourtant ce caractère frappant est associé de façon caractéristique à une absence de forme et une disposition déroutante. Si on pouvait donner aux quartiers de Boston une structure aussi claire que leur caractère est distinct, on les renforcerait beaucoup. Accessoirement, Boston est, par ce défaut, vraisemblablement très différente de beaucoup de villes américaines, où l'on trouve des zones de forme ordonnée, mais manquant de caractère.

Alors que les quartiers ont tendance à être frappants, le système de voirie de Boston est généralement confus. Néanmoins la fonction de circulation est si importante que les voies sont encore prépondérantes dans l'ensemble de l'image, tout comme pour les autres villes observées. Il n'y a aucun principe d'ordre bien net entre les voies, sauf en ce qui concerne les principales radiales qui pénètrent à l'intérieur à partir de la base de la péninsule et dont la prépondérance est due aux conditions historiques. A travers une grande partie du centre, il est plus facile de se déplacer dans le sens est-ouest, vers et à partir de Massachusetts Avenue, que perpendiculairement à cette direction. En ce sens la ville comporte une sorte de fil, défaut qui se reflète dans les contorsions mentales qui accompagnent plusieurs des promenades imaginées. Malgré cela, la structure des voies est exceptionnellement difficile, et ses complications ont abondamment servi de matériau dans notre réflexion systématique sur les voies, au chapitre III. On a déjà mentionné la difficulté que cause le croisement à angle droit des deux rues « parallèles », Boylston et Tremont Street. Le quadrillage régulier de Back Bay, caractéristique banale de la plupart des

FIG. 6. — *Le Boston Common.*

villes américaines, prend à Boston une qualité particulière en raison du contraste qu'il forme avec le reste du plan.

Deux autoroutes traversent la zone centrale : Storrow Drive et la Central Artery. Elles sont toutes deux ressenties d'une manière ambiguë, soit comme barrières quand on se réfère à la circulation dans les rues plus anciennes, soit comme voies quand on imagine qu'on est soi-même en train d'y rouler. Chaque point de vue a un aspect différent : quand, par la pensée, on se situe en bas, la Central Artery est un mur massif peint en vert, dont on aperçoit, par endroits, des fragments. Considérée comme une voie, c'est un ruban qui monte, qui descend, qui tourne, parsemé de signaux. Curieusement ces deux routes sont ressenties comme étant « extérieures » à la ville, à peine reliées à elle, bien qu'elles la pénètrent, et chaque fois qu'on passe de l'une de ces voies à la ville, la transition donne le vertige. Storrow Drive, cependant, est reliée clairement à la Charles River et est ainsi rattachée au plan général de la ville. De son côté, la Central Artery zigzague inexplicablement à travers le centre et, en coupant Hanover Street, brise la liaison directionnelle avec le North End. Qui plus est, elle était parfois confondue avec l'itinéraire Causeway — Com-

Figure 7, page 28

FIG. 7. — *La Central Artery.*

FIG. 8. — *Aspects problématiques de l'image de Boston.*

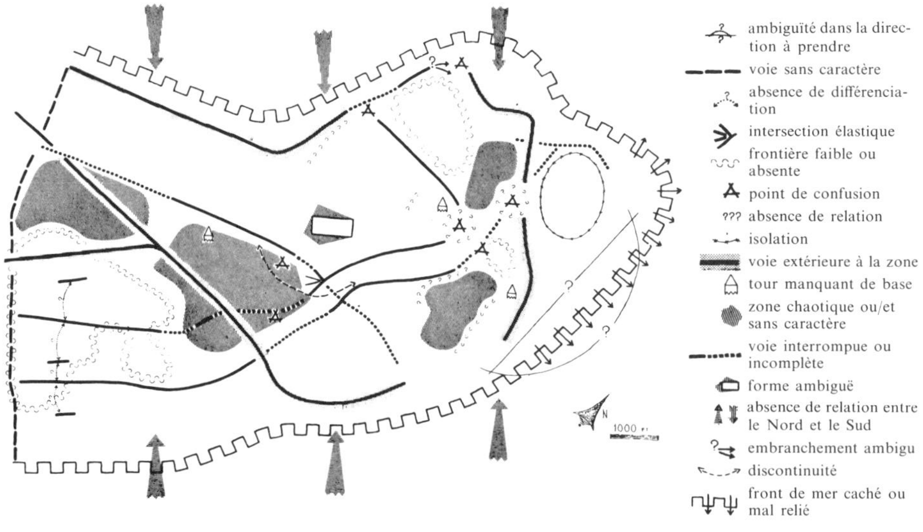

mercial Street — Atlantic Avenue, bien que les deux voies soient tout à fait différentes, parce qu'on peut logiquement les considérer toutes les deux comme le prolongement de Storrow Drive.

A la mode de Boston, certaines parties du système des voies peuvent avoir du caractère. Mais ce système très irrégulier est composé d'éléments séparés n'ayant de liaisons entre eux que deux à deux, ou même parfois pas de liaisons du tout. C'est un système difficile à dessiner ou à représenter comme un tout, et pour l'appréhender on doit généralement concentrer son attention sur la succession des jonctions. Par conséquent ces jonctions ou nœuds ont une très grande importance à Boston et souvent pour désigner des régions assez ternes, comme par exemple la zone de Park Square, on leur donnera le nom du carrefour qui est le foyer autour duquel elles s'organisent.

La figure 8 est une façon de résumer cette analyse de l'image de Boston, résumé qui pourrait être la première étape en vue de préparer un plan d'urbanisme. C'est le recueil sous une forme graphique de ce qui semble être les principales difficultés dans l'image de la ville : points confus ou flous, limites manquant de fermeté, isolations, solutions de continuité, ambiguïtés, embranchements, absences de caractère ou de différenciation. Associé à la représentation des forces et des virtualités de l'image, ce résumé correspond à la phase d'analyse du site à petite échelle. Comme toute analyse de site il ne fournit pas un plan mais sert de fond pour les décisions créatrices. Comme il est basé sur une analyse plus détaillée et plus complète, il contient naturellement une plus grande part d'interprétation que les diagrammes précédents.

Figure 8

Jersey City

Jersey City, dans l'État de New Jersey, s'étend entre Newark et la ville de New York. Elle forme la frange de ces deux villes mais elle a, quoique restreint, son propre petit centre d'activités. Sillonnée de voies de chemin de fer et d'autoroutes surélevées qui s'entrecroisent, elle a l'aspect d'un endroit qu'on traverse plutôt que d'un endroit où l'on vit. Elle est

Figure 9, page 31

séparée en unités de voisinage par la ségrégation de classe ou de race, et coupée en deux par le rempart que forment les Palissades. Ce qui aurait pu être son centre commercial naturel a été étouffé par la création artificielle de Journal Square au sommet du terrain, si bien que la ville n'a pas un centre unique mais plutôt quatre ou cinq. A l'espace informe et la structure hétérogène qui sont les marques habituelles des zones flétries de toute ville américaine, s'ajoute la confusion totale que crée un système de voies décousu. Au premier abord, on est accablé par la grisaille, la crasse et l'odeur de la ville. C'est, bien entendu, la première impression, superficielle, d'un étranger et il était intéressant de voir comment se représentent leur ville ceux qui y ont vécu pendant de nombreuses années.

La structure visuelle de Jersey City telle qu'elle ressort de la reconnaissance sur le terrain est dessinée figure 10, à la même échelle et avec les mêmes symboles que le schéma de Boston.

Figure 10

La ville a un peu plus de forme et d'armature que ne pourrait le penser un étranger, et il faut bien qu'elle en ait un minimum, en effet, pour être tant soit peu habitable.

Mais elle en a très peu et ne possède qu'un nombre beaucoup plus petit d'éléments de reconnaissance, que la zone correspondante de Boston. La plus grande partie de la zone est brisée en morceaux séparés par de solides frontières. L'élément essentiel de la structure est Journal Square, l'un des deux principaux centres commerciaux, avec la voie qui le traverse, Hudson Boulevard. A celui-ci est rattachée la « Bergen Section » et l'important West Side Park. Vers l'Est, trois voies descendent de la falaise pour converger plus ou moins dans la partie basse : Newark, Montgomery et Communipaw-Grand. Sur la falaise se dresse le Medical Center. Tout s'arrête à la barrière que forme la zone ferroviaire, industrielle et portuaire le long de l'Hudson. Voilà l'essentiel du schéma, et la plupart

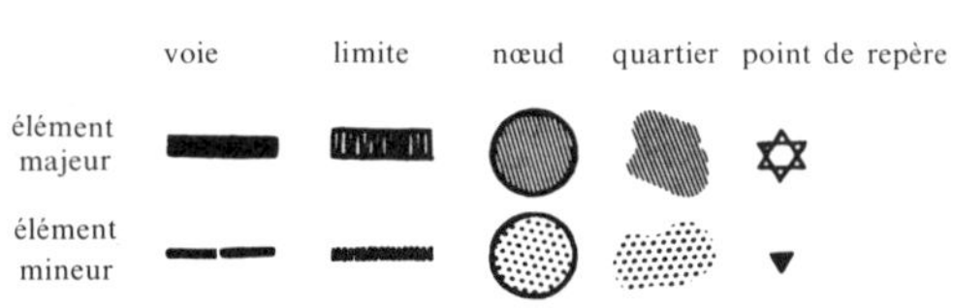

FIG. 9. — *Jersey City vue du sud.*

FIG. 10. — *La forme visuelle de Jersey City, telle qu'elle ressort de l'enquête sur le terrain.*

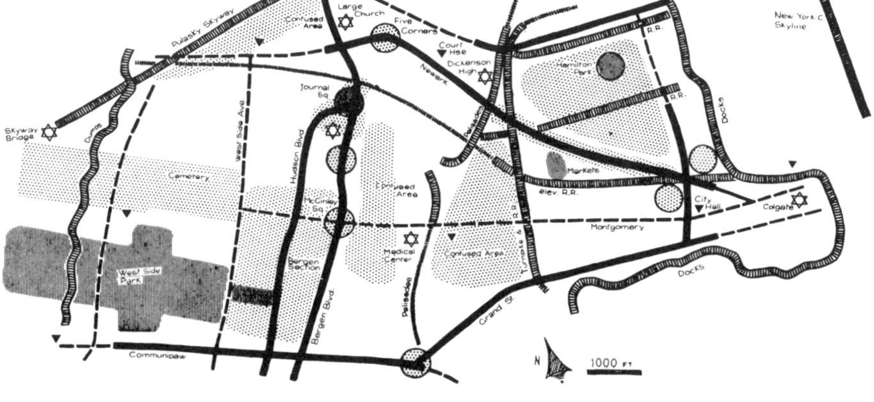

FIG. 11. — *Journal Square.*

FIG. 12. — *Le New Jersey Medical Center.*

des personnes enquêtées le connaissent bien, sauf, peut-être, une ou deux des trois rues qui descendent la colline.

L'absence de caractère apparaît au premier coup d'œil lorsqu'on compare les éléments que les gens de Jersey City jugent unanimement distincts, avec le même schéma pour Boston. La carte de Jersey City est presque vide. La force de Journal Square provient de son intense activité de commerces et de spectacles, mais le trafic et l'espace chaotique qu'on y trouve, jettent la confusion et le trouble. Hudson Boulevard rivalise d'importance avec le Square ; West Side Park vient ensuite, c'est le seul grand parc de la ville et on le cite indéfiniment comme région distincte qui émerge du tissu général. La « Bergen-Section » se détache principalement par son caractère de quartier de classe. Visuellement, on ne peut se méprendre sur le New Jersey Medical Center qui se dresse, haut et blanc, sur la crête de la falaise, géant placé là par hasard.

Figures 37 et 41, pages 172 et 174

Figure 11

Figure 12

On ne peut à peu près rien citer d'autre qui soit considéré comme caractérisé d'une manière suffisamment unanime, si ce n'est la vue impressionnante de New York City se détachant sur le ciel, dans le lointain. D'autres figures étoffent l'image de la ville et, en particulier, ces nécessités pratiques que sont les voies principales, essentiellement celles où on circule bien et qui par leur continuité constituent des exceptions par rapport à la majorité des rues de Jersey City. Les quartiers et les points de repère reconnaissables sont rares, et les centres connus de tous, ainsi que les points nodaux manquent. La ville est, cependant, marquée par la présence de plusieurs limites fermes ou frontières isolantes : les autoroutes et les lignes de chemin de fer surélevées, les Palissades, et les deux fronts de mer.

L'étude des croquis individuels et des interviews a fait apparaître qu'aucune des personnes interrogées ne possédait quelque chose qui ressemblât à une vision complète de la ville dans laquelle elles vivaient depuis de nombreuses années. Les cartes étaient souvent fragmentées, avec de vastes zones laissées en blanc, et concentraient le plus souvent l'attention sur de petits territoires autour du domicile. La rive escarpée du fleuve semblait être un élément fortement isolant et habituellement les cartes tantôt accordaient de l'importance à la partie haute et de l'insignifiance à la partie basse, tantôt l'inverse, les deux parties étant reliées par une ou deux voies purement abstraites. La partie basse, notamment, semblait difficile à structurer.

Lorsqu'on demandait de caractériser la ville d'une manière générale, une des réponses les plus fréquentes était qu'elle ne forme pas un tout, qu'elle n'a pas de centre, mais qu'elle est plutôt un assemblage de beaucoup de villages. La question : « que vous vient-il d'abord à l'esprit quand on prononce les mots de Jersey City ? », à laquelle il était si facile de répondre quand il s'agissait de Boston, s'avéra ici une question difficile. A maintes reprises les personnes interrogées répétaient que « rien de spécial » ne leur venait à l'esprit, que la ville était difficile à symboliser, qu'elle n'avait aucun quartier particulier. Une femme admit que :

> « C'est vraiment une des choses les plus tristes concernant Jersey City : Il n'y a rien dont je puisse dire à quelqu'un qui viendrait ici de loin : Oh ! je veux que vous voyez cela, c'est si beau ! »

Le plus souvent, à la question de la symbolisation, on ne répondait pas du tout en parlant de la ville, mais plutôt de la vue de New York City se découpant sur le ciel, de l'autre côté du fleuve. Une bonne part des impressions données comme « caractéristiques » de Jersey City semblait être que c'est un endroit situé à la lisière de quelque chose d'autre. Une personne présenta ses deux symboles comme étant, d'un côté le profil de New York sur le ciel, et de l'autre la Pulaski Skyway, représentant Newark. Une autre insista sur l'impression des barrières qui enferment la ville : pour sortir de Jersey City on doit soit passer sous l'Hudson, soit franchir l'échangeur routier.

On chercherait longtemps un endroit dont la situation principale et la topographie soient plus théâtrales et possèdent un plus grand potentiel d'imagibilité que Jersey City, si on avait la possibilité de tout rebâtir à neuf. Mais les gens persistaient à se référer à l'environnement général avec les mots « vieux », « sale », « grisâtre ». Ils répétaient que les rues étaient « défoncées ». Les interviews étaient remarquables par la pauvreté de leur information sur l'environnement et par le caractère de l'image de la ville, beaucoup plus conceptuel que

Figure 13
page 36

basé sur des perceptions concrètes. Le plus frappant était la tendance à utiliser comme moyens de description non pas des images visuelles mais des noms de rue et des types d'utilisation. Voici à titre d'exemple, le passage suivant d'une description de promenade dans une zone bien connue :

> « Après avoir traversé l'autoroute, il y a un pont qui passe au-dessus de la route ; et après être passé sous le pont, dans la première rue que vous prenez il y a une entreprise d'emballage de tanneries ; quand vous continuez dans l'avenue, au second coin de rue suivant, il y a un magasin de radio et une quincaillerie juste l'un à côté de l'autre, à votre droite. A votre gauche, avant de traverser la rue, il y a une épicerie et une blanchisserie ; vous tombez dans la Septième Rue ; et dans la Septième Rue il y a un bar en face de vous, au coin de la rue à gauche, un marché de légumes au coin à droite, un débit de boissons sur le côté droit de la rue, et sur le côté gauche une épicerie. La rue suivante est la Sixième Rue, il n'y a pas de points de repère sauf que vous passez à nouveau sous le chemin de fer. Quand vous passez sous le chemin de fer, la rue suivante est la Cinquième Rue. A votre droite il y a un bar ; il y a un nouveau poste à essence de l'autre côté de la rue, à droite ; il y a un bar à gauche. Quatrième Rue — quand vous arrivez à la Quatrième Rue, au coin à gauche il y a un terrain inoccupé ; à côté de ce terrain inoccupé il y a un bar ; du côté droit en face de vous il y a un commerce de viandes en gros ; et à gauche de l'autre côté du commerce de viandes il y a un vitrier. La rue suivante est la Troisième — vous prenez la Troisième Rue et vous voyez une pharmacie à droite, un marchand de whisky en face de vous à droite ; à gauche une épicerie et un bar à votre gauche en face de l'épicerie. La rue suivante est la Seconde, il y a une épicerie à gauche, et un bar à gauche de l'autre côté. A votre droite, avant de traverser la rue il y a un endroit où on vend des appareils ménagers et alors c'est la Première Rue, il y a une boucherie, un marché de viandes à gauche et en face de lui un terrain inoccupé, utilisé pour le stationnement, et à votre droite il y a un marchand de vêtements et une confiserie à droite... »

et ainsi de suite.

Dans toute cette description, nous n'avons qu'une ou deux images visuelles : un pont qui passe au-dessus, et peut-être le passage sous le chemin de fer. Ce n'est que lorsqu'elle atteint Hamilton Park que cette personne semble voir ce qui l'environne, et alors, par ses yeux, on aperçoit l'espace libre, entouré de grilles, le kiosque central et les bancs tout autour.

Il y eut beaucoup de commentaires au sujet de la difficulté à discerner le décor physique.

> « C'est partout pareil... c'est plus ou moins une banalité pour moi.

Je veux dire que lorsque je vais et viens dans les rues, c'est plus ou moins la même chose, — Newark Avenue, Jackson Avenue, Bergen Avenue. Je veux dire que vous n'arrivez pas à décider dans quelle avenue vous avez envie d'aller, parce qu'elles sont toutes plus ou moins pareilles ; il n'y a rien pour les différencier.

Comment reconnaître Fairview Avenue quand j'y arrive ? par le poteau indicateur. C'est la seule manière de reconnaître n'importe quelle rue dans cette ville. Il n'y a rien de particulier, juste un autre immeuble d'habitations, c'est tout, au coin de la rue.

Je pense qu'habituellement on trouve son chemin. Il suffit d'y mettre de la volonté. On s'embrouille quelquefois, on peut perdre quelques minutes à essayer de trouver un endroit, mais je crois qu'en définitive on arrive là où on veut aller. »

Dans cet environnement relativement indifférencié, on fait confiance non seulement à l'utilisation des emplacements, mais souvent au gradient de cette utilisation, et à la situation relative des bâtiments. Les poteaux indicateurs, les grandes

FIG. 13. — *Une rue de Jersey City.*

enseignes publicitaires de Journal Square, et les usines, sont les points de repère. Tous les espaces libres traités en jardins, comme Hamilton Park ou Van Vorst Park, ou surtout le vaste West Side Park, sont des objets d'attachement. A deux reprises, les gens se servirent de minuscules triangles gazonnés situés au carrefour de certaines rues, comme points de repère. Une autre femme raconta qu'elle allait le dimanche, en automobile, jusqu'à un petit parc qu'elle restait à contempler, assise dans son auto. Le fait que le Medical Center ait, à ses pieds, un petit coin d'espace vert, semble être une caractéristique tout aussi importante pour l'identifier que sa silhouette immense, massive et découpée sur le ciel.

L'imagibilité, assurément faible, de cet environnement se reflétait dans l'image que s'en faisaient même les personnes qui y habitaient depuis longtemps, et se manifestait par une insatisfaction, un manque d'orientation et l'incapacité d'en décrire ou d'en différencier les parties. Cependant, même un ensemble environnant d'apparence aussi chaotique peut, en fait, être schématisé, et les gens appréhendent et élaborent ce schéma en concentrant leur attention sur des indications mineures, non moins qu'en la reportant de l'aspect physique sur les autres aspects.

Los Angeles

La zone étudiée à Los Angelès, cœur d'une vaste aire métropolitaine, offre un tableau différent de New Jersey, mais également très différent de Boston.

Cette zone, d'une taille comparable à celle des zones étudiées à Boston et Jersey City, ne dépasse pas beaucoup les abords du Central Business District (*). Les personnes enquêtées connaissaient bien la zone, non parce qu'elles y résidaient, mais parce qu'elles travaillaient dans un des bureaux ou une des boutiques du centre. La figure 14 présente les résultats de la reconnaissance sur le terrain, effectuée de la manière habituelle.

Figure 14, page 38

En tant que cœur d'une métropole, le centre de Los Angeles

(*) Note du traducteur : terme utilisé par les urbanistes américains pour désigner le quartier des affaires, zone centrale d'une ville.

est lourdement chargé de signification et d'activité, avec ses immenses bâtiments probablement distinguables les uns des autres, et son schéma de base, quadrillage de rues à peu près régulier. Cependant, un certain nombre de facteurs agissent pour produire une image différente et moins aiguë que celle de Boston. D'abord, il y a la décentralisation de l'aire métropolitaine, qui fait que l'on appelle encore le centre « en ville », mais qu'il existe plusieurs autres centres principaux vers lesquels s'orientent les gens. Le centre a une intense activité commerciale, mais il ne contient plus les meilleures boutiques et beaucoup de citadins ne descendent plus jamais « en ville » d'un bout de l'année à l'autre. En second lieu, le schéma quadrillé forme une matrice indifférenciée dans laquelle on

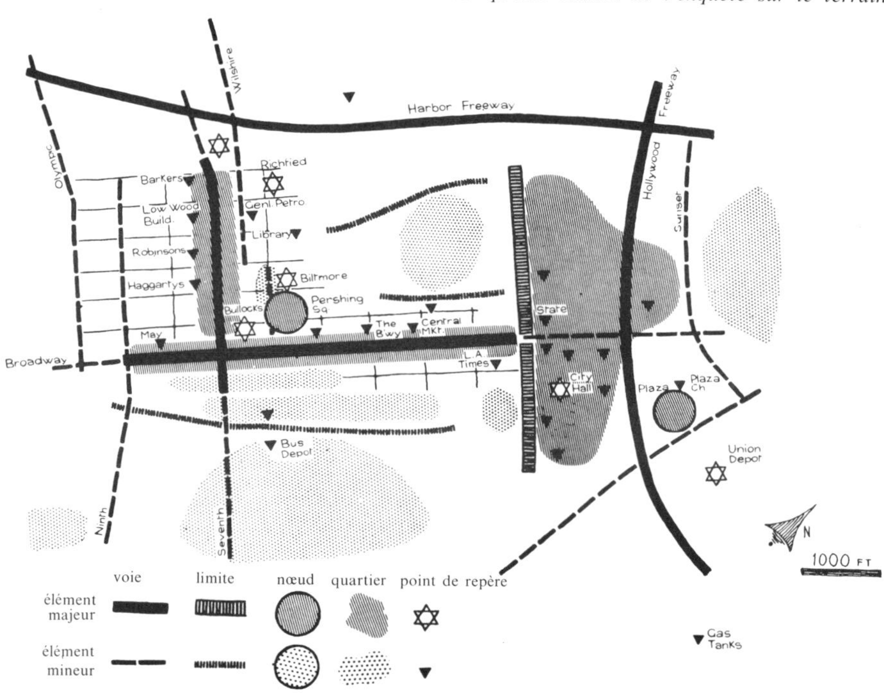

FIG. 14. — *La forme visuelle de Los Angeles telle qu'elle ressort de l'enquête sur le terrain.*

FIG. 15. — *Los Angeles vue de l'ouest.*

ne peut pas toujours situer les éléments avec certitude. Troisièmement, les activités du centre sont dispersées et changeantes, ce qui atténue le choc qu'elles provoquent. De fréquentes reconstructions empêchent l'identification de s'amorcer par un processus historique. Les éléments eux-mêmes, en dépit (et parfois à cause) des nombreux efforts pour les rendre flamboyants, manquent souvent de caractère visuel. Néanmoins, ce n'est pas une autre ville chaotique dans le genre de Jersey City que nous observons maintenant, mais le centre d'une grande métropole, actif et ordonné par l'écologie.

La photographie aérienne ci-jointe donne une idée du décor. *Figure 15*

A moins d'examiner minutieusement le type de végétation ou l'arrière-plan lointain, ou distinguerait difficilement cette zone de beaucoup de centres de villes américaines. Il y a le même entassement de blancs immeubles de bureaux, la même omniprésence de voies de circulation et d'aires de stationnement. Cependant, les cartes de l'image sont beaucoup plus denses que celles de Jersey City.

La structure fondamentale de cette image est le point nodal de Pershing Square situé dans l'angle du L que forment deux rues commerçantes, Broadway et la Septième Rue. Tout cela s'insère dans la matrice générale d'un quadrillage de voies. Tout au bout de Broadway, il y a la zone du Centre Civique et au-delà le nœud de Plaza-Olvera Street, qui a une grande importance sentimentale. Le long de Broadway se trouve le quartier des affaires de Spring Street et un peu plus loin Skid Row (Main Street). Les autoroutes Hollywood Freeway et Harbour Freeway se reconnaissent à ce qu'elles ferment les deux côtés libres du L. L'image générale est remarquable du fait du vide qu'elle laisse à l'Est de Main Street ou de Los Angeles Street, et au Sud de la Septième Rue, sauf en ce qui concerne l'extension et la répétition du quadrillage : le centre est implanté dans un vide. Ce centre en forme de L est généreusement parsemé de points de repères mémorables, les principaux étant les Hôtels Statler et Biltmore, et ensuite parmi

FIG. 16. — *Le Civic Center.*

FIG. 17. — *Pershing Square.*

d'autres, le Richfield Building, la Bibliothèque Publique (Public Library), les grands magasins Robinsons et Bullocks, le Federal Savings Building, l'auditorium Philharmonic, l'Hôtel de Ville (City Hall) et l'Union Depot. Mais seuls deux points de repère étaient décrits avec quelque détail : le Richfield Building, vilain, noir et doré et le City Hall au sommet pyramidal.

Figure 43, page 175

En dehors de la zone du Civic Center, les quartiers reconnaissables sont, soit de petites zones linéaires et resserrées en bordure des voies (par exemple le centre commercial de la Septième Rue, le centre commercial de Broadway, le Transportation Row sur la Sixième Rue, le quartier des affaires de Spring Street, et le Skid Row dans Main Street), soit des zones dont l'image est relativement faible : la colline de Bunker Hill, ou le quartier de Little Tokyo. Le Civic Center est le plus net à cause de l'évidence de sa fonction, de sa taille, de l'aspect ouvert de son espace, de ses nouveaux bâtiments et de

Figure 16, page 40

ses limites bien définies. Peu de personnes oublièrent de le noter. Bunker Hill n'a pas une image aussi forte, malgré sa signification historique et quelques personnes avaient l'impression qu'elle n'était « pas située en ville ». En effet, il est surprenant de constater à quel point le cœur de la ville, en contournant cette caractéristique topographique majeure, a réussi à l'enterrer visuellement.

Pershing Square est logiquement l'élément le plus fort de tous : un espace libre traité en paysage exotique au cœur du centre ville, renforcé du fait qu'il sert de forum pour les réunions politiques et les assemblées religieuses en plein air, et que les vieux s'y reposent.

Figure 17, page 41

En même temps que le nœud formé par la Plaza-Olvera Street (qui comporte également un espace libre), Pershing Square est l'élément que l'on décrivait avec le plus de précision, avec sa pelouse centrale immaculée, entourée d'abord d'une rangée de bananiers, puis d'un cercle de personnes âgées assises en rangs serrés sur les murs de pierre, ensuite de rues animées, et enfin des alignements compacts des immeubles du centre-ville. Quoique remarquable, ceci n'était pas toujours ressenti comme agréable. Parfois des personnes interrogées paraissaient avoir peur des gens vieux et excentriques qui l'utilisent ; plus fréquemment, la réponse était empreinte de tristesse, celle-ci étant accentuée par la manière dont ces usagers sont confinés aux murs périphériques et écartés de la pelouse centrale. On faisait des comparaisons défavorables avec l'ancien aspect du Square, même s'il était moins élégant : un bouquet d'arbres avec des cheminements et des bancs éparpillés çà et là. Les gens étaient irrités par la pelouse centrale non seulement parce qu'elle est interdite à ceux qui se promènent dans le parc mais aussi parce qu'elle empêche de traverser l'espace comme le ferait normalement tout piéton. Néanmoins, voilà une image hautement identifiable, renforcée par la présence d'un point de repère dominant, la masse brun rouge de l'hôtel Biltmore, qui indique efficacement la direction du Square.

Malgré toute l'importance qu'il prend dans l'image de la ville, Pershing Square semble flotter un peu dans l'espace. Il est séparé des deux rues-clés, la Septième et Broadway, par un îlot et beaucoup de gens étaient indécis quand il s'agissait de le localiser exactement, alors qu'ils connaissaient bien sa situation générale.

Au cours des promenades avec les personnes interrogées, celles-ci s'efforçaient, chaque fois qu'elles traversaient une petite rue, de fouiller du regard chaque côté, à sa recherche.

Cela semble lié à la localisation du Square à l'écart du centre, et aussi à la tendance des personnes interrogées à confondre les différentes rues ainsi qu'on le lira ci-dessous.

Broadway est peut-être la seule voie au sujet de laquelle personne ne se trompait. Comme elle était à l'origine la principale rue, et qu'elle est encore la plus vaste concentration de boutiques de la zone centrale, elle se remarque à la foule qui circule sur ses trottoirs, à la longueur et la continuité de ses alignements commerciaux, aux marquises de ses cinémas, et à ses trolleybus (alors que dans d'autres rues ne passent que des autobus). Tout en admettant que Broadway était le cœur de la ville, pour peu qu'il y en eut un, ces personnes que nous

Figure 18

FIG. 18. — *Broadway.*

interrogions et qui appartiennent à la classe moyenne, n'y faisaient pas leurs achats. Ses trottoirs sont encombrés par les membres des minorités ethniques et des groupes à faible revenu, dont les quartiers d'habitation entourent le centre. Les personnes interrogées considéraient ce centre linéaire comme s'il leur était étranger, éprouvant à son égard et à des degrés divers des sentiments de curiosité ou de peur, ou le besoin de s'en écarter. Elles étaient promptes à décrire la différence de statut entre la foule de Broadway et celle que l'on côtoie dans la Septième Rue qui est le centre commercial, peut-être pas de l'élite, mais au moins de la classe moyenne.

En général, il est difficile de différencier les unes des autres les rues secondaires numérotées, mises à part la Sixième, la Septième et la Première Rues. Cette confusion des voies est apparue clairement dans les interviews. Dans une moindre mesure, les rues longitudinales, qui portent un nom, étaient aussi interchangeables. Plusieurs de ces rues Nord-Sud, en particulier Flower Street, Hope Street, Grand Street et Olive Street, qui s'enfoncent toutes dans Bunker Hill, avaient parfois tendance à être, comme les rues numérotées, confondues les unes avec les autres.

Bien qu'une rue du centre puisse se confondre avec une autre, peu de personnes avaient des difficultés à conserver leur direction le long des voies. Des bâtiments en fond de perspective, comme par exemple l'hôtel Statler dans la Septième Rue, la Library dans Hope Street, Bunker Hill dans Grand Street ; et les différences entre un trottoir et l'autre dans l'utilisation ou la densité des piétons, comme le long de Broadway, semblent suffisamment fréquents pour assurer une différenciation directionnelle. En fait, toutes les rues, en dépit du quadrillage régulier dans le centre, ont une fermeture visuelle due soit à la topographie, soit aux autoroutes, soit à une irrégularité du quadrillage lui-même.

De l'autre côté de Hollywood Freeway se trouve un des éléments les plus forts de tous, le centre nodal de Plaza-Olvera Street. Celui-ci était décrit de manière très détaillée : sa forme, ses arbres, ses bancs, ses usagers ; les tuiles, les rues pavées « en cailloutis » (en réalité pavées en briques), l'espace étroit, les marchandises étalées pour la vente, et inévitablement les

Figure 19

odeurs de chandelles et de bonbons. Ce petit coin non seulement est très caractérisé visuellement, mais c'est aussi le seul véritable point d'ancrage historique de la ville, et il semble susciter un violent sentiment d'attachement.

Cependant, les personnes enquêtées avaient de grandes difficultés à établir leur chemin à travers cette même zone, entre l'Union Depot et le Civic Center. Elles sentaient que le tracé quadrillé les avait abandonnées et ne savaient pas bien où les rues qu'elles connaissaient s'enfonçaient dans cette zone amorphe. Alameda Street s'éloigne traîtreusement vers la gauche au lieu de rester parallèle aux rues Nord-Sud. Le vaste espace libre de la zone civique semble avoir effacé le quadrillage primitif, sans lui substituer quelque chose de neuf. L'autoroute est une barrière enterrée. Dans l'exercice qui consistait à marcher depuis l'Union Depot jusqu'au Statler, le soulagement avec lequel les personnes enquêtées saluaient l'apparition de la Première Rue était presque audible.

Figure 20, page 46

FIG. 19. — *La Plaza et son débouché vers Olvera Street.*

Quand on leur demandait de décrire ou de symboliser la ville dans son ensemble, elles employaient certains clichés : « très étendue », « spacieuse », « informe », « sans centres ». Los Angeles semble difficile à envisager ou à concevoir comme un tout. L'image courante en faisait une étendue sans fin, et pouvait comporter des notes agréables attribuées aux espaces qui entourent les habitations, sur une musique de fond composée de fatigue et de désorientation. Une personne enquêtée disait :

> « C'est comme si vous mettez longtemps pour aller quelque part, et lorsque vous y êtes arrivé, vous découvrez qu'après tout il n'y avait rien. »

Mais il était évident que l'orientation à l'échelle régionale n'était pas trop difficile. Le dispositif régional d'orientation comprenait l'océan, les montagnes et les collines pour les plus anciens résidents, les régions de vallée comme San Fer-

FIG. 20. — *Le Hollywood Freeway.*

nando, et les vastes quartiers d'extension comme Beverley Hills, le réseau primaire des autoroutes et des boulevards, et, enfin, le gradient d'ancienneté s'étendant à partir du centre sur l'ensemble de la métropole, et mis en évidence par la condition, le style et le type d'immeubles appropriés à chacun des anneaux concentriques de croissance.

A moins grande échelle, cependant, il semblait très difficile de structurer et d'identifier. Il n'y avait pas de quartier de taille moyenne, et les voies se confondaient les unes avec les autres. Dès qu'ils quittaient leurs itinéraires familiers, les gens disaient être perdus, ou dépendre fortement de la signalisation routière. A toute petite échelle, il y avait de temps en temps des poches d'identité et de signification : chalets de montagne, villas de plage, ou zones plantées d'une végétation très différenciée. Mais ceci n'était pas universel et un maillon intermédiaire et essentiel de la structure, l'imagibilité des quartiers à une échelle moyenne, avait tendance à être faible.

Dans presque tous les interviews, quand les personnes enquêtées décrivaient le trajet qu'elles faisaient depuis leur domicile jusqu'à leur lieu de travail, l'éclat des impressions décroissait quand elles approchaient du centre ville. Près du domicile, il y avait beaucoup de détails sur les pentes et les tournants, la végétation et les gens ; il est évident qu'elles prenaient chaque jour intérêt et plaisir à la vue du décor.

En se rapprochant du centre, cette image devenait progressivement plus grise, plus abstraite et plus conceptuelle. Le centre ville, comme pour Jersey City, était fondamentalement une collection d'utilisations désignées par un nom et de façades de boutiques. Sans doute, cela était dû, en partie, à la tension grandissante que nécessite la conduite sur les grandes radiales, mais cela semblait persister même après que les gens aient quitté leur automobile.

Évidemment, le matériau visuel est d'une constitution plus pauvre, et il est possible que l'accroissement du brouillard ait aussi une influence.

Soit dit en passant, le brouillard et la brume étaient fréquemment mentionnés comme les tourments de l'habitant de la ville. Ils semblaient ternir les couleurs de l'environnement, si bien que la nuance dominante déclarée était blanchâtre, jaunâtre ou grise. Plusieurs personnes qui venaient au centre en automobile racontèrent qu'elles vérifiaient chaque matin l'état du brouillard, en constatant la visibilité de tours lointaines, leur servant de balises, telles que le Richfield Building ou le City Hall.

Le trafic automobile et le système des autoroutes étaient les thèmes dominants des interviews. C'était l'expérience quotidienne, la bataille quotidienne — parfois palpitante, généralement tendue et épuisante. Au cours des promenades, les explications détaillées étaient remplies de références aux signaux lumineux et aux panneaux indicateurs, aux problèmes de carrefours et de changements de direction. Sur les autoroutes, les décisions devaient être prises bien longtemps avant les carrefours et il y avait de fréquentes manœuvres pour changer de file. C'était comme si on franchissait des rapides en bateau, avec la même surexcitation et la même tension, le même effort permanent pour « garder toute sa tête ». Beaucoup de personnes firent remarquer qu'elles appréhendaient de conduire pour la première fois sur une nouvelle route. Elles parlaient fréquemment des passages supérieurs, de l'amusement qu'elles trouvaient dans les grands échangeurs, de leurs sensations kinesthétiques dans les descentes, les tournants, les montées. Pour beaucoup de personnes, la conduite automobile était un jeu de compétition à grande vitesse.

Figure 20
page 46

Sur ces voies rapides, on peut, dans une certaine mesure, se rendre compte des grandes lignes de la topographie. Une personne enquêtée avait l'impression que le fait de monter chaque matin sur une grande colline marquait le milieu de son voyage et lui donnait une forme. Une autre observa que l'augmentation d'échelle de la ville, due aux nouvelles routes, avait modifié toute sa conception des relations entre les éléments. Il y eut également des allusions au plaisir que procurent les panoramas passagers qui s'offrent à la vue depuis les passages élevés des autoroutes, par opposition aux impressions limitées et monotones que produit le talus dans les passages en tranchée. D'autre part, comme à Boston, ces conducteurs semblaient avoir des difficultés à localiser l'autoroute, à la rattacher au reste de la structure de la ville. Tous éprouvaient l'impression de perdre momentanément l'orientation, lorsqu'ils débouchaient d'une rampe de l'autoroute.

Un autre thème revenait fréquemment, celui de l'ancienneté relative des choses. Peut-être parce qu'une grande partie du décor environnant est neuve ou en train de changer, on percevait avec évidence l'attachement immense et presque pathologique porté à tout ce qui avait survécu au bouleversement. Ainsi, le minuscule nœud de Plaza-Olvera Street, ou même les hôtels délabrés de Bunker Hill, retenaient l'attention de beaucoup de personnes. De ces quelques interviews, on retire même l'impression que l'attachement sentimental à tout ce qui est ancien est ici plus grand que dans une ville aussi conservatrice que Boston.

A Los Angeles comme à Jersey City, les gens prenaient grand plaisir aux fleurs et à la végétation qui font effectivement la gloire de nombreux quartiers résidentiels de la ville. La description des premières parties du trajet domicile-travail était pleine de peintures éclatantes des arbres et des fleurs.

Même ceux qui conduisaient leur automobile à vive allure semblaient remarquer de tels détails de la ville et y prendre de l'agrément.

Mais ces remarques ne s'appliquent pas à la zone qui fait directement l'objet de notre étude. Il s'en faut de beaucoup que le centre de Los Angeles soit aussi classique visuellement que Jersey City, et il abonde plutôt en immeubles isolés servant de points de repère. Cependant, mis à part un tracé quadrillé abstrait et plutôt indifférencié, il est difficile à organiser ou à comprendre comme un tout. Il ne possède pas de symboles généraux suffisamment forts. Les plus fortes images, Broadway et Pershing Square, étaient, tout au moins pour les personnes interrogées qui faisaient partie de la classe moyenne, plutôt étrangères ou même menaçantes et aucune d'entre elles ne les décrivit comme agréables ou belles ; La Plaza, petite et négligée, et certaines des fonctions commerciales ou récréatives que symbolisent les points de repère situés dans les environs du haut de la Septième Rue, étaient les seuls éléments auxquels on accordait de l'affection. Une personne exprima cela en disant que la vieille Plaza à un bout et le neuf Wilshire Boulevard à l'autre étaient les seules choses ayant du caractère et qu'ils résumaient Los Angelès. L'image semblait fortement dépourvue du caractère reconnaissable, de la stabilité et de la signification agréable du Centre de Boston.

Thèmes communs

Quand on compare ces trois villes et pour autant qu'on puisse déduire quoi que ce soit de si petits échantillons, on trouve, comme on pouvait s'y attendre, que les gens se règlent sur ce qui les entoure, et tirent structure et identité du matériau qu'ils ont sous la main. Les types d'éléments utilisés dans l'image de la ville, et les qualités qui les renforcent ou les affaiblissent, semblent analogues dans les trois villes, bien que la proportion relative des éléments des différents types puisse varier suivant la forme réelle de la ville. Cependant, au même moment, il y a des différences prononcées de niveau d'orientation et de satisfaction entre ces divers environnements physiques.

Figure 4, page 24

Entre autres choses, les tests montrent clairement l'importance de l'espace et de l'étendue de la vue. A Boston, la prédominance de la limite formée par la Charles River est basée sur le vaste champ qu'elle offre à la vue quand on entre dans la ville par ce côté. On peut voir d'un seul coup beaucoup d'éléments de la ville reliés entre eux ; la position de chacun par rapport à l'ensemble est très claire. A Los Angeles, on remarquait le Civic Center à cause de son caractère d'espace ouvert ; à Jersey City, les personnes interrogées parlaient de la vue qui s'étendait devant elles quand elles franchissaient les Palissades en descendant vers le paysage de Manhattan se découpant sur le ciel.

On nous a cité de nombreuses fois cette espèce de joie intérieure que suscite un vaste panorama. Serait-il possible de généraliser, dans nos villes, cette expérience panoramique au bénéfice des milliers de gens qui y passent chaque jour. Une vue étendue mettra parfois en évidence un chaos, ou une solitude sans caractère, mais un panorama bien arrangé semble constituer un besoin fondamental du bien-être urbain.

Il semble qu'on remarque même les espaces bruts ou sans forme précise, bien qu'ils ne soient peut-être pas agréables. Beaucoup de gens parlent comme d'une vision frappante de l'espace libre et déblayé de Dewey Square à Boston. Sans doute cela est-il dû au contraste avec les espaces urbains étriqués. Mais quand l'espace a une certaine forme, comme le long de Charles River ou dans Commonwealth Avenue, Pershing Square ou Louisburg Square ou dans une certaine mesure à Copley Square, l'effet est beaucoup plus fort ; les particularités laissent un souvenir. Si Scollay Square à Boston ou Journal Square à Jersey City formaient un espace au caractère proportionné à l'importance de leur fonction, ils seraient certainement des caractéristiques-clés de leur ville.

Dans une ville, les particularités du paysage, végétation ou étendue d'eau, étaient souvent décrites avec soin et plaisir. Les personnes enquêtées à Jersey City étaient très bien informées des rares oasis de verdure situés dans leurs environs ; celles de Los Angeles s'arrêtaient souvent pour décrire la diversité exotique de la végétation locale. Parmi elles, plusieurs personnes parlèrent de détours quotidiens qui allongeaient leur trajet pour aller au travail mais leur permettaient de passer près de quelque espace planté, parc ou pièce d'eau particuliers. Voici un extrait d'un récit de promenade à Los Angeles qui n'est pas le seul dans son genre :

> « Vous traversez le Sunset, de l'autre côté d'un petit parc — je ne sais pas son nom. C'est très joli et — oh ! — les jacarandas sont en pleine floraison. Ils sont près d'une maison, à peu près un îlot plus haut. Vous continuez à descendre le Canyon et là il y a toutes sortes de palmiers : à palmes hautes et à palmes basses ; et alors vous continuez à descendre vers le parc. »

Los Angeles, équipée comme elle l'est pour la circulation automobile, fournit aussi les exemples les plus éclatants de réaction au système des voies : à la façon dont il est organisé, à ses relations avec les autres éléments de la ville, à son caractère spatial, visuel et de mouvement. Mais la prédominance visuelle des voies et leur influence primordiale en tant que réseau à partir duquel la plupart des gens font l'expérience de leur environnement sont aussi attestées amplement par les résultats d'enquête à Boston et Jersey City.

Presque aussi manifeste est la référence constante à la classe socio-économique : à Los Angeles on évite le « populaire » Broadway ; à Jersey City on reconnaît Bergen-Section, quartier de la haute société ; à Boston Beacon Hill est indubitablement divisée en deux parties distinctes.

Les interviews contenaient aussi une autre réponse générale :

celle qui indique la manière dont le décor physique symbolise le temps qui passe. Les interviews de Boston étaient remplis de références aux contrastes entre les âges : la « nouvelle » Artery passant à travers le « vieux » quartier du marché ; la nouvelle chapelle catholique au milieu des bâtiments âgés dans Arch Street ; la vieille (sombre, décorée, basse) Trinity Church se détachant en silhouette sur le neuf (brillant, pur, grand) John Hancock Building, et ainsi de suite. En effet, les descriptions étaient souvent faites comme des répliques au contraste dans le décor urbain : contraste spatial, contraste des statuts, contraste des utilisations, ancienneté relative, ou comparaisons des propretés ou des arrangements paysagers. On remarquait les éléments et leurs attributs en fonction de leur situation par rapport à l'ensemble.

A Los Angeles, on a l'impression que la fluidité de l'environnement et l'absence d'éléments physiques enracinés dans le passé amènent le trouble et la perturbation. De nombreuses descriptions du décor par des résidents installés depuis un certain temps, jeunes ou vieux, étaient accompagnées par les fantômes de ce qu'ils avaient l'habitude d'y trouver. Les changements, tels que ceux introduits par le système des autoroutes, avaient laissé des cicatrices dans l'image mentale. L'enquêteur a noté :

> « Il semble y avoir, chez les indigènes, une amertume ou une nostalgie qui pourrait être du ressentiment contre les nombreux changements, ou seulement une incapacité à se réorienter assez vite pour rester en accord avec eux ».

Des commentaires généraux de ce type apparaissent vite quand on lit les matériaux d'enquête. Il est possible, cependant, d'étudier en même temps les interviews et les reconnaissances du terrain d'une manière plus systématique et d'en apprendre beaucoup plus sur la structure de l'image de la ville. Ceci fera l'objet du chapitre suivant.

III.

L'image de la ville et ses éléments

Il semble que pour n'importe quelle ville donnée il existe une image collective qui est l'enveloppe d'un grand nombre d'images individuelles. Ou peut-être y a-t-il une série d'images collectives correspondant chacune à un groupe nombreux de citadins. De telles images de groupe sont nécessaires à tout individu qui doit agir efficacement dans son milieu, et agir en commun avec ses compagnons. Chaque représentation individuelle est unique, une partie de son contenu n'est que rarement, ou jamais, communiquée, et pourtant elle rejoint l'image collective, qui, suivant l'environnement, est plus ou moins contraignante, plus ou moins enveloppante.

Cette analyse se limite à l'effet des objets physiques, perceptibles. L'imagibilité peut être influencée d'autres manières, notamment par la signification sociale d'une zone, sa fonction, son histoire ou même son nom. Cela sera passé sous silence, car notre objectif est ici de découvrir le rôle de la forme elle-même. Nous tiendrons pour acquis que, dans l'urbanisme actuel, il faudrait utiliser la forme pour renforcer la signification et non pour la nier.

Dans les images des villes étudiées jusqu'ici, le contenu que l'on peut rapporter aux formes physiques peut être classé sans inconvénient suivant cinq types d'éléments : les voies, les limites, les quartiers, les nœuds et les points de repère. En effet, ces éléments s'appliquent d'une manière plus générale puisqu'on les retrouve, semble-t-il, dans beaucoup d'exemples d'images de l'environnement, ainsi qu'on peut le voir en se reportant à l'annexe A. De ces éléments, on peut donner la définition suivante :

1. *Les voies.* — Les voies sont les chenaux le long desquels l'observateur se déplace habituellement, occasionnellement, ou potentiellement. Ce peut être des rues, des allées piétonnières, des voies de métropolitain, des canaux, des voies de chemin de fer. Pour beaucoup de gens, ce sont les éléments prédominants de leur image. Les gens observent la ville quand ils y circulent, et les autres éléments de l'environnement sont disposés et mis en relations le long de ces voies.

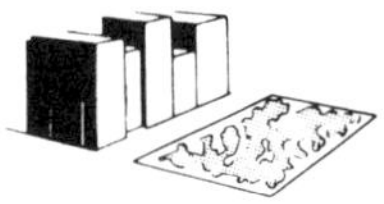

2. *Les limites.* — Les limites sont les éléments linéaires que l'observateur n'emploie pas ou ne considère pas comme des voies. Ce sont les frontières entre deux phases, les solutions de continuité linéaires : rivages, tranchées de voies ferrées, limites d'extension, murs. Elles servent de références latérales plutôt que d'axes de coordonnées. De telles limites peuvent être des barrières, plus ou moins franchissables, qui isolent une région d'une autre ; ou bien elles peuvent être des coutures, lignes le long desquelles deux régions se relient et se joignent l'une à l'autre. Ces éléments de limites, bien qu'ils prédominent probablement moins que les voies, jouent pour beaucoup de gens un rôle important de caractéristiques servant à l'organisation ; une de leurs fonctions en particulier est de maintenir ensemble des zones, comme dans le cas où une ville est entourée d'eau ou cernée par un mur.

3. *Les quartiers.* — Les quartiers sont des parties de la ville, d'une taille assez grande, qu'on se représente comme un espace

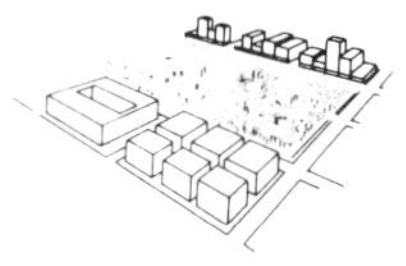

à deux dimensions, où un observateur peut pénétrer par la pensée, et qui se reconnaissent parce qu'elles ont un caractère général qui permet de les identifier. Cette identification est toujours possible quand on est à l'intérieur, et si les quartiers se reconnaissent du dehors, on les utilise à l'extérieur comme références. C'est de cette manière que, dans une certaine mesure, la plupart des gens structurent leur ville, avec des variations entre les individus suivant que ce sont les voies ou les quartiers qui sont les éléments prédominants. D'ailleurs, cela ne dépend pas seulement, semble-t-il, des individus mais aussi de la ville considérée.

4. *Les nœuds.* — Les nœuds sont des points, les lieux stratégiques d'une ville, pénétrables par un observateur, et points focaux intenses vers et à partir desquels il voyage. Cela peut être essentiellement des points de jonction, endroits où on change de système de transport, croisements ou points de convergence de voies, lieux de passage d'une structure à une autre. Ou bien les nœuds peuvent être simplement des points de rassemblement qui tirent leur importance du fait qu'ils sont une concentration de certaines fonctions ou de certains caractères physiques, comme par exemple un abri au coin de la rue, ou une place fermée. Certains de ces nœuds de concentration sont le foyer et le résumé d'un quartier, sur lequel rayonne leur influence, et où ils se dressent comme un symbole : on peut les appeler centres. Naturellement, beaucoup de nœuds participent à la fois aux deux natures : point de jonction et point de concentration. Le concept de nœud est lié à celui de voie puisque les points de jonction sont par nature des convergences de voies, des événements sur les trajets. De manière similaire, il est lié au concept de quartier, puisque les centres sont par nature les foyers intenses des quartiers, leur centre de polarisation. En tous les cas on peut trouver plusieurs points nodaux dans presque toutes les images, et dans certains cas ces nœuds peuvent être la caractéristique prédominante.

5. *Points de repère.* — Les points de repère sont un autre type de référence ponctuelle, mais dans ce cas l'observateur n'y pénétrant pas, ils sont externes.

Ce sont habituellement des objets physiques définis assez

simplement : immeuble, enseigne, boutique ou montagne. Leur utilisation implique le choix d'un élément unique au milieu d'une multitude de possibilités. Certains points de repère sont des objets éloignés, dont la nature est d'être vus sous de nombreux angles et à des distances variées, dépassant le sommet des éléments plus petits, et servant de points de référence radiale. Ils peuvent être situés à l'intérieur de la ville ou à une distance telle que, dans la pratique, ils symbolisent une direction constante. C'est le cas des tours isolées, des dômes dorés, des grandes collines. Même un point mobile, comme le soleil, dont le mouvement est suffisamment lent et régulier, peut servir de point de repère. D'autres points de repère ont surtout une utilité locale, quand on ne peut les voir que d'un nombre limité d'endroits, ou sous certains angles. Ce sont les signaux innombrables, vitrines de boutiques, arbres, poignées de portes, ou autres détails du paysage urbain qui remplissent l'image de la plupart des observateurs. Ces informations sont fréquemment employées pour identifier et même pour structurer, et il semble qu'on leur fait de plus en plus confiance au fur et à mesure qu'un trajet devient plus familier.

L'image d'une réalité physique donnée peut parfois changer de type quand varient les circonstances de vision. Ainsi, une autoroute urbaine peut être une voie pour le conducteur automobile et une frontière pour le piéton. Ou bien une zone du centre peut être un quartier quand une ville est organisée à une échelle moyenne, et un nœud quand on considère l'ensemble de l'aire métropolitaine. Mais les catégories semblent stables pour un observateur donné opérant à un niveau donné.

Aucun des types d'éléments que nous avons distingués plus haut n'existe dans la réalité à l'état isolé. Les quartiers sont structurés par des nœuds circonscrits par des limites, transpercés par des voies et parsemés de points de repère. Normalement, les éléments se chevauchent et se pénètrent les uns les autres. Si cette analyse commence par séparer les données d'expérience en catégories, elle doit, pour terminer, les réintégrer dans l'image globale. Nos études nous ont fourni beaucoup d'informations sur le caractère visuel des types d'éléments :

nous en parlerons ci-dessous. Malheureusement, notre travail ne nous a procuré que beaucoup moins de révélations sur les interrelations entre les éléments et sur les niveaux, les qualités ou le développement de l'image : nous traiterons de ces derniers thèmes à la fin de ce chapitre.

Les voies

Pour la plupart des gens que nous avons interrogés, les voies sont les éléments prédominants de la ville, bien que leur importance varie selon le degré de familiarité avec la ville. Les gens dont la connaissance de Boston était la moins grande, avaient tendance à penser à la ville en termes de topographie, de grandes régions, de caractéristiques générales, et de larges relations directionnelles. Les personnes enquêtées qui connaissaient mieux la ville avaient généralement maîtrisé une partie de la structure des voies ; ces personnes pensaient plutôt en termes de voies spécifiques et de relations entre ces voies. Chez les personnes qui connaissaient le mieux la ville, il est apparu une tendance à se fier plus aux petits points de repère qu'aux régions ou aux voies.

On ne devrait pas sous-estimer le potentiel d'identification et d'effet théâtral que représente le système des autoroutes. Une personne que nous enquêtions à Jersey City ne trouvait rien qui vaille la peine d'être décrit dans ses environs, mais s'éclaira soudain pour décrire le Holland Tunnel. Une autre narra son plaisir :

> « Vous traversez Baldwin Avenue, vous voyez tout New York en face de vous, vous voyez l'énorme dénivellation du terrain (les Palissades) ... et voici devant vous ce panorama dégagé sur les bas quartiers de Jersey City, et vous descendez de la colline, et alors vous savez, il y a le tunnel, il y a la Hudson River et tout le reste ... Je regarde toujours à ma droite pour voir si je peux voir la ... Statue de la Liberté... Alors je regarde toujours en l'air pour voir l'Empire State Building, voir quel temps il fait... je ressens vraiment de la joie parce que je vais dans un endroit, et j'adore aller dans des endroits. »

Pour devenir des caractéristiques importantes de l'image, les voies peuvent se particulariser de plusieurs façons. Un parcours habituel aura, bien entendu, une influence des plus fortes, et c'est la raison pour laquelle les principales voies d'accès, comme Boylston Street, Sorrow Drive ou Tremont Street à Boston, Hudson Boulevard à Jersey City, ou les autoroutes à Los Angeles sont toutes des particularités-clés de l'image. Des obstacles à la circulation automobile, qui souvent compliquent la structure, peuvent parfois la clarifier en concentrant les courants de passage sur un nombre réduit de chenaux, qui deviennent alors prédominants pour l'esprit. Beacon Hill, jouant le rôle d'un carrefour giratoire géant, accroît l'importance de Cambridge Street et de Charles Street ; le Public Garden renforce Beacon Street. La Charles River en ramenant la circulation sur un nombre limité de ponts extrêmement visibles, ayant chacun une forme particulière, clarifie sans aucun doute la structure des voies. D'une manière tout à fait analogue, les Palissades de Jersey City concentrent l'attention sur les trois rues qui réussissent à les franchir.

Figure 30, page 90

Le rassemblement de certaines utilisations du sol ou d'activités particulières le long d'une rue peuvent la mettre en avant dans l'esprit des observateurs. Washington Street en est l'exemple frappant à Boston : les personnes interrogées l'associaient logiquement aux boutiques et aux théâtres. Certaines étendaient ces caractéristiques à des sections de Washington Street qui sont tout à fait différentes (par exemple du côté de State Street) ; beaucoup de gens semblaient ignorer que Washington Street continue au-delà de la section consacrée aux distractions, et pensaient qu'elle se termine près de Essex Street ou de Stuart Street. Il y a à Los Angeles de nombreux exemples — Broadway, Spring Street, Skid Row, la Septième Rue — où les concentrations d'utilisations sont suffisamment marquantes pour en faire des quartiers linéaires. Les gens semblaient sensibles aux variations de la quantité d'activités rencontrées, et quelquefois se laissaient guider dans une large mesure en suivant le courant principal de circulation. A Los Angeles, on reconnaissait Broadway à ses foules et ses trolleybus ; à Boston, Washington Street était marquée par un torrent de piétons. D'autres genres d'activités au niveau du sol semblaient favoriser le souvenir de certains endroits, par exemple un chantier de construction près de South Station, ou la bousculade dans les marchés de produits alimentaires.

Figure 18, page 43

Des qualités spatiales caractéristiques sont capables de

renforcer l'image de certaines voies. L'exemple le plus simple est donné par des rues évoquant soit une extrême largeur, soit une étroitesse extrême, et qui de ce fait attirent l'attention. Cambridge Street, Commonwealth Avenue, et Atlantic Avenue sont toutes bien connues à Boston, et on les remarquait toutes à cause de leur grande largeur. Les qualités spatiales de largeur et d'étroitesse tirent une partie de leur importance du fait qu'on associe généralement rues principales avec largeur, rues secondaires avec étroitesse. Rechercher et se fier aux rues « principales » (c'est-à-dire larges), devient automatique et le plan réel de Boston correspond habituellement à ce postulat. Washington Street est une rue étroite qui fait exception à cette règle, et le contraste dans l'autre sens y est si fort, car l'étroitesse est renforcée par la hauteur des bâtiments et l'importance des foules, que c'est vraiment cette situation inversée qui devient le signe d'identification. Une partie des difficultés d'orientation dans le quartier des affaires de Boston ou l'anonymat du tracé quadrillé de Los Angeles, sont peut-être dues à cette absence de dominance spatiale.

Les caractéristiques particulières des façades ont aussi de l'importance pour l'identité des voies. Beacon Street et Commonwealth Avenue se distinguaient en partie à cause des façades des bâtiments qui les bordent. Le revêtement de la chaussée semble moins important, excepté dans certains cas particuliers comme Olvera Street à Los Angeles. Les détails de plantation semblaient aussi relativement sans importance, mais une grande masse de plantations, comme à Commonwealth Avenue pouvait renforcer très efficacement l'image de la voie.

Figure 21, page 62

La proximité de certaines particularités de la ville peuvent aussi accroître l'importance d'une voie. Dans ce cas, la voie jouerait un rôle secondaire de limite. Atlantic Avenue tire beaucoup d'importance de ses relations avec les quais et le port, Storrow Drive de sa localisation le long de Charles River. On distingue Arlington Street et Tremont Street à ce qu'elles bordent un parc, et Cambridge Street acquiert de la clarté à cause de ses relations de voisinage avec Beacon Hill. D'autres qualités donnent de l'importance à certaines voies, ce sont la façon dont elles se présentent à la vue, ou la vue qu'elles offrent

Figure 7, page 28

Figure 20, page 46

sur la ville. On remarquait ainsi, pour une part, la Central Artery parce qu'elle domine visuellement la ville en la traversant, car elle utilise un parcours surélevé. Il y a également les ponts sur la Charles River que l'on voit très bien jusqu'à de longues distances. Par contre, les autoroutes de Los Angeles sont dissimulées dans des tranchées ou derrière des talus plantés d'arbres. Beaucoup des personnes interrogées qui utilisaient les transports en commun, parlaient comme si ces autoroutes n'existaient pas. Par contre, les automobilistes signalaient que leur attention se faisait plus vive quand une autoroute sortait d'une tranchée et débouchait sur un vaste panorama.

Parfois l'importance des voies est due en grande partie à des raisons structurelles. Massachusetts Avenue était presque uniquement une structure pour la plupart des personnes interrogées, qui étaient incapables de la décrire. Pourtant, son rôle de relations, dû au fait que s'y entrecroisaient beaucoup de rues confuses, en faisait un élément majeur de Boston. La plupart des voies de Jersey City semblaient avoir ce caractère purement structurel.

Là où les voies principales manquaient d'identité, ou se confondaient facilement les unes avec les autres, toute l'image de la ville était en difficultés. Ainsi, à Boston, Tremont Street et Shawnut Avenue étaient interchangeables, de même que Olive Street, Hope Street et Hill Street à Los Angeles. Il n'était pas rare que le Longfellow Bridge à Boston soit confondu avec le Charles River Dam, probablement parce que tous deux supportent des voies de chemin de fer métropolitain et se terminent par des carrefours giratoires. Ceci créait de réelles difficultés dans la ville à la fois dans le système des rues et dans celui du métro. A Jersey City beaucoup de voies étaient difficiles à trouver, aussi bien en réalité qu'en souvenir.

C'est une nécessité fonctionnelle évidente que les voies, une fois qu'elles sont identifiables, aient aussi de la continuité. Les gens se fient régulièrement à cette qualité. L'exigence fondamentale est que la chaussée, ou son assiette, se poursuivent ; la continuité des autres caractéristiques a moins d'importance. Des voies dont la continuité de la chaussée atteignait simplement un niveau satisfaisant, étaient choisies comme des voies dignes de confiance dans un milieu environnant tel que Jersey City. Un étranger pouvait les suivre, même s'il rencontrait des difficultés.

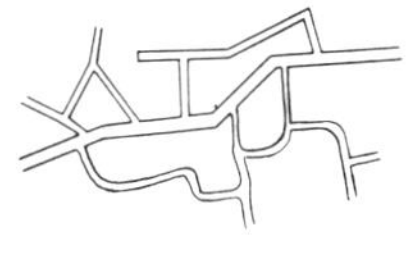

Les gens généralisaient souvent en attribuant à des caractéristiques d'un autre type la continuité de la chaussée qu'ils longeaient, alors qu'en réalité ces caractéristiques changeaient. Mais d'autres facteurs de continuité ont aussi de l'importance. Quand le chenal change de largeur, comme le fait Cambridge Street à Bowdoin Square, ou quand la continuité spatiale est interrompue comme c'est le cas pour Washington Street à Dock Square, les gens ont des difficultés à percevoir qu'une même voie se continue. A l'autre extrémité de Washington Street, une modification soudaine dans l'affectation des bâtiments, peut expliquer en partie pourquoi les gens n'arrivaient pas à prolonger Washington Street au-delà de Kneeland Street, jusqu'à l'intérieur du South End.

Voici des exemples de particularités qui donnent de la continuité à une voie : les plantations et les façades le long de Commonwealth Avenue ou, le long de Hudson Boulevard, le style des immeubles et leur situation en retrait de la voie. Par eux-mêmes les noms jouent un rôle. Beacon Street fait primitivement partie de Back Bay, mais son nom la relie à Beacon Hill. La continuité dans le nom de Washington Street donnait aux gens des indications sur la manière de traverser le South End, même s'ils ne connaissaient pas cette zone. C'est une agréable sensation de mise en relation que l'on ressent simplement lorsqu'on se trouve dans une rue dont le nom persiste jusqu'au cœur de la ville, aussi loin soit-il. L'exemple opposé est fourni par l'attention que les gens portaient aux débuts indéfinissables de Wilshire Boulevard et de Sunset Boulevard, à cause du caractère particulier qu'ils prenaient beaucoup plus loin. En revanche, la voie qui borde le port de Boston était quelquefois considéré comme plusieurs fragments simplement parce qu'elle porte plusieurs noms : Causeway Street, Commercial Street et Atlantic Avenue.

Non seulement les voies peuvent être identifiables et continues, mais elles peuvent également avoir une qualité directionnelle qui permette de distinguer facilement le long de l'axe de la voie, une direction de la direction opposée. Cela peut

FIG. 21. — *Commonwealth Avenue.*

être obtenu par un gradient, une modification régulière de certaines qualités, modifications qui s'accumulent dans une direction. Les gradients les plus souvent ressentis sont de caractère topographique : à Boston, particulièrement à Cambridge Streeet, Beacon Street et Beacon Hill. On remarquait également un gradient dans l'intensité d'utilisation, comme lorsqu'on s'approche de Washington Street, ou, à l'échelle de la région, le gradient d'augmentation d'ancienneté quand on s'approche du centre de Los Angeles par une autoroute.

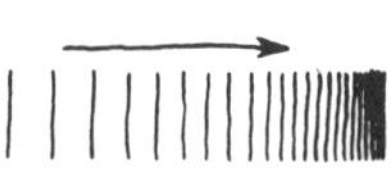

Dans l'environnement relativement grisâtre de Jersey City, on trouvait deux exemples de gradients basés sur l'état d'entretien relatif des habitations.

Une courbe prolongée est aussi un gradient, changement régulier dans la direction du mouvement. Cette variation n'était pas souvent ressentie de manière kinesthétique : les seules citations que nous ayons obtenues de perception corporelle du mouvement sur une courbe nous furent faites à propos du métro de Boston et de portions d'autoroutes à Los Angeles. Quand les tournants des rues sont mentionnés dans les interviews, ils le sont essentiellement en fonction d'indications visuelles. Par exemple, le tournant de Charles Street, à Beacon Hill, était ressenti parce que les murs très rapprochés des bâtiments renforçaient l'impression de courbure.

Les gens avaient tendance à penser aux points d'origine et de destination des voies : ils aimaient savoir d'où viennent les rues et où elles conduisent. Les voies dont l'origine et la destination sont claires et bien connues avaient une identité plus forte, aidaient à lier la ville en un ensemble et donnaient à l'observateur une idée de ses coordonnées à chaque fois qu'il les traversait. Quelques-unes des personnes enquêtées pensaient à la destination générale des voies, par exemple, une certaine partie de la ville, tandis que d'autres pensaient à des endroits précis. Une personne qui se montrait assez exigeante sur l'intelligibilité de l'environnement urbain, était gênée parce qu'elle voyait un ensemble de voies de chemin de fer et ne connaissait pas la destination des trains qui les empruntaient.

A Boston, Cambridge Street a des extrémités claires et stratégiques : le carrefour giratoire de Charles Street et Scollay Square. D'autres rues peuvent n'avoir qu'une seule extrémité nette : Commonwealth Avenue au Public Garden, Federal Street au Post Office Square. Par contre, la fin mal définie de Washington Street — dont on pense, suivant les cas, qu'elle se termine à State Street, ou à Dock Square, ou à Haymarket Square, ou même à la North Station : Gare du Nord (en réalité elle va officiellement jusqu'au Charleston Bridge) — l'empêche de devenir une particularité aussi forte qu'elle aurait pu, s'il en avait été autrement. A Jersey City, la convergence jamais

réalisée des trois rues principales qui franchissent les Palissades, et leur dénivellation finale difficile à décrire, embrouillaient énormément.

Cette même sorte de différenciation des terminaisons, que confèrent des extrémités nettes, peut être créée par d'autres éléments que l'on peut voir près de la fin, réelle ou apparente, d'une voie. Le Common près d'une extrémité de Charles Street agit de cette façon, de même que le State House pour Beacon Street. La clôture visuelle apparente de la Septième Rue à Los Angeles par l'Hôtel Statler, et celle de Washington Street à Los Angeles par la Old South Meeting House, ont le même effet. Toutes deux sont dues à un léger changement de direction de la voie, ce qui met un bâtiment important dans l'axe visuel. Des éléments connus pour être situés sur un côté déterminé d'une voie confèrent aussi une impression de direction : Symphony Hall sur Massachusetts Avenue et le Boston Common le long de Tremont Street étaient tous deux employés de cette façon. A Los Angeles même la concentration relativement plus forte de piétons sur le côté ouest de Broadway servait à déterminer dans quelle direction on regardait.

Figure 32, page 94

Figure 18, page 43

Une fois qu'une voie a la qualité directionnelle, elle peut avoir un attribut supplémentaire, celui d'être étalonnée : on peut être capable de se situer le long de la voie, de se rendre compte du chemin parcouru ou de ce qui reste encore à faire. Bien entendu, les particularités qui facilitent l'étalonnage donnent généralement aussi un sens directionnel excepté pour la technique simple qui consiste à compter les îlots, ce qui n'indique aucune direction mais peut servir à évaluer les distances. Beaucoup de personnes parlèrent de cette dernière méthode mais pas toutes, loin de là. C'est dans le plan régulier de Los Angeles que cette technique fut le plus généralement employée.

Il semble que, le plus souvent, l'étalonnement se faisait en utilisant une séquence de points de repère ou de nœuds connus et situés le long de la voie. Remarquer des régions identifiées, au moment où la voie y entrait et en sortait, constituait également un moyen puissant de donner une direction et d'étalonner une voie. Charles Street entrant dans Beacon Hill en venant du Common, et Summer Street entrant dans le quartier des cuirs et chaussures sur le chemin de South Station (la Gare du Sud), sont des exemples d'un tel effet.

Une fois donnée la qualité directionnelle d'une voie, nous pouvons alors examiner si celle-ci est « en ligne », c'est-à-dire si sa direction peut être rapportée à un système plus étendu. A Boston, il y a beaucoup d'exemples de voies qui ne sont pas en ligne. Une cause générale en sont les tournants subtils et trompeurs. La plupart des gens oubliaient le tournant de Massachusetts Avenue à la hauteur de Falmouth Street, ce qui avait comme résultat de jeter le désordre sur la totalité de leur plan de Boston. Ils considéraient que Massachusetts Avenue était droite, percevaient les carrefours à angle droit avec un grand nombre de rues et supposaient que ces rues étaient parallèles. Ils avaient des difficultés avec Boylston Street et Tremont Street, parce que ces deux rues, par une série de petites modifications, passent de l'état de rues presque parallèles à celui de rues presque perpendiculaires. Atlantic Avenue était difficile à saisir car elle se compose de deux longues courbes réunies par une importante ligne droite qui les tangente ; c'est une voie qui inverse complètement sa direction bien qu'elle soit droite sur sa portion la plus caractéristique.

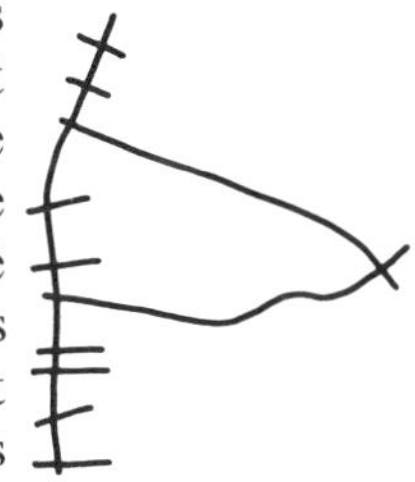

En même temps, des changements plus brusques de direction peuvent renforcer la clarté visuelle en limitant l'espace du « couloir », et en attribuant à des structures bien différenciées des emplacements marquants. De cette manière, le cœur de Washington Street est délimité ; Hanover Street est couronnée à son extrémité apparente par une vieille église ; et les rues transversales de South End acquièrent de l'intimité parce qu'elles modifient leurs cours pour traverser les principales radiales. D'une manière tout à fait similaire les modifications du quadrillage qui coupent la vue de l'extérieur empêchent de ressentir le vide au milieu duquel est installé le centre de Los Angeles.

La seconde cause générale pour qu'une voie ne soit pas en ligne avec le reste de la ville est qu'elle soit nettement séparée des éléments qui l'entourent. A Boston, par exemple, les voies du Common amenaient beaucoup de confusions : les gens se demandaient quelle allée ils devaient suivre pour arriver à certaines destinations particulières situées à l'extérieur du

Common. Leur destination extérieure était cachée à leur vue, et les voies du Common n'étaient pas reliées aux voies extérieures. La Central Artery est un exemple encore meilleur, car elle est plus détachée de ce qui l'entoure. Elle est surélevée et ne permet pas de voir clairement les rues adjacentes, mais elle donne la possibilité de se déplacer rapidement et sans être dérangé, genre de mouvement qui fait totalement défaut dans la ville. C'est une sorte particulière de rue faite pour un paradis de l'automobile plutôt que pour une ville normale. Beaucoup de personnes enquêtées avaient de grandes difficultés à faire correspondre la Central Artery avec les éléments qui l'entourent, bien qu'elle soit connue pour relier les Gares de North Station et South Station. A Los Angeles, également, les gens n'avaient pas l'impression que les autoroutes faisaient partie du reste de la ville, et le franchissement des rampes de sortie était une période de sévère désorientation.

Figure 7, page 28

Des recherches récentes sur les problèmes que pose l'installation de signaux directionnels sur les nouvelles autoroutes ont montré que, par suite de cette absence d'association avec les environs, chaque fois qu'on décide de tourner, on le fait sous contrainte, et sans y être préparé de manière adéquate. Même les automobilistes habitués ont montré une surprenante méconnaissance du système autoroutier et de ses raccordements. Le plus grand besoin de ces automobilistes serait une orientation générale par rapport à l'ensemble du paysage.

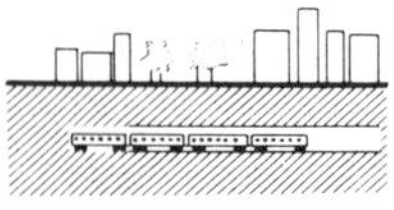

Les lignes de chemin de fer et le métro sont d'autres exemples de détachement. Les voies enterrées du métro de Boston ne peuvent pas être reliées au reste de l'environnement, sauf quand elles sortent à l'air libre notamment pour franchir la rivière. Il est possible que les bouches du métro soient des nœuds stratégiques de la ville, mais elles sont reliées par des liens abstraits et invisibles. Le métro est un monde souterrain discontinu et il serait intéressant de réfléchir aux moyens que l'on pourrait employer pour l'engrener sur la structure de l'ensemble.

Figure 29, page 88

L'eau qui entoure la péninsule de Boston est un élément de base sur lequel des parties de la ville peuvent s'aligner. Le tracé quadrillé de Back Bay est relié à la Charles River ; Atlantic Avenue est liée au port ; Cambridge Street conduit clairement à la rivière à partir de Scollay Square. A Jersey City, Hudson Boulevard, malgré ses coudes fréquents, est aligné avec la longue péninsule comprise entre le Hackensack et l'Hudson. A Los Angeles le tracé quadrillé assure, bien entendu, un alignement automatique entre les rues du centre. Il est facile à inscrire comme schéma de base dans une esquisse de carte, même si les rues ne sont pas individuellement distinctes. Les deux tiers des personnes interrogées commençaient par dessiner ce tracé, avant même d'ajouter aucun autre élément. Cependant, le fait que le quadrillage fasse un certain angle, à la fois avec la ligne formée par le rivage de l'océan, et avec les directions des points cardinaux causait un malaise chez un certain nombre de personnes.

Si on considère non plus une seule mais plusieurs voies, l'intersection de ces voies prend une importance vitale parce que c'est un point où se prennent des décisions. Il nous a semblé que c'était la relation simple des voies perpendiculaires qui était la plus facile à appréhender, particulièrement quand la forme de l'intersection était renforcée par d'autres caractéristiques. Le croisement le mieux connu à Boston, d'après notre enquête, est celui de Commonwealth Avenue avec Arlington Street. Visuellement il se présente avec évidence comme un T, et sa forme est renforcée par l'espace, les plantations, la circulation et l'importance des éléments reliés. Le croisement de Charles Street et de Beacon Street était aussi bien connu : ses contours sont rendus visibles et accentués par les lisières du Common et du Public Garden. Les carrefours de beaucoup de rues avec Massachussetts Avenue étaient facilement compris, sans doute parce que leur liaison à angle droit tranchait avec le reste du centre de la ville.

En effet plusieurs personnes interrogées étaient troublées par des croisements entre des rues se coupant sous des angles divers et ceci constituait, à leur avis, une des caractéristiques typiques de Boston. Presque toujours les carrefours comprenant plus de quatre voies étaient une cause d'embarras. Une personne chargée d'orienter la circulation des taxis et très expérimentée, possédant une connaissance quasi parfaite de la structure des voies de la ville, avoua que le carrefour à cinq branches au niveau de Church Green dans Summer

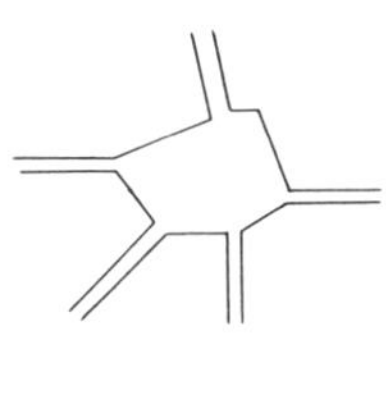

Street, était une des deux choses qui l'embarrassaient dans la ville. Tout aussi énervant était un carrefour giratoire sur lequel débouchaient à intervalles rapprochés de nombreuses voies d'accès, tout autour d'un îlot courbe à la forme mal différenciée.

Mais le nombre des voies d'accès n'est pas tout. Même un carrefour à cinq branches, non perpendiculaires, peut être rendu clair, comme c'est le cas pour Copley Square à Boston. L'espace bien maitrisé et le caractère accentué du nœud font ressortir l'angle sous lequel sont reliées Huntington Avenue et Boylston Street. Inversement Park Square est un point simplement perpendiculaire dont l'absence de forme empêche de faire connaître la structure. A Boston, dans beaucoup de carrefours, non seulement les voies sont nombreuses, mais les couloirs spatiaux disparaissent complètement en se heurtant au vide chaotique des places.

De tels carrefours chaotiques ne sont pas seulement dûs à un accident de l'histoire passée. L'échangeur autoroutier contemporain cause un trouble encore plus grand, en particulier parce qu'on doit le franchir à des vitesses plus élevées.

Figure 22

A Jersey City par exemple, plusieurs personnes interrogées parlaient avec appréhension du Tonnelle Avenue Circle.

Un problème de perception à grande échelle apparaît lorsque une voie se sépare insensiblement en deux voies alternatives, toutes deux ayant une importance comparable. Un tel cas se produit dans Storrow Drive qui (après qu'elle se soit confondue avec Charles Street) se sépare en deux voies : la plus ancienne Nashua Street qui conduit à l'itinéraire Causeway-Commercial-Atlantic, et la plus récente Central Artery. Il n'était pas rare que ces deux voies soient confondues l'une avec l'autre, ce qui causait à l'image des bouleversements importants. Toutes les personnes enquêtées semblaient incapables de les concevoir toutes les deux en même temps : les cartes qu'elles dessinaient montraient soit l'une, soit l'autre de ces extensions de Storrow Drive.

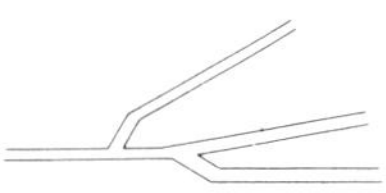

D'une manière tout à fait similaire, les branchements successifs des lignes principales qui constituent le système du métro posaient un problème, car il est difficile d'empêcher que se confondent les images de deux branches qui divergent légèrement, et de se souvenir de l'endroit où s'opère leur branchement.

Plusieurs voies importantes peuvent être rassemblées par l'image en une seule structure, malgré certaines irrégularités mineures, aussi longtemps qu'existe entre elles une relation générale solide. Le système des rues de Boston ne conduit pas à ce genre d'image sauf peut-être pour Washington Street et Tremont Street qui sont fondamentalement parallèles. Mais le système du métro de Boston, malgré son enchevêtrement réel, semblait assez facile à concevoir visuellement comme deux lignes parallèles coupées en leur milieu par la ligne Cambridge-Dorchester, bien que les deux lignes parallèles puissent être prises l'une pour l'autre, en particulier parce qu'elles vont toutes les deux à la Gare North Station.

A Los Angeles le système d'autoroutes peut, semble-t-il,

FIG. 22. — *Le Tonnelle Avenue Circle.*

faire l'objet d'une image en tant que structure complète, de même que, à Jersey City, le système formé par le Hudson Boulevard recoupé par les trois voies qui descendent la colline en franchissant les Palissades, ou la triade des boulevards, West Side Avenue, Hudson Boulevard et Bergen Boulevard, avec le système régulier des rues qui les relient.

Là où une personne avait l'habitude de circuler en automobile, les perturbations causées par les sens uniques introduisaient de graves complications dans l'image de la structure des voies. C'est justement à une telle irréversibilité du système qu'était dû le second blocage psychologique de la personne chargée d'orienter la circulation des taxis. D'autres n'arrivaient pas à tracer sur leurs dessins, Washington Street au-delà de Dock Square, parce que des deux côtés on y entre à sens unique.

Pour qu'un ensemble formé d'un grand nombre de voies

FIG. 23. — *Le Back Bay.*

puisse apparaître globalement comme un réseau, il faut que les liaisons répétées soient suffisamment régulières et prévisibles. Le tracé quadrillé de Los Angeles en est un bon exemple. Presque toutes les personnes interrogées arrivaient facilement à situer une vingtaine des voies principales et à les placer correctement les unes par rapport aux autres. En même temps cette régularité parfaite rendait difficile la distinction des voies les unes des autres.

A Boston, le réseau de voies de Back Bay est intéressant. Sa régularité se remarque par contraste avec le reste du Centre de la ville, effet qu'on ne saurait retrouver dans la plupart des villes américaines. Mais cette régularité ne manque pas de particularités. Dans l'esprit de tous. les rues longitudinales se distinguent nettement des rues transversales, beaucoup plus qu'à Manhattan par exemple. Toutes les longues rues ont un caractère particulier. Beacon Street, Marlboro Street, Commonwealth Avenue, Newbury Street, chacune est différente, alors que les rues secondaires servent de moyens de mesure. La largeur relative des rues, la longueur des îlots, les façades des immeubles, le système de dénomination, la longueur relative et le nombre des deux sortes de rues, leur importance fonctionnelle, tout cela tend à renforcer la différenciation. C'est ainsi qu'un schéma régulier a acquis forme et caractère. Les lettres de l'alphabet qui servent à désigner les rues secondaires servaient fréquemment d'indication sur la localisation, beaucoup plus que les chiffres des rues ne servent à Los Angeles.

Figure 23

A l'opposé, le South End, bien qu'il présente la même forme topologique de longues rues principales, parallèles et mises en communication par de courtes rues secondaires, et bien qu'il soit souvent considéré mentalement comme un quadrillage régulier, est un schéma beaucoup moins réussi. Les rues principales et secondaires se différencient également par la largeur et l'utilisation, et beaucoup parmi les rues transversales ont plus de caractère que les rues correspondantes de Back Bay. Mais les rues principales manquent de caractère suffisamment différencié. Il est difficile de distinguer Columbus Avenue de Tremont Street ou de Shawmut Avenue, et on rencontrait fréquemment cette interchangeabilité dans les interviews.

La fréquente réduction du South End à un système géométrique était typique de la tendance constante des personnes interrogées à imposer une régularité à ce qui les entourait. A moins d'être empêchées par une évidence manifeste, elles essayaient d'organiser les voies en réseaux géométriques sans tenir aucun compte des courbes et des intersections qui ne sont pas d'angle droit. La partie basse de Jersey City était souvent représentée sur les dessins par un quadrillage, bien qu'elle n'en soit un que partiellement. Les sujets enquêtés engloutissaient tout le centre de Los Angeles dans un réseau régulier, sans être troublés par la déformation de la limite orientale. Plusieurs personnes insistèrent pour schématiser le dédale de rues du quartier des affaires à Boston, sous forme d'un damier ! Les modifications soudaines et en particulier les passages imperceptibles d'un système quadrillé à un autre système quadrillé ou à un système non quadrillé, étaient ressenties comme troublantes. Les personnes de Los Angeles étaient souvent tout à fait désorientées dans les zones situées au Nord de la Première Rue ou à l'Est de San Pedro.

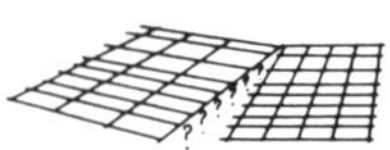

Les limites

Les limites sont les éléments linéaires qui ne sont pas considérés comme des voies : ce sont généralement, mais pas toujours, les frontières entre deux sortes de zones. Elles agissent comme références latérales et sont fortes à Boston et Jersey City, plus faibles à Los Angeles. Les limites qui semblent les plus fortes sont celles qui non seulement prédominent visuellement, mais aussi ont une forme continue et sont impénétrables aux mouvements traversants. La Charles River à Boston en est le meilleur exemple et possède toutes ces qualités.

L'importance de la définition de Boston comme une péninsule a déjà été mentionnée. Elle a dû être encore beaucoup plus importante au XVIIIe siècle, quand la ville était une péninsule véritable et vraiment frappante. Depuis lors, les lignes du rivage ont été effacées ou modifiées, mais le dessin persiste. Un changement au moins a renforcé l'image : la rive de Charles River autrefois basse et marécageuse, est maintenant bien

Figure 4, page 24

définie et mise en valeur. Elle faisait l'objet de nombreuses descriptions et était parfois dépeinte avec beaucoup de détails. Tous se souvenaient du vaste espace libre, de la ligne courbe, des autoroutes qui la bordent, des bateaux, de l'Esplanade, et de la Shell.

Le bord de mer situé de l'autre côté, le front portuaire, était également connu en général, et on s'en souvenait à cause de son activité particulière. Mais l'impression d'eau était moins nette, parce qu'elle est obscurcie par de nombreux bâtiments et que la vie s'est éloignée des anciennes activités portuaires. La plupart des personnes interrogées étaient incapables de faire la liaison entre Charles River et le port de Boston d'une manière concrète. Cela doit être dû en partie à ce qu'à l'extrémité de la péninsule l'eau est cachée par des emprises de chemin de fer et des immeubles, et en partie à l'aspect chaotique de l'étendue d'eau, avec ses innombrables ponts et docks, à l'endroit où se rencontrent la Charles River, la Mystic River et la mer. L'absence de voies fréquentées au bord de l'eau, tout comme la chute du niveau de l'eau entre les deux côtés du Dam brisent aussi la continuité. Plus à l'Ouest, peu de personnes étaient conscientes de la présence de l'eau dans le South Bay et étaient capables de s'imaginer que l'extension dans cette direction pouvait être limitée. Cette absence de clôture de la péninsule, privait les citadins de l'impression satisfaisante que leur ville était achevée et rationnelle.

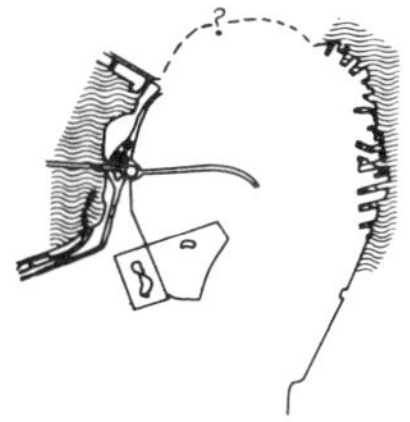

La Central Artery est inaccessible aux piétons, infranchissable à certains endroits, et saillante spatialement. Mais elle n'est exposée à la vue qu'occasionnellement. C'est un cas de ce qu'on pourrait appeler une limite fragmentaire : abstraitement continue, mais visible seulement à certains endroits discontinus. Les lignes de chemin de fer en sont un autre exemple. En particulier l'Artery est comme un serpent gisant en travers de l'image de la ville. Maintenue au sol à ses extrémités, et à un ou deux points entre les deux, ailleurs elle se tord et se love entre une position et la suivante. L'absence de liens ressentie lorsqu'on conduit sur l'Artery se reflète dans sa localisation ambiguë pour les piétons.

Figure 7, page 28

Par contre Storrow Drive, bien que les conducteurs la considèrent aussi comme « extérieure » à la ville, était clairement

FIG. 24. — *Le front du lac à Chicago.*

localisée sur les plans, à cause de son alignement avec Charles River.

C'est la Charles River qui, malgré son rôle fondamental de limite dans l'image de Boston, était curieusement isolée de la structure détaillée de Back Bay qui lui est contiguë.

Les gens étaient perdus quand il s'agissait de savoir comment aller de l'un à l'autre. On peut supposer que cela ne se passait pas ainsi avant que Storrow Drive ne vienne supprimer l'accès des piétons au pied de chacune des rues secondaires.

D'une manière analogue la relation entre la Charles River et Beacon Hill était difficile à appréhender. Bien que la position de la colline puisse servir à expliquer la courbe embarrassante de la rivière, et bien que, de ce fait, on ait de la colline une vue d'enfilade majestueuse sur la berge de la rivière, le seul point de rencontre solide entre les deux semblait être pour la plupart des gens, le carrefour giratoire de Charles Street. Si la colline se dressait nettement et immédiatement au bord de l'eau, au lieu d'être masquée par une avant-plage couverte de bâtiments dont l'utilisation ne peut être associée sans doute à Beacon Hill, et si elle était reliée plus intimement au système de voies le long de la rivière, alors la relation entre les deux serait beaucoup plus claire.

A Jersey City le bord de l'eau constitue aussi une forte limite, mais une limite plutôt rébarbative. C'est un no-man's land, une région située derrière des fils de fer barbelés. Les limites, que ce soient les lignes de chemin de fer, la topographie, les voies de transit, ou les frontières des quartiers, sont une particularité très typique de cet environnement et ont tendance à le fragmenter. Quelques-unes des limites les plus désagréables comme par exemple la berge de la Hackensack River avec ses zones de décharge fumantes, semblaient mentalement effacées.

On doit tenir compte de la puissance de rupture d'une limite. A Boston l'isolement du North End par la Central Artery était éclatant aussi bien aux yeux des résidents qu'à ceux dès non-résidents. S'il avait été possible, par exemple, de conserver la connection de Hanover Street sur Scollay Square, cet effet aurait pu être réduit au minimum. L'élargissement de Cambridge Street a dû produire à l'époque le même effet sur la continuité entre West End et Beacon Hill. La large entaille causée par les voies de chemin de fer de Boston, semble démembrer la ville et isoler le « triangle oublié » entre le Back Bay et le South End.

Alors que la continuité et la visibilité sont des qualités cruciales, il n'est pas nécessaire pour que des limites soient fortement ressenties, qu'elles soient impénétrables. Beaucoup de limites sont des coutures qui réunissent plutôt que des barrières qui séparent et il est intéressant de constater les différences d'effet que produisent ces deux sortes de limites dans la réalité. A Boston, la Central Artery semble diviser absolument, isoler. La large Cambridge Street sépare deux régions mais établit entre elles une certaine relation visuelle. Beacon Street, frontière visible de Beacon Hill, le long du Common, ne joue pas un rôle de barrière mais de couture le

Figure 57, page 196

long de laquelle les deux zones principales se rejoignent clairement. Charles Street, au pied de Beacon Hill, divise et réunit à la fois, laissant la zone basse en relation incertaine avec la colline qui la domine. Charles Street supporte un lourd trafic, mais en même temps elle contient des boutiques desservant la population locale, et des activités spécialisées liées à Beacon Hill. Elle oblige, en les attirant, les résidents à se rassembler : son rôle est ambigu car elle sert tantôt de nœud linéaire, tantôt de limite, tantôt de voie, suivant le moment ou la personne considérés.

D'ailleurs les limites sont souvent aussi des voies. Lorsqu'il en est ainsi, et si on laisse n'importe quel observateur se promener sur la voie (alors qu'on l'en empêche sur la Central Artery, par exemple), l'image due à la circulation semble alors dominer. L'élément est représenté généralement comme une voie, renforcée par des particularités de frontière.

On considérait habituellement Figueroa Street et Sunset Street, et à un degré moindre Los Angeles Street et Olympic Street, comme les limites du quartier central des affaires de Los Angeles. Il est assez intéressant de constater qu'elles avaient plus de force, à cet égard que les autoroutes de Hollywood et de Harbor, dont on peut également penser qu'elles sont des frontières principales et qui sont toutes les deux des voies beaucoup plus importantes et physiquement plus imposantes. Le fait que Figueroa Street et les autres rues de surface fassent conceptuellement partie du quadrillage général et soient devenues familières depuis longtemps, en même temps que l'invisibilité relative des autoroutes, soit qu'elles passent en tranchée, soit qu'elles soient cachées par des plantations, tout conspire à effacer de l'image ces autoroutes. Un grand nombre de personnes interrogées avaient du mal à établir mentalement une relation entre les grandes voies rapides et le reste de la structure de la ville, de même que dans le cas de Boston. En imagination elles franchissaient Hollywood Freeway tout comme si elle n'existait pas. Une voie rapide n'est pas nécessairement la meilleure façon de délimiter visuellement le centre de la ville.

Les voies ferrées surélevées de Jersey City et de Boston sont des exemples de ce qu'on pourrait appeler des limites aériennes. A Boston, la ligne surélevée qui longe Washington Street, vue d'en bas, identifie la voie et indique la direction du Centre ville.

Là où elle s'éloigne de la rue, à Broadway, la voie perd direction et force. Lorsque plusieurs limites de ce genre se courbent et s'entrecroisent au-dessus de nos têtes, comme c'est le cas à North Station, il peut en résulter une confusion totale. Cependant, des limites passant haut dans l'air, et qui ne soient pas des barrières au niveau du sol, pourraient être, à l'avenir, des éléments servant à s'orienter de manière vraiment efficace dans une ville.

Les limites, tout comme les voies, peuvent avoir des qualités directionnelles. La rive de Charles River, par exemple, possède la différenciation latérale, un côté étant l'eau et l'autre la ville, et la distinction des extrémités grâce à Beacon Hill. Cependant la plupart des limites ne possédaient que faiblement ces qualités.

Il est difficile de penser à Chicago sans imaginer le lac Michigan. Il serait intéressant de voir combien d'habitants de Chicago commenceraient à dessiner le plan de leur ville par un autre élément que la ligne de rivage du lac. Voilà un exemple magnifique de limite visuelle, d'une échelle gigantesque et qui expose à la vue une métropole toute entière. De grands bâtiments, des jardins et de minuscules plages privées, descendent jusqu'au bord de l'eau qui est accessible et visible pour tous sur presque toute sa longueur. Le contraste, la différenciation entre les événements qui se succèdent le long de la ligne, et l'ampleur latérale, sont très grands. L'effet est renforcé parce que le long du rivage sont concentrées les voies et les activités. Peut-être y a-t-il de la monotonie dans la taille et la grossièreté de l'échelle, et trop d'espace libre interposé parfois entre la ville et l'eau, comme du côté du Loop, toujours est-il que la façade de Chicago sur le Lac est une vision inoubliable.

Figure 24, page 74

Les quartiers

Les quartiers sont les zones relativement étendues de la ville où l'observateur peut entrer par la pensée, et qui ont une qualité interne qui leur est propre. On peut les reconnaître de l'intérieur, et parfois s'en servir comme référence externe, à l'occasion d'un passage à côté d'eux ou d'une marche dans leur direction. Beaucoup parmi les personnes interrogées prenaient le soin de souligner que Boston, malgré la structure de ses voies confuse même pour un habitant expérimenté, possède, à cause du nombre et du caractère frappant de ses différents quartiers, une qualité qui supplée tout à fait l'absence de clarté des réseaux de voies. Ainsi qu'une personne le fit remarquer :

> « Chaque morceau de Boston diffère des autres. Il est très facile de dire dans quelle zone on se trouve ».

Jersey City possède aussi ses quartiers, mais ils sont basés sur des critères de classes sociales ou des critères ethniques et peu sur des distinctions physiques. Los Angeles manque manifestement de régions fortes, seul le Civic Center faisant exception. Les quartiers les plus nets que l'on puisse trouver sont des quartiers linéaires suivant le bord des rues à Skid Row et dans le quartier des affaires. Beaucoup de personnes de Los Angeles parlaient avec une certaine nostalgie du plaisir que l'on éprouve à vivre dans un endroit dont les zones sont fortement caractérisées. Une de ces personnes disait :

> « J'aime Transportation Row parce que là tout se tient ; c'est le principal, partout ailleurs cela manque d'unité ... là au moins il y a des entreprises de transport ... et tous les gens ont quelque chose en commun quand ils y travaillent ... c'est très agréable ».

Les gens à qui on demandait dans quelles villes on trouvait à leur avis une bonne orientation, en nommaient plusieurs, mais New York (les gens voulant dire Manhattan) était unanimement citée. Cela n'était pas tellement dû au quadrillage des rues, que l'on trouve tout aussi bien à Los Angeles, qu'au fait que cette ville possède un certain nombre de quartiers bien définis, inscrits dans un cadre ordonné de fleuves et de rues. Deux personnes interrogées à Los Angeles prétendirent même que Manhattan faisait « petit » en comparaison de leur propre quartier central ! La notion de taille peut dépendre en partie de la facilité avec laquelle on saisit la structure.

Dans quelques interviews pris à Boston, les quartiers étaient les éléments fondamentaux de l'image de la ville. Une personne par exemple, à qui nous demandions de se rendre de

Faneuil Hall à Symphony Hall, répondit immédiatement en désignant le trajet comme « celui qui va de North End à Back Bay ». Mais même là où ils ne servaient pas directement à s'orienter, les quartiers représentaient encore une partie importante et nourrissante de l'expérience de la vie dans la ville. La connaissance et la distinction des quartiers de Boston semblait varier quelque peu au fur et à mesure qu'augmentait la familiarité avec la ville. Les gens les plus habitués à Boston avaient tendance à reconnaître les zones, mais à accorder plus de poids à des éléments plus petits quand il s'agissait d'organisation et d'orientation. Quelques personnes qui connaissaient extrêmement bien Boston, étaient incapables d'étendre à des quartiers leurs impressions de détail : ayant conscience des moindres différences dans tous les coins de la ville, elles n'arrivaient pas à regrouper les éléments par régions.

Les caractéristiques physiques qui déterminent les quartiers sont les continuités de certains thèmes dont les composantes sont d'une infinie variété : textures, espace, forme, détails, symboles, types de construction, affectation, type d'activité, habitants, degré d'entretien, topographie. Dans une ville où la construction est dense, comme Boston, l'homogénéité des façades, le matériau, la modénature, la décoration, la couleur, la découpe sur le ciel, et spécialement les percements, sont toutes des indications fondamentales servant à identifier les principaux quartiers. Beacon Hill et Commonwealth Avenue en sont deux exemples. Les indications ne sont pas seulement visuelles et le bruit a également son importance. Parfois, en effet, le désarroi peut être une indication, comme c'était le cas pour cette femme qui déclarait savoir qu'elle se trouvait dans le North End aussitôt qu'elle avait l'impression d'être perdue.

En général, les particularités typiques sont reconnues et représentées sous forme d'image à l'intérieur d'un groupement caractéristique, l'unité thématique. Par exemple, l'image de Beacon Hill comprenait d'étroites rues escarpées, des alignements de vieilles maisons de briques à l'échelle humaine, des porches blancs encastrés et bien entretenus ; des ornements noirs ; des trottoirs pavés en cailloutis et en briques, de la tranquillité et des passants appartenant à la haute Société.

Figure 55, page 195

L'unité thématique qui en résultait se distinguait par contraste avec le reste de la ville et pouvait se reconnaître immédiatement. Dans d'autres parties du centre de Boston, il y avait un peu de confusion entre les thèmes. Il n'était pas rare de voir regrouper Back Bay et South End malgré l'extrême différence qui existe entre leur affectation, leur standing et leur forme générale. Cela était probablement dû à une certaine homogénéité dans l'architecture, à laquelle s'ajoutait une similitude des arrière-plans historiques. Une telle ressemblance a tendance à estomper l'image de la ville.

Il est nécessaire que les indications soient quelque peu renforcées pour produire une image solide. Beaucoup trop souvent on trouve quelques signes distinctifs, mais pas assez pour créer une unité thématique complète. Dans ce cas une personne habituée à la ville peut reconnaître la région, mais celle-ci manque de force ou d'impact visuels. Cela se produit, par exemple, pour Little Tokyo à Los Angeles, dont on peut reconnaître la population et l'écriture des enseignes, mais qu'on ne peut pas distinguer autrement de la matrice générale du centre. Bien qu'on y trouve une forte concentration ethnique, ce que savent probablement beaucoup de gens, cette zone avait l'air de n'être qu'une sous-partie de l'image de la ville.

Cependant les connotations à caractère social sont tout à fait significatives dans les zones bâties. Une série d'interviews dans la rue mit en évidence la tonalité de classe sociale que beaucoup de gens attribuaient aux différents quartiers. La plupart des zones de Jersey City sont basées sur les distinctions de classes ou de races, qu'un étranger ne peut que difficilement discerner. Aussi bien Jersey City que Boston nous ont montré l'attention exagérée que les gens portent aux quartiers de la haute société, et en conséquence, l'amplification significative de l'importance attribuée aux éléments situés dans ces quartiers. Leur nom aide aussi à donner une identité aux quartiers, même lorsque l'unité thématique ne crée pas un contraste frappant entre le quartier et le reste de la ville : un rôle similaire peut être joué par des associations d'idées fondées sur la tradition.

Lorsque les principales conditions requises sont satisfaites, et qu'une unité thématique contrastant avec le reste de la ville s'est constituée, le degré d'homogénéité interne est moins significatif, surtout si les éléments discordants s'insèrent dans un schéma prévisible. A Beacon Hill, de petites boutiques au coin des rues créent un rythme que les personnes interrogées percevaient comme une partie de l'image de ce quartier. Ces boutiques n'affaiblissaient en aucune manière l'image non-commerciale de Beacon Hill mais simplement s'y ajoutaient. La quantité d'éléments locaux que les gens pouvaient négliger bien qu'ils soient en discordance avec les traits caractéristiques d'une région, est surprenante.

Figure 57, page 196

Les quartiers ont des frontières de différentes sortes. Certaines sont fermes, bien déterminées, précises, telle la frontière qui sépare Back Bay de Charles River, ou de Public Garden. Tout le monde était d'accord sur leur emplacement exact. D'autres frontières peuvent être floues ou incertaines, comme la limite entre le quartier central des commerces et celui des bureaux, limite dont l'existence et la localisation approximative peuvent être attestées par la plupart des gens. Certaines

FIG. 25. — *Différentes frontières des quartiers de Boston.*

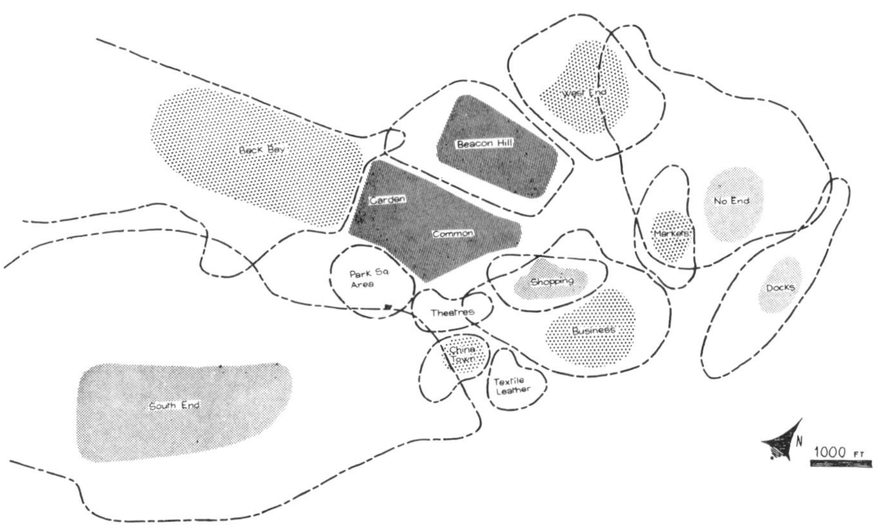

autres régions n'ont pas de frontière du tout, par exemple le South End pour beaucoup des gens que nous avons interrogés. La figure 25 illustre, dans le cas de Boston, ces variations du caractère de frontière, en indiquant à la fois l'étendue maximum attribuée à chaque quartier, et le « cœur », le noyau solide recueillant l'accord général.

Figure 25, page 81

Ces limites semblent jouer un rôle secondaire : elles peuvent établir les bornes d'un quartier et renforcer son identité mais elles ont apparemment un effet moindre quand il s'agit de les instituer. Des limites peuvent accroître la tendance des quartiers à fragmenter la ville en la désorganisant. A Boston, quelques personnes avaient le sentiment que la désorganisation était due au grand nombre des quartiers identifiables. Des limites fortes, en faisant obstacle aux transitions d'un quartier à un autre, peuvent augmenter l'impression de désordre.

Le type de quartier qui possède un cœur solide entouré d'une zone, où le gradient thématique diminue progressive-

FIG. 26. — *La zone du marché.*

ment, n'est pas rare. Quelquefois, en effet, un nœud vigoureux peut créer dans une zone homogène plus étendue une sorte de quartier, en agissant simplement par « radiation », c'est-à-dire par l'impression de proximité du point nodal. Ce sont surtout des zones de références ayant un faible contenu perceptif, mais néanmoins ce sont des concepts utiles pour la mise en ordre.

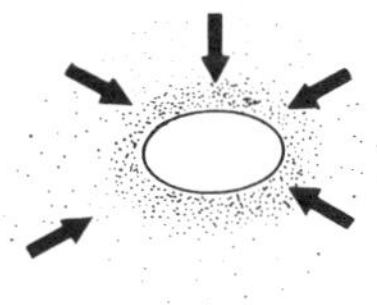

Certains quartiers bien connus de Boston n'étaient pas structurés dans l'image collective : pour beaucoup de personnes qui connaissaient le West End et le North End, ces régions n'avaient pas de différenciation interne.

Plus souvent encore, des quartiers dont le thème est éclatant, par exemple la zone du marché, semblaient bizarrement sans forme, qu'elle soit externe ou interne. Les impressions physiques produites par l'activité du marché sont inoubliables et sont renforcées par Faneuil Hall et les associations d'idées qu'il provoque. Cependant, cette zone s'étend n'importe comment, sans forme, séparée en deux par la Central Artery, et empêtrée de deux centres d'activités qui se disputent la prédominance : Faneuil Hall et Haymarket Square. Dock Square est un espace chaotique et les liaisons avec les autres zones sont soit obscures, soit interrompues par la Central Artery. Aussi, dans la plupart des images le quartier du marché flotte-t-il complètement. Au lieu de remplir son rôle potentiel de maillon manquant dans la mosaïque, au sommet de la péninsule de Boston, comme le fait le Boston Common un peu plus loin, ce quartier, bien que distinct, agissait uniquement comme une zone barrière chaotique. A l'opposé, Beacon Hill était très fortement structurée, avec ses sous-régions internes, son nœud à Louisburg Square, ses divers points de repère et sa configuration de voies.

Figure 26

Voir annexe C pour des explications détaillées sur Beacon Hill

De plus, certaines régions sont introverties, refermées sur elles-mêmes, n'ayant que peu de rapports avec la ville autour d'elles, comme par exemple le North-End et Chinatown à Boston. D'autres peuvent être extraverties, tournées vers l'extérieur et liées aux éléments qui les entourent. Visiblement, le Common est en contact avec les zones voisines, malgré la confusion de ses voies intérieures. A Los Angeles, Bunker Hill est un exemple intéressant de quartier ayant suffisamment

FIG. 27. — *Bunker Hill.*

Figure 27

de caractère et associé à des souvenirs historiques, installé sur une particularité topographique très marquée et situé même plus près du centre de la ville que Beacon Hill. Il y a là une belle occasion d'introduire de la variété dans le paysage urbain. Pourtant, la cité s'enroule autour de cet élément, enfouit ses limites topographiques sous des immeubles de bureaux, brise ses voies de liaison, et l'oblige efficacement à s'effacer et même à disparaître de l'image de la ville.

Certains quartiers sont uniques, seuls dans leur zone : les régions de Jersey-City et de Los Angeles sont pratiquement toutes de ce type et à Boston le South-End en est un exemple. D'autres peuvent être liés ensemble, tels Little Tokyo et le Civic Center de Los Angeles, ou West-End et Beacon Hill à Boston. Dans une partie du centre de Boston qui comprend Back Bay, le Common, Beacon Hill, le centre des commerces et les quartiers de la finance et du marché, les régions sont suffisamment proches les unes des autres et assez bien reliées pour former une mosaïque continue de quartiers distincts. Où que l'on aille à l'intérieur de ces limites, on reste dans une zone reconnaissable. De plus, la force thématique de chacune de ces zones est renforcée par le contraste et le rapprochement

avec chacune des autres. La qualité de Beacon Hill, par exemple, est accentuée par la proximité de Scollay Square et du quartier commercial du centre ville.

Les nœuds

Les nœuds sont les points focaux et stratégiques dans lesquels un observateur peut pénétrer, et les principaux types en sont soit les points de rencontre de voies, soit des concentrations de certaines caractéristiques. Mais bien que, pris dans l'abstrait, ce ne soient que des points dans l'image de la ville, en réalité ces nœuds peuvent être de vastes places, ou des formes linéaires assez étendues, ou même des quartiers centraux tout entiers si on considère la ville à un niveau suffisamment global. En effet, si on envisage l'environnement en se plaçant à un niveau national ou international, alors c'est toute la ville qui peut devenir un nœud.

La « jonction » ou « point de rencontre » (*) a de l'importance pour celui qui observe la ville parce que contraignant. Dans ces points de rencontre, parce qu'on doit y prendre des décisions, les gens font beaucoup plus attention et ont une perception des objets proches supérieure à la normale. Cette tendance nous fut confirmée si souvent que l'on peut admettre que les éléments placés près d'un point de rencontre acquièrent automatiquement une importance particulière du fait de leur localisation. Il y a une autre façon de se rendre compte tout aussi bien du rôle perceptif essentiel que jouent ces emplacements. Quand on leur demandait à quel endroit de leur trajet habituel elles avaient l'impression d'arriver dans le centre, une grande partie des personnes choisissaient comme emplacements clés les points de rencontre. Dans certains cas, le point se trouvait situé à la transition entre une autoroute (Storrow Drive ou la Central Artery) et une rue de la ville ; dans d'autres

(*) Note du traducteur : ainsi conviendrons-nous de désigner, faute d'équivalent vraiment satisfaisant, le terme « junction », que Kevin Lynch définit comme « a break in transportation », c'est-à-dire le lieu d'une rupture, par arrêt ou par un changement sensible de rythme ou de direction (et éventuellement de mode de transport), dans le continu d'un mouvement.

cas, c'était le premier arrêt de chemin de fer à l'intérieur de Boston (Back Bay Station), même si ce n'était pas là que descendait la personne. Les habitants de Jersey City avaient l'impression d'avoir quitté leur ville lorsqu'ils avaient franchi Tonnelle Avenue Circle. Le passage d'un chenal de transport à un autre semble marquer la transition entre des unités structurellement majeures.

Des points tels que Scollay Square, Charles Street Rotary, et South Station sont des exemples, à Boston, de vigoureux nœuds de raccordement. Le carrefour giratoire de Charles Street, et Scollay Square sont des nœuds importants tous les deux, parce que tous les deux sont des aiguillages qui permettent de contourner Beacon-Hill. Le carrefour giratoire en lui-même n'est pas un endroit bien beau, mais il exprime clairement le passage entre la rivière, le pont, Storrow Drive, Charles Street et Cambridge Street. De plus, l'espace libre du

Figure 28

FIG. 28. — *Le carrefour giratoire de Charles Street.*

fleuve, la gare surélevée, les trains qui entrent et sortent du flanc de la colline, l'énorme circulation, tout cela s'offre clairement à la vue. Les nœuds peuvent avoir de l'importance même si leur apparence physique est informe et insaisissable, comme c'est le cas pour Journal Square à Jersey-City. *Figure 11, page 32*

Les stations de métro, parsemées le long de leur système de voies invisibles, sont des points de rencontre stratégiques. Quelques-unes, comme Park Street, Charles Street, Copley et South Station sont très importantes pour le plan de Boston et quelques personnes organisaient tout le reste de la ville autour d'elles. La plupart de ces stations-clés étaient associées avec une particularité-clé située à la surface du sol. D'autres stations, comme Massachusetts, ne l'étaient pas. Cela peut être dû au fait que ce moyen de transport particulier était rarement employé par les personnes que nous avons interrogées ou à des circonstances physiques défavorables : absence d'intérêt visuel et dissociation de la station du métro et du carrefour des rues. Les stations elles-mêmes ont beaucoup de caractéristiques particulières : certaines sont faciles à reconnaître, telle Charles Street, d'autres difficiles, telle Mechanics. La plupart sont malaisément reliables structurellement au sol qui se trouve au-dessus d'elles, mais quelques-unes sont particulièrement embrouillantes, comme la station supérieure de Washington Street où l'on perd tout sens de la direction. Une analyse détaillée de l'imagibilité des systèmes de métro ou plus généralement des systèmes de transport de masse serait à la fois utile et passionnante. *Figure 29, page 88*

Les principales gares de chemin de fer sont presque toujours des nœuds importants de la ville, quoique cette importance puisse être en train de décroître. A Boston, South Station est un des nœuds les plus forts de la ville parce que fonctionnellement elle est vitale pour les abonnés du chemin de fer et les gens qui voyagent en métro ou d'une ville à l'autre, et que visuellement elle en impose par sa façade massive qui domine l'espace libre de Dewey-Square. On devrait pouvoir dire la même chose des aéroports, s'ils avaient été inclus dans notre étude. En principe, même les intersections ordinaires entre deux rues sont des nœuds, mais généralement leur importance est insuffisante pour créer une image qui dépasse le niveau d'un carrefour accidentel de voies. L'image ne peut pas supporter de trop nombreux centres nodaux.

Figure 17, page 41

L'autre type de nœud, la concentration thématique, est également apparue souvent dans les interviews. Pershing Square à Los Angeles en est un bel exemple, car c'est peut-être le point le plus net de l'image de la ville, caractérisé par l'aspect particulièrement typique de son espace, de ses plantations et de l'activité qui y règne. Olvera Street et la petite plaza qui lui est associée en est un autre cas. Boston en possède un très grand nombre d'exemples, parmi lesquels le coin des rues Jordan Street et Filene Street, et Louisburg Square. Le coin des rues Jordan et Filene joue secondairement le rôle de liaison entre Washington Street et Summer Street et il est associé avec une station de métro, mais on le reconnaît surtout parce qu'il est le véritable centre du centre de la ville. C'est le coin de rue « 100 pour cent » commercial, concentré à un point

Figure 30, page 90

FIG. 29. — *Le monde souterrain du métro.*

rarement atteint dans une grande ville américaine, mais tout à fait classique dans la culture américaine. C'est un « cœur », foyer et symbole d'une grande région.

Louisburg Square est aussi une concentration thématique, un espace libre bien connu, tranquille, résidentiel, exhalant les thèmes de la haute société de Beacon Hill, meublé par son parc entouré de grilles et fortement reconnaissable. C'est un exemple plus pur de point de concentration que le coin des rues Jordan et Filene, car ce n'est pas du tout un lieu d'échanges et les personnes enquêtées ne la situaient, de mémoire, que « quelque part à l'intérieur » de Beacon Hill. Son importance en tant que nœud est hors de proportion avec sa fonction.

Figure 59, page 198

Les nœuds peuvent être en même temps des points de rencontre de voies et des points de concentration, comme par exemple Journal Square à Jersey City qui est un important carrefour d'autobus et d'automobiles et aussi une concentration de boutiques. Les concentrations thématiques peuvent être un point focal régional comme le coin des rues Jordan et Filene, et éventuellement Louisburg Square. D'autres ne sont pas du tout des foyers mais des concentrations particulières et isolées comme Olvera Street à Los Angeles.

Une forme matérielle vigoureuse n'est pas absolument indispensable pour que l'on reconnaisse un nœud, comme en témoignent Journal Square et Scollay Square.

Mais là où l'espace a une forme, l'impact est beaucoup plus fort : le nœud devient inoubliable. Si Scollay Square avait une forme spatiale proportionnée à son importance fonctionnelle, ce serait, sans aucun doute, une des particularités-clés de Boston. Dans sa forme actuelle, les gens n'arrivaient pas à s'en souvenir de manière concrète. On le qualifiait de déprécié, de minable. Parmi les trente personnes interrogées, sept seulement se rappelaient qu'il y a une station de métro sur cette place : sur rien d'autre elles ne pouvaient être mises d'accord. Il est évident que Scollay Square ne produit aucune impression visuelle et que ses liaisons avec les diverses voies, bases de son importance fonctionnelle, étaient très mal comprises.

Figures 60 et 61, pages 203 et 205

Un nœud comme Copley Square, au contraire, qui a moins d'importance fonctionnelle et qui est handicapé par l'inter-

FIG. 30. — *Le coin de Washington Street et de Summer Street.*

section à angle aigu de Huntington Avenue, avait une image très nette et les liaisons entre les diverses voies étaient éminemment claires. On l'identifiait facilement, en désignant surtout les bâtiments particuliers et seuls de leur genre qu'on y trouve : la Bibliothèque Publique, la Trinity Church, le Copley Plaza Hotel, la vue sur le John Hancock Building. C'est moins un ensemble spatial qu'une concentration d'activités et un rassemblement de quelques bâtiments contrastant par leur unicité.

Des nœuds comme Copley Square, Louisburg ou Olvera Street ont des frontières nettes, identifiables à quelques centimètres près. D'autres, comme le coin des rues Jordan et Filene, ne sont que des points où culmine une certaine caractéristique, sans qu'on puisse définir clairement où elle débute. En tous cas, le nœud le mieux réussi, semble-t-il, est celui qui est unique en son genre, et en même temps intensifie une caractéristique du milieu environnant.

Les nœuds comme les quartiers peuvent être introvertis ou extravertis. Scollay Square est introverti : il ne donne que peu de sensations directionnelles, qu'on s'y trouve ou que l'on se tienne dans ses alentours. Aux environs, la direction principale est orientée vers ou à partir de Scollay Square : et la première impression de situation, quand on y arrive, se traduit simplement par « m'y voici ». A Boston Dewey Square est, quant à lui, extraverti. Les principales directions sont explicitées, et les liaisons avec le quartier des affaires, le quartier des commerces et le front de mer sont très claires. D'après une personne, South Station, qui borde Dewey Square, était une énorme flèche pointée vers le cœur du centre ville. L'approche d'un tel nœud semble avoir un caractère particulier. Pershing Square a une qualité directionnelle similaire, principalement à cause de la présence du Biltmore Hotel. Dans ce cas, cependant, la localisation exacte par rapport au quadrillage des voies, était incertaine.

Un grand nombre de ces qualités sont résumées dans l'exemple d'un nœud célèbre situé en Italie : la Place Saint-Marc à Venise. Hautement différenciée, riche et compliquée, elle contraste nettement avec le caractère général de la ville et avec les espaces étroits et tordus qui l'entourent immédiatement. Cependant, elle est fermement liée à la principale caractéristique de la ville, le Grand Canal, et sa forme est orientée ce qui rend claire la direction par laquelle on y entre. Son espace intérieur est lui-même hautement différencié et structuré par ses deux espaces (Piazza et Piazzetta) et par ses nombreux points de repère distincts (Duomo, Palazzo Ducale, Campanile, Libreria). De ce fait quand on est à l'intérieur de cette Place on se sent toujours clairement en relation avec elle, on se situe avec une précision extrême. Cet espace se distingue si bien que beaucoup de gens qui n'ont jamais été à Venise reconnaîtront immédiatement sa photographie.

Figure 31, page 93

Les points de repère

Les points de repère, références ponctuelles considérées comme extérieures par l'observateur, sont des éléments matériels simples dont l'échelle est variable dans de grandes proportions. Il semble qu'il y ait une tendance chez ceux qui sont les plus habitués à une ville, à s'appuyer de plus en plus sur des systèmes de points de repère pour se guider — autrement dit, à profiter des qualités d'unicité et de spécialisation, au lieu d'utiliser les continuités comme lorsqu'ils étaient moins familiarisés.

Comme l'utilisation de points de repère implique qu'on choisisse un seul élément au milieu d'une armée de possibles, la qualité physique clé qui caractérise cette catégorie d'éléments, est la singularité, aspect par lequel il se détache sur le contexte comme unique ou mémorable. Les points de repère deviennent plus faciles à identifier, plus aptes à être choisis comme significatifs s'ils ont une forme claire ; s'ils contrastent avec l'arrière-plan et si leur localisation dans l'espace ressort de quelque façon. Le contraste avec le fond du décor semble être le facteur principal. Cet arrière-plan sur lequel se détache un élément ne doit pas se limiter à ses abords immédiats : la girouette en forme de sauterelle de Faneuil Hall, le dôme doré de State House, ou la pointe du City Hall de Los Angeles, sont des points de repère qui se singularisent par rapport au fond de décor que constitue la ville toute entière.

D'un autre côté, les personnes interrogées pouvaient choisir des points de repère à cause de leur propreté dans une ville sale (les bâtiments de la Christian Science à Boston) ou à cause de leur nouveauté dans une ville ancienne (la chapelle d'Arch Street). A Jersey City, le Medical Center était connu tout autant pour ses petites pelouses et ses fleurs que pour sa grande taille. Dans le Civic Center de Los Angeles, le vieux Hall of Records est un immeuble étroit et sale dont l'implantation fait un angle avec l'orientation générale de tous les autres bâtiments municipaux et dont les fenêtres et les détails ont une échelle tout à fait différente. Malgré la faiblesse de son importance fonctionnelle ou symbolique, ce contraste d'implantation, d'ancienneté, et d'échelle lui donne une image relative-

FIG. 31. — *La Piazza San Marco à Venise.*

ment bien identifiée, parfois agréable, parfois irritante. On nous dit plusieurs fois qu'il avait « la forme d'une tarte », alors qu'il est parfaitement rectangulaire. Ceci est, évidemment, une illusion d'optique due à l'angle de l'implantation.

Le fait d'avoir une position spatiale prédominante peut faire d'éléments des points de repère, de deux manières différentes : soit en rendant l'élément visible de beaucoup d'endroits (le John Hancock Building à Boston, le Richfield Oil Building à Los Angeles), soit en créant localement un contraste avec les éléments voisins, c'est-à-dire une variation dans l'alignement et la hauteur. A Los Angeles, dans la Septième Rue, au coin de Flower Street, il y a un vieux bâtiment de bois gris, à deux niveaux, implanté à environ dix pieds en recul sur l'alignement des immeubles et contenant quelques boutiques d'intérêt secondaire. Ce bâtiment attirait l'attention et frappait l'imagination d'un nombre surprenant de personnes. L'une d'elles le désigna même, par anthropomorphisme, sous le nom de « la petite dame grise ». Le recul spatial et l'échelle intime sont *Figure 32* un événement digne d'attention et charmant, qui contraste avec les grosses masses occupant le reste de l'alignement de façades.

Être situé à un carrefour impliquant des décisions sur les voies à prendre, renforce un point de repère. A Boston, par exemple, le Telephone Building de Bowdoin Square sert à aider les gens à rester dans Cambridge Street. L'activité associée à un bâtiment peut également en faire un point de repère : un cas inhabituel de ce type est Symphony Hall à Los Angeles. Cet auditorium est vraiment à l'opposé de l'imagibilité visuelle : abrité dans des locaux loués dans un immeuble indescriptible dont l'enseigne indique seulement « Temple Baptiste », cette salle est absolument irrepérable pour un étranger. Sa force

FIG. 32. — *La « petite dame grise » de la septième rue.*

en tant que point de repère semble dériver du contraste et de l'irritation que l'on ressent à cause de la différence entre son statut culturel et son invisibilité matérielle. Des associations d'idées historiques, ou d'autres significations sont aussi des renforts puissants, comme dans le cas de Faneuil Hall et de la State House de Boston. Dès qu'une histoire, une enseigne, ou une signification est attachée à un objet, sa valeur en tant que point de repère s'accroît.

Des points de repère éloignés, des points en évidence visibles de beaucoup d'endroits, étaient souvent bien connus, mais seuls les gens peu habitués à la ville s'en servaient, semble-t-il, de manière importante, pour organiser la ville et choisir des itinéraires pour leurs trajets. Ce sont les novices qui se guident en se référant au John Hancock Building et au Custom House.

Peu de gens possédaient le sens aigu du lieu où se trouvaient ces points de repère lointains et du chemin qu'il fallait prendre pour se rendre au pied de l'un d'eux. En fait, la plupart des points de repère lointains de Boston « manquaient de base » ; ils avaient la particularité de flotter. Le John Hancock Building, la Custom House et la Court House émergent tous les trois de la silhouette générale, mais l'emplacement et l'identification de leur base n'ont en aucune façon autant de signification que ceux de leur sommet.

Le dôme doré du State House de Boston semble être l'une des rares exceptions à cet aspect évanescent. Sa forme et sa fonction uniques en leur genre, sa localisation sur la crête de la colline face au Common, la visibilité lointaine de son dôme brillant et doré, tout contribue à en faire un signal-clé du centre de Boston. Il possède suffisamment les qualités d'être reconnaissable à de nombreux niveaux de référence, et de faire coïncider les importances symbolique et visuelle.

Figure 58, page 197

Les gens qui se servaient des points de repère lointains ne le faisaient que pour s'orienter en direction d'une manière très générale ou, plus souvent, de manière symbolique. Pour une personne, la Custom House donne de l'unité à Atlantic Avenue parce qu'elle est visible de n'importe quel point de cette rue ; pour une autre, la Custom House introduit un rythme dans le quartier des affaires car on peut la voir par intermittences, à de nombreux endroits de cette zone.

Le Dôme de Florence est un excellent exemple de point de repère lointain : visible de près et de loin, de jour et de nuit, on ne peut pas le manquer; il domine par sa taille et sa silhouette ; en relations étroites avec les traditions de la ville, il coïncide avec le centre religieux et géographique ; il est couplé avec son campanile de telle manière qu'il permet de jauger de loin la direction sous laquelle on le voit. Il est difficile de penser à la ville sans que ce vaste édifice vienne à l'esprit.

Mais les points de repère locaux, que l'on ne voit que d'un nombre restreint d'endroits, étaient employés beaucoup plus fréquemment dans les trois villes que nous avons étudiées. Ils couvrent tout le champ des objets disponibles. Le nombre des éléments locaux qui deviennent des points de repère dépend, semble-t-il, tout autant de la familiarité de l'observateur avec ce qui l'entoure que des éléments eux-mêmes. Les personnes non habituées ne mentionnaient en général que peu de points de repère au cours des interviews en salle, bien qu'elles trouvassent le moyen d'en dénicher beaucoup plus pendant les promenades sur le terrain. Sons et odeurs renforcent parfois les points de repère visuels, quoiqu'ils ne semblent pas constituer par eux-mêmes des points de repère.

FIG. 33. — *Le Duomo à Florence.*

Des points de repère peuvent être constitués par des événements isolés, singuliers, sans appui. Sauf pour les points de repère vastes ou vraiment particuliers, ce sont de faibles références car on les manque facilement et ils demandent une recherche soutenue. Les signaux lumineux pour la circulation ou les noms des rues, s'ils sont seuls, imposent que l'on se concentre pour les trouver. Plus souvent, c'est sous forme de grappes qu'on se souvient des points de repère locaux, et dans ces grappes ils se renforcent mutuellement par la répétition, et sont reconnaissables en partie grâce au contexte.

Une série continue de points de repère où un détail évoque par anticipation le suivant et où des détails clés déclenchent des mouvements spécifiques chez l'observateur semblait être le moyen habituel pour les gens de se déplacer à travers la ville. Dans ces séquences, on trouvait des indications de déclenchement à chaque fois qu'il s'agissait de prendre la décision de tourner et des indications rassurantes qui confirmaient la décision de l'observateur, une fois celle-ci passée. Des détails supplémentaires aidaient souvent à donner une impression de proximité à la destination finale ou aux objectifs intermédiaires. Pour la sécurité émotionnelle aussi bien que pour l'efficacité fonctionnelle, il est important que de telles séquences soient assez continues, sans longs trous, encore que le nombre des détails puisse augmenter dans les nœuds. La séquence facilite la reconnaissance et le souvenir. Les observateurs familiarisés peuvent emmagasiner une énorme quantité d'images des points organisés en séquences familières, encore que la reconnaissance puisse être brisée si la séquence est renversée ou brouillée.

Relations entre les éléments

Ces éléments ne sont que la matière première de l'image de l'environnement à l'échelle de la ville. Pour aboutir à une forme satisfaisante, il faut les modeler ensemble. Les considérations précédentes nous ont conduits jusqu'aux groupes d'éléments semblables (réseaux de voies, grappes de points de repère, mosaïques de régions). Le prochain échelon logique devra considérer ce qui se passe entre des éléments dissemblables pris deux à deux.

Dans de tels couples les éléments peuvent se renforcer mutuellement, entrer en résonance de telle manière qu'ils amplifient la puissance les uns des autres, ou bien ils peuvent entrer en conflit et se détruire réciproquement. Un gros point de repère peut rapetisser et mettre hors d'échelle la petite région située à ses pieds. Correctement placé, un autre point de repère peut fixer et renforcer un centre ; décentré, il ne peut qu'induire en erreur, comme c'est le cas, à Boston, pour le John Hancock Building par rapport à Copley Square. Une grande rue, au caractère ambigu puisqu'elle est en même temps voie et limite, peut transpercer une région, l'exposant ainsi à la vue et en même temps la désarticulant. Les attributs d'un point de repère peuvent être si étrangers au caractère d'un quartier qu'ils font disparaître la continuité régionale, ou ils peuvent, au contraire, créer juste le contraste qui accentuera cette continuité.

Les quartiers, en particulier, qui sont, d'habitude, d'une taille supérieure à celle des autres éléments, englobent dans leur enceinte, et par là même sont reliés à diverses voies, nœuds et points de repère. Non seulement ces autres éléments structurent l'intérieur de la région, mais encore ils augmentent l'identité de l'ensemble en enrichissant et en approfondissant son caractère.

A Boston, Beacon Hill est un exemple d'effet de ce genre. En fait, les composants de la structure et de l'identité (qui sont les parties de l'image qui nous intéressent) semblent se déplacer comme à saute-mouton au fur et à mesure que l'observateur saute d'un niveau à un autre. L'identité d'une fenêtre peut se structurer en s'insérant dans un groupe de fenêtres, celui-ci servant d'indication pour l'identification d'un bâtiment. Les bâtiments eux-mêmes sont reliés les uns aux autres pour former un espace identifiable, et ainsi de suite.

Les voies, qui sont dominantes dans beaucoup d'images individuelles, et qui peuvent être le principal moyen de réorganisation à l'échelle de la grande métropole, entretiennent des relations étroites avec les autres types d'éléments. Des nœuds de « jonction » se produisent automatiquement dans les grands carrefours et aux gares terminales, et par leur forme ils devraient donner plus d'importance à ces passages critiques d'un parcours. A leur tour ces nœuds non seulement sont renforcés par la présence de points de repère (comme à Copley Square) mais fournissent un cadre qui garantit presque l'attention portée à de tels repères. De plus, les voies reçoivent identité et rythme non seulement de leur propre forme, ou des carrefours nodaux, mais aussi des régions qu'elles traversent, des limites qu'elles longent, et des points de repère disposés le long de leur tracé.

Dans un contexte réel, tous ces éléments agissent ensemble. Il serait intéressant d'étudier les caractéristiques des divers couples point de repère — région, nœud — voie, etc. Éventuellement, on pourrait essayer de dépasser le niveau des couples pour considérer des schémas d'ensemble.

La plupart des observateurs semblent grouper les éléments en ensembles intermédiaires, que l'on pourrait dénommer « complexes ». L'observateur ressent le complexe comme un tout dont les parties sont interdépendantes et relativement fixes dans leurs relations réciproques. Ainsi, beaucoup d'habitants de Boston seraient capables de rassembler la plupart des éléments principaux de Back Bay, Common, Beacon Hill, et le centre des commerces en un seul complexe. Toute cette zone, suivant la terminologie employée par Brown dans ses expériences citées au chapitre I, est devenue une localité. Pour d'autres, la taille de leur localité peut être beaucoup plus petite, par exemple uniquement le centre des commerces et la limite qui le sépare du Common. Sorti de ce complexe, il y a des brèches dans l'identité, et l'observateur doit aller à l'aveuglette jusqu'à l'ensemble suivant, même si cette séparation ne dure qu'un court instant. Bien que, dans la réalité, ils soient matériellement très proches, la plupart des gens ne ressentent, semble-t-il, qu'un lien assez vague entre le quartier des bureaux et des affaires de Boston, et le quartier central des commerces situé dans Washington Street. Cet éloignement particulier est aussi illustré par l'embarras que produisait la brèche entre Scollay Square et Dock Square, qui ne sont pourtant séparés que par un seul bloc d'immeubles. La distance psychologique entre deux « localités » peut être beaucoup plus grande, ou plus difficile à surmonter que ne semble le justifier la simple distance matérielle qui les sépare.

Si nous nous préoccupons ici des parties plutôt que des ensembles, cela est une nécessité de la recherche dans un premier stade. Lorsqu'on a distingué et bien compris les parties, on peut poursuivre l'étude et considérer la totalité du système. Certaines indications nous ont montré que l'image peut être un champ continu et que déranger un élément affecte d'une certaine manière tous les autres. Même la reconnaissance d'un objet dépend tout autant du contexte que de la forme même de cet objet. Une distorsion majeure, comme la forme tortueuse du Common, se réflétait, semble-t-il, à travers toute l'image de Boston. La perturbation causée par une construction importante avait une influence qui dépassait ses environs immédiats. Mais de tels effets de champ ont été à peine étudiés dans ce livre.

L'image changeante

Plutôt qu'une seule image couvrant l'ensemble de l'environnement, il semble y avoir des assortiments d'images qui se chevauchent et se relient plus ou moins. Ces images étaient, en général, disposées sur une série de niveaux, correspondant en gros à l'échelle de la zone considérée, si bien que l'observateur se déplaçait suivant ses besoins, d'une image située au niveau de la rue, à d'autres situées au niveau du voisinage, de la ville ou de l'aire métropolitaine.

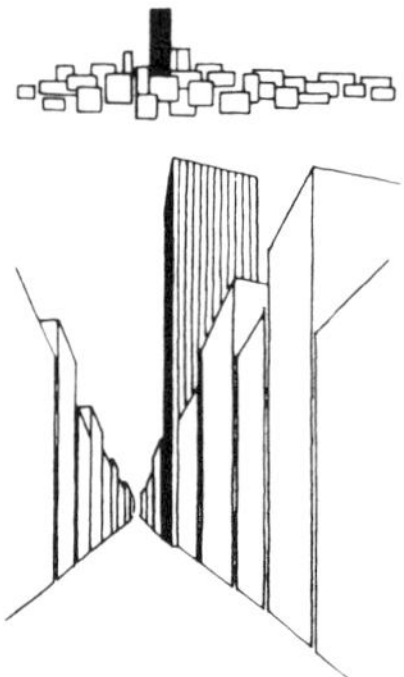

Cette disposition par niveaux est indispensable dans un environnement vaste et complexe. Cependant, elle impose à l'observateur une charge supplémentaire d'organisation, surtout s'il y a peu de relations entre les niveaux. Si un bâtiment élevé est très visible au milieu du vaste panorama de la ville, et cependant non reconnaissable quand on est à ses pieds, c'est alors une occasion perdue d'épingler ensemble les images situées à deux niveaux différents d'organisation. Inversement, la State House de Beacon Hill semble émerger à plusieurs niveaux d'image et occupe ainsi une situation stratégique dans l'organisation du centre.

Les images peuvent différer non seulement par l'échelle de la zone considérée mais par le point de vue où l'on se place, l'heure du jour, la saison.

Il fallait bien qu'il y ait une relation entre l'image de Faneuil Hall telle qu'on la voit depuis les marchés et celle qu'on en a depuis une automobile roulant sur la Central Artery. Il devait bien y avoir quelque continuité, quelque élément d'invariance entre Washington Street la nuit et Washington Street le jour. Afin d'obtenir cette continuité malgré des impressions mal accordées, beaucoup d'observateurs éliminaient de leur image tout contenu visuel, se contentant d'utiliser des mots abstraits tels que « Restaurant » ou « deuxième rue ». Ces mots peuvent servir aussi bien de jour que de nuit, en auto qu'à pied, qu'il pleuve ou qu'il fasse beau, tout en entraînant cependant un certain effort, et une certaine perte.

L'observateur doit aussi ajuster son image aux lentes modifications du milieu matériel qui l'entoure. A Los Angeles, nous avons trouvé l'illustration des efforts pratiques et émotionnels que l'on doit fournir lorsque l'image est confrontée avec une réalité physique qui change constamment. Il serait important de connaître le moyen de maintenir la continuité au milieu des changements. Tout comme il faut des liens entre les différents niveaux d'organisation, de même il est nécessaire que des continuités se poursuivent à travers les modifications majeures. Cela pourrait être facilité si on conservait tel vieil arbre, le tracé de telle voie, ou un certain caractère de la région.

L'ordre dans lequel les personnes dessinaient les croquis de plans, semble indiquer que l'image se développe ou grandit de diverses façons. Ceci a peut-être un certain rapport avec la manière dont l'image croît au fur et à mesure qu'un individu se familiarise avec son environnement. Plusieurs types sont apparus :

a. Assez souvent, les images se développaient d'abord le long, puis en s'éloignant à partir des lignes habituelles de déplacement. Ainsi, une carte pouvait être dessinée comme un arbre issu d'un point d'entrée, ou partir d'une ligne de base telle que Massachusetts Avenue.

b. D'autres cartes commençaient par le tracé d'une ligne de contour enveloppe, telle que la péninsule de Boston, que l'on remplissait ensuite de l'extérieur vers le centre.

c. D'autres encore, notamment Los Angeles, commen-

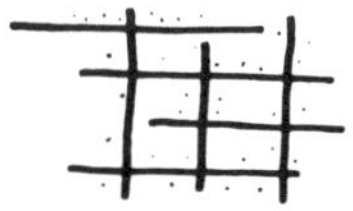

çaient par disposer un schéma de base à répétition (le quadrillage des voies) et ajoutaient ensuite les détails.

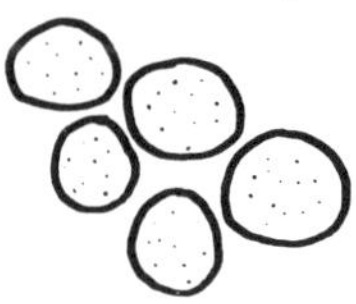

d. Quelques cartes plus rares commençaient par être un ensemble de régions adjacentes, dont on détaillait ensuite les relations et le contenu.

e. Un petit nombre d'exemples, à Boston, se développaient à partir d'un noyau familier, élément dense et habituel auquel tout se raccrochait en fin de compte.

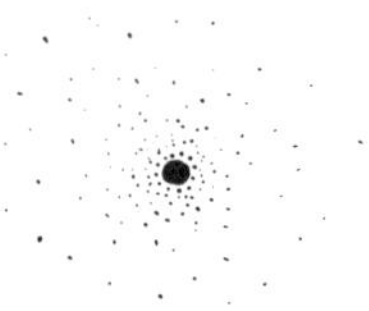

L'image elle-même n'était pas une réduction précise de la réalité, un résumé conforme et à l'échelle. Comme une simplification délibérée elle était bâtie en réduisant, éliminant et même ajoutant des éléments à la réalité, en fusionnant et en déformant, en reliant et en structurant les parties. Elle atteignait suffisamment, et parfois tout à fait, son objectif, en étant arrangée autrement, déformée, illogique. Elle ressemblait à cette caricature célèbre qui représente comment un New Yorkais voit les États-Unis.

Malgré les déformations, il restait un bon morceau d'invariance topologique par rapport à la réalité. C'était comme si la carte avait été dessinée sur une feuille de caoutchouc infiniment flexible ; des directions étaient tordues, des distances allongées ou raccourcies, de grandes formes modifiées par rapport à leur réduction à l'échelle exacte au point d'en être méconnaissables à première vue. Mais, en général, les séquences étaient correctes, la carte était rarement découpée puis recousue dans un autre ordre. Cette continuité est la qualité indispensable pour que l'image ait quelque valeur.

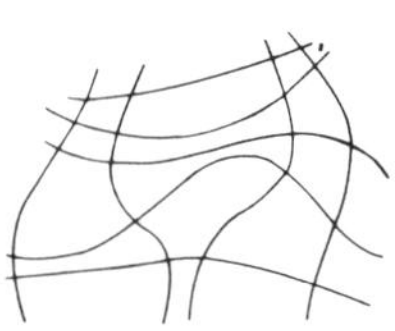

La qualité de l'image

L'analyse des diverses images individuelles que se faisaient les habitants de Boston révèle certaines autres différences. Par exemple, les images d'un élément varient d'un observateur à l'autre par la densité relative, c'est-à-dire la quantité de détails qu'elles contiennent. Elles pouvaient être relativement denses, telle cette description de Newbury Street où chaque bâtiment, avec sa longueur, est identifié ; ou relativement clairsemées, comme lorsque Newbury Street est uniquement caractérisée comme une rue bordée de vieilles maisons aux utilisations diverses.

On pouvait faire une autre distinction, celle qu'on trouve entre des images concrètes, éclatantes de sensations, et les images profondément abstraites, générales, vides de tout contenu sensible. Ainsi, la description mentale d'un immeuble pouvait être brillante, incluant sa forme, sa couleur, sa texture, ses détails, ou relativement abstraite, le bâtiment étant identifié comme étant un « restaurant » ou « le troisième immeuble après le coin de la rue ».

Éclatant n'est pas nécessairement équivalent de dense, ni clairsemé d'abstrait. Une image peut être à la fois dense et abstraite comme dans le cas de la personne chargée d'orienter la circulation des taxis qui, pour une rue de la ville, reliait l'utilisation au numéro de chaque maison, îlot après îlot, sur toute la longueur, mais ne pouvait fournir aucune description concrète des immeubles.

De plus, les images peuvent être distinguées d'après la qualité de leur structure : la façon dont leurs parties sont disposées et liées. Il y avait quatre degrés dans l'ensemble continu des images classées par précision structurelle croissante.

a. Les divers éléments sont libres, il n'y a ni structure, ni interrelation entre les parties. Nous n'avons jamais trouvé d'exemples purs de ce type, mais plusieurs images étaient nettement décousues, avec de larges brèches et de nombreux éléments non reliés entre eux. Là, tout mouvement rationnel était impossible sans aide extérieure, à moins d'avoir recours à une couverture systématique de la zone tout entière (ce qui implique la construction sur place d'une nouvelle structure).

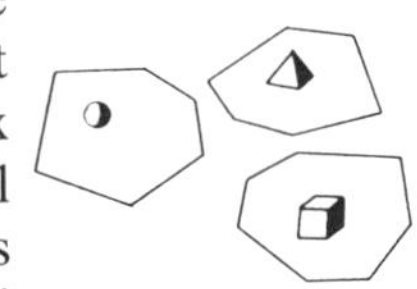

b. Dans d'autres images, la structure devenait une structure de positions : les parties étaient grossièrement reliées en fonction de leur direction générale et éventuellement de la distance relative qui les sépare, tout en restant encore disjointes. En particulier, une personne interrogée se rattachait toujours à quelques éléments, sans connaître bien précisément les relations qui pouvaient exister entre ces éléments. Pour se déplacer, la méthode consistait à chercher, puis à suivre,

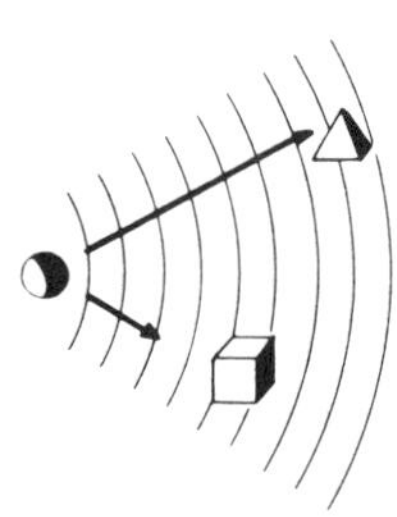

la direction générale correcte, tout en couvrant, par des allées et venues, une bande plus ou moins large, et en estimant les distances parcourues pour pouvoir corriger quand on allait trop loin.

c. Plus souvent, peut-être, la structure était flexible. Les parties étaient reliées les unes aux autres mais d'une manière souple et flexible, comme si elles étaient attachées par des liens mous et élastiques. La séquence des événements était connue, mais la carte imaginée pouvait être tout à fait déformée et sa déformation se modifier d'un moment à l'autre. Pour citer une personne : « j'aime faire attention à quelques points focaux et à la manière de me rendre de l'un à l'autre, mais le reste, je ne me soucie pas de l'apprendre ». Avec une structure flexible, le mouvement était plus facile, car on progressait le long de voies connues, à travers des séquences connues. Cependant, se déplacer entre deux éléments que l'on n'avait pas l'habitude de raccorder, ou sur des voies avec lesquelles on n'était pas familiarisé, restait toujours quelque chose de malaisé.

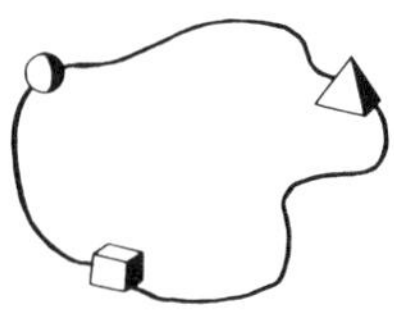

d. Au fur et à mesure que les liaisons se multipliaient, les structures avaient tendance à devenir rigides ; les parties étaient fermement reliées dans toutes les directions ; et toutes les distorsions étaient bloquées. Celui qui possède un tel plan peut se déplacer beaucoup plus librement et interconnecter à volonté de nouveaux points. Comme la densité de l'image se renforce, elle commence à acquérir les caractéristiques d'un champ global dans lequel toutes les interactions sont possibles quelles que soient la distance et la direction.

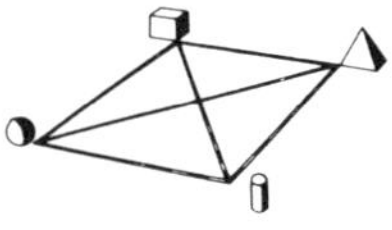

Ces caractéristiques des structures peuvent s'appliquer de manière différente suivant les niveaux. Par exemple, deux régions d'une ville peuvent posséder chacune une structure interne rigide, et se rejoindre par quelque couture ou quelque nœud. Mais cette liaison peut avoir des difficultés à s'intégrer dans les structures internes, si bien qu'elle est elle-même seulement flexible. C'est ce qui se produisait, semble-t-il, pour beaucoup d'habitants de Boston, à Scollay Square par exemple.

Il y a encore une autre manière d'établir des distinctions entre les différentes structures globales. Pour certaines, l'image s'organisait presque instantanément suivant une série d'ensembles et de parties allant du général au particulier. Cette organisation avait la qualité d'une carte statique. Pour établir une liaison on remontait jusqu'au niveau de généralité nécessaire pour que le pont s'établisse, puis on redescendait jusqu'au niveau particulier désiré. Pour aller du City Hospital à la Old North Church par exemple, on pouvait commencer par considérer que l'hôpital était situé dans le South End, que le South End faisait partie du centre de Boston, puis localiser le North End dans Boston et l'église dans le North End. On peut nommer hiérarchique ce type d'image.

Pour d'autres, l'image était bâtie de manière plus dynamique, les parties étant reliées par une séquence durable (même si cette durée était tout à fait brève) et décrites comme à l'aide d'un appareil cinématographique. Il y avait une liaison plus intime entre l'image et l'expérience réelle du déplacement à travers la ville. On pourrait appeler cela une organisation continue basée sur un déroulement d'interconnections, plutôt que sur des hiérarchies statiques.

De tout cela, on peut conclure que les images qui ont la plus grande valeur sont celles qui sont les plus proches d'un champ fort et total ; qui sont denses, rigides et éclatantes ; qui utilisent tous les types d'éléments et toutes les caractéristiques de forme sans qu'ils soient concentrés dans des limites étroites ; et qu'on puisse assembler soit hiérarchiquement, soit de manière continue suivant les besoins du moment. On peut trouver, bien sûr, qu'une telle image est rare ou impossible, qu'il y a d'importants types d'individus ou de cultures qui ne peuvent pas dépasser les limites de leurs capacités fondamentales. Dans ce cas, l'environnement devrait être adapté au type de culture en question, ou façonné de multiples manières, afin de satisfaire les besoins divers des individus qui y habitent.

Nous sommes engagés actuellement dans une tentative pour organiser ce qui nous entoure, le structurer, et l'identifier. Les divers environnements sont plus ou moins susceptibles d'être traités de cette façon. Quand on remodèle les villes, il devrait être possible de leur donner une forme qui facilite les efforts d'organisation au lieu de les contrecarrer.

IV.

La forme de la ville

Nous avons l'occasion de donner à notre nouvel univers urbain la forme d'un paysage chargé d'imagibilité : visible, cohérent et clair. Cela nécessitera, de la part du citadin, une attitude nouvelle et une transformation matérielle de son domaine en formes qui captivent les yeux, qui s'organisent en niveaux dans le temps et dans l'espace, qui puissent apparaître comme des symboles de la vie urbaine. La présente étude fournit quelques indications dans ce sens.

La plupart des objets que nous avons l'habitude d'appeler beaux, par exemple un tableau ou un arbre, sont des choses à but unique où par suite d'une longue évolution ou de la volonté d'une personne, il y a une liaison intime, visible, entre les plus petits détails et l'ensemble de la structure. Une ville est une organisation à buts multiples, toujours changeante, un abri pour de nombreuses fonctions, construite à une vitesse relative par un grand nombre de mains. Une spécialisation absolue où tout finirait par être engrené, est improbable et indésirable. La forme doit rester quelque peu non engagée, malléable pour s'adapter aux objectifs et aux sensibilités des citadins.

Cependant, il existe certaines fonctions fondamentales que les formes de la ville peuvent exprimer : circulation, principales utilisations du sol, points focaux-clés. Les espérances, les joies, la solidarité de la communauté peuvent être matérialisés. Par dessus tout, si l'environnement est organisé de manière visible et nettement identifié, alors le citadin peut lui insuffler ses propres significations, ses propres connexions. Il deviendra alors un véritable *lieu*, remarquable et distinctif.

Pour prendre un exemple unique, Florence est une ville de beaucoup de caractère, pour laquelle beaucoup de gens éprouvent une profonde affection. Bien que de nombreux étrangers commencent par réagir en décrétant que c'est une ville froide et rébarbative, ils ne peuvent cependant pas nier son intensité particulière. Vivre dans ce cadre, quels que soient les problèmes économiques ou sociaux que l'on rencontre, ajoute, semble-t-il, à l'expérience une profondeur supplémentaire, qu'elle soit faite de joie, de mélancolie ou d'un sentiment d'appartenance.

Bien entendu, l'histoire économique, culturelle et politique de cette ville a des dimensions vertigineuses et l'évidence visible de ce passé compte pour beaucoup dans la force du caractère de Florence. Mais c'est aussi une ville d'une haute visibilité. Elle est située dans une cuvette entourée de collines, au bord de l'Arno, si bien que presque partout on voit les collines de la ville et inversement. Au Sud, la plate campagne pénètre presque jusqu'au cœur de la ville, créant un contraste net, et sur l'une des dernières collines escarpées, une terrasse offre un point de vue panoramique sur le centre urbain. Au Nord, des petits villages séparés, tels que Fiesole et Settignano, sont perchés bien en vue sur des collines caractéristiques. Exactement au centre symbolique et au point de convergence des voies de transport de la ville, émerge l'énorme coupole facile à reconnaître du Duomo, flanquée du campanile de Giotto, point d'orientation visible de n'importe où dans la ville et à des kilomètres à l'extérieur. Ce dôme est le symbole de Florence.

Figure 34, page 108

Figure 33, page 96

Le centre de la ville a le caractère d'un quartier, avec une intensité presque oppressive : rues étroites comme des fentes, pavées en pierres ; grands immeubles de pierre et de stuc, de

FIG. 34. — *Florence vue du sud.*

couleur gris-jaunâtre, avec des volets, des grilles en fer et des porches comme des entrées de souterrains, surmontés par les larges corniches caractéristiques de Florence. Dans cette zone se trouvent un grand nombre de nœuds très forts, dont les formes bien distinctes sont renforcées par leur utilisation particulière, ou la prédominance d'une catégorie donnée d'utilisateurs. La zone centrale est parsemée de points de repère ayant chacun son nom et son histoire. L'Arno passe à travers l'ensemble et le relie au paysage plus vaste qui l'entoure.

A ces formes claires et différenciées les gens se sont fortement attachés, soit à cause de l'histoire passée, soit du fait de leur propre expérience. Chaque décor est immédiatement reconnaissable, et fournit à l'esprit une foule d'associations d'idées. Chaque partie s'ajuste à la voisine. L'environnement visible devient partie intégrante de la vie de ses habitants.

La ville n'est pas du tout parfaite, même si on se limite à l'imagibilité ; pas plus que toute la réussite visuelle de la ville n'est due qu'à une seule qualité. Mais il y a, semble-t-il, un agrément simple et automatique, un sentiment de satisfaction, de présence et d'exactitude qui naît à la simple vue de la ville, ou à l'occasion d'une promenade dans ses rues.

Florence est une ville rare. En effet, même en ne se limitant pas aux États-Unis, la ville hautement visible est encore quelque chose d'exceptionnel. Les villages ou les sections de ville doués d'imagibilité sont légion, mais il ne doit pas y avoir plus de vingt ou trente villes dans le monde qui présentent une image uniformément vigoureuse. Même dans ce cas, pas une de ces villes n'a une surface supérieure à quelques miles carrés. Bien que la Metropolis soit dorénavant un phénomène général, il n'y a cependant pas dans le monde une aire métropolitaine possédant un fort caractère visuel, une structure évidente. Les villes célèbres souffrent toutes du même étalement sans visage de leur périphérie.

On peut alors raisonnablement se demander si une métropolis (ou même une ville) possédant une imagibilité consistante peut exister, et si on l'apprécierait si elle existait vraiment. Étant donné le manque d'exemples, on doit, pour argumenter, se baser sur des suppositions, ou sur le prolongement des événements passés. Affrontés à un nouveau problème, les hommes ont toujours, dans le passé, accru le champ de leur perception, et il n'y a pas de raisons pour que cela ne se produise pas à nouveau. De plus, il existe des portions d'autoroutes qui montrent qu'une organisation à une vaste et nouvelle échelle devrait être possible.

Il est également possible de trouver en dehors des villes des exemples de formes visibles à cette plus grande échelle. La plupart des gens se rappellent quelques paysages favoris qui possèdent cette différenciation, cette structure et cette forme claire que nous aimerions introduire dans nos milieux de vie. Le paysage au Sud de Florence, sur la route de Poggibonsi, a ce caractère à chaque kilomètre. Les vallées, les crêtes et les petites collines ont beaucoup de variété, mais appartiennent toutes à un même système. Les Apennins limitent l'horizon au Nord et à l'Est. Le sol, que l'on peut voir sur de vastes étendues, est défriché et cultivé de manière intensive, avec une grande variété de productions — blé, oliviers, vignes — chacune facilement discernable par sa couleur et sa forme particulières. Chaque pli du relief se reflète dans la disposition des champs, des plantations et des voies ; chaque monticule est couronné par quelque petit village, église ou tour, si bien que chacun peut se dire : « Voilà mon village, et voici tel autre... ». Guidés par la structure géologique des particularités naturelles, les hommes sont arrivés à y ajuster délicatement et visiblement leurs actions. L'ensemble forme un paysage unique, et pourtant chaque partie se distingue bien de la voisine.

On peut citer comme autre exemple Sandwich dans le New Hampshire, où les White Mountains s'enfoncent dans les eaux agitées du cours supérieur des Merrimac River et Piscataqua River. Les à-pic montagneux, couverts de forêts, contrastent de manière aiguë avec la campagne à moitié cultivée qui moutonne à leur pied. Plus au Sud, les Ossipee Mountains forment un dernier massif de collines, isolé. Plusieurs pics, tel le Mont Chocorua, ont une forme individuelle particulière. L'effet le plus fort se produit dans les « clairières », plateaux horizontaux situés juste au pied des montagnes qui sont extrêmement défrichés et donnent cette étrange et puissante impression de « lieu » particulier, exactement comparable à l'impression de forte localité qui existe dans une ville comme Florence. Du temps où toute la plaine était défrichée et cultivée, la totalité du paysage devait avoir cette qualité.

On pourrait choisir Hawaï comme un autre exemple, plus exotique, avec ses montagnes pointues, ses rochers fortement colorés et ses immenses falaises, sa végétation luxuriante et hautement individualisée, le contraste entre la terre et la mer, et les passages théâtraux d'un côté de l'île à l'autre.

Bien entendu, ce sont des exemples personnels et le lecteur peut y substituer les siens. Parfois, ils sont le produit de puissants événements naturels comme à Hawaï : plus souvent, comme en Toscane, ils résultent de modifications apportées par l'homme au travail avec ses objectifs logiques et sa technique générale, à la structure fondamentale créée par un processus géologique continu. Quand elle est réussie, cette modification est faite avec la conscience des interrelations, et en même temps de l'individualité des ressources naturelles comme des objectifs humains.

En tant que monde artificiel, la ville devrait ressembler, en ce qu'ils ont de meilleur, à ces exemples : fabriquée par l'art, façonnée pour des buts humains. Autrefois, nous avions l'habitude de nous ajuster à notre milieu, d'établir des distinctions et une organisation à partir de tout ce qui se présentait à nos sens. La survie et la prédominance étaient elles-mêmes basées sur cette adaptabilité des sens, mais maintenant nous pouvons avancer d'un pas vers une nouvelle phase de cette interaction. Sur nos terrains familiers, nous pouvons commencer à adapter l'environnement lui-même au schéma perceptif et au développement des symboles de l'être humain.

Modeler les voies

Renforcer l'imagibilité de l'environnement urbain consiste à faciliter son identification et sa structuration visuelles. Les éléments dégagés ci-dessus — les voies, limites, points de repère, nœuds et régions — sont les cubes d'un jeu de construction servant à fabriquer à l'échelle de la ville des structures fermes et différenciées. Que pouvons-nous tirer des résultats des enquêtes décrites ci-dessus au sujet des caractéristiques éventuelles de ces éléments dans un environnement vraiment chargé d'imagibilité ?

Les voies, le réseau des lignes de déplacement habituel ou éventuel à travers le complexe urbain, sont les moyens les plus puissants pour mettre de l'ordre dans l'ensemble. Les lignes-clés devraient posséder certaine qualité particulière qui les distingue des chenaux environnants : une concentration de certaines utilisations ou de certaines activités particulières le long des bords, une qualité spatiale caractéristique, une texture particulière du sol ou des façades, un modèle d'éclairage spécial, un ensemble unique d'odeurs ou de sons, un détail ou un style de plantations typiques. On connaît Washington Street à cause de l'intensité de son commerce et de son espace étroit comme une fente, et Commonwealth Avenue à cause de son allée centrale plantée de trois rangées d'arbres.

Ces caractères devraient être appliqués de manière à donner de la continuité à la voie. Si une ou plusieurs de ces qualités sont utilisées tout le long du tracé, alors la voie peut avoir l'image d'un élément continu et unifié. Cela peut être une plantation d'arbres sur un boulevard, une couleur ou une texture singulières du revêtement du sol, ou la classique continuité des façades qui bordent la voie. La régularité peut être rythmique, une répétition d'ouvertures, de monuments ou de drugstores de coin de rue. La simple concentration de trajets habituels le long d'une voie, comme dans le cas d'une ligne de métro, renforcera la familiarité et la continuité de son image.

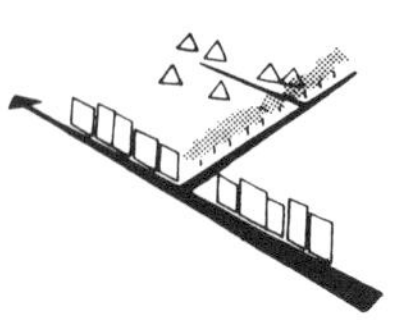

De tout cela découle ce qu'on pourrait appeler une hiérarchie visuelle des rues et des voies, analogue à ce qu'on recommande habituellement pour une hiérarchie fonctionnelle. Une sélection par les sens des principaux chenaux et leur unification en tant qu'éléments continus pour la perception. Voilà le squelette de l'image de la ville.

Les lignes de déplacement devraient avoir une clarté directionnelle : le système d'orientation humain est troublé par les longues successions de tournants, ou par les courbes progressives, ambiguës qui finissent par aboutir à d'importants changements de direction. Les zigzags continuels des « calli » de Venise ou des rues dans un des plans romantiques d'Olmsted, ou le tournant graduel d'Atlantic Avenue à Boston, embrouillent rapidement tout le monde excepté les observateurs les mieux adaptés. Une voie droite possède bien entendu une direction claire, mais il en est de même pour une rue ayant quelques tournants nettement dessinés et faisant un angle proche de 90 degrés, ou d'une autre dont les nombreux et légers virages ne l'empêchent pas de conserver sa direction de base.

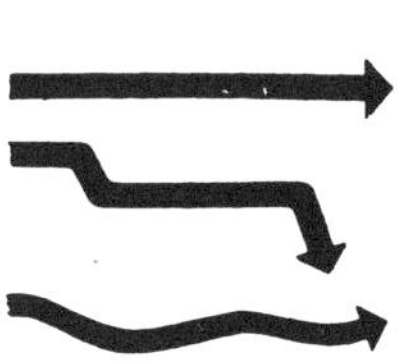

Les observateurs attribuent, semble-t-il, aux voies une direction irréversible, ou l'idée qu'elles sont pointées vers quelque chose, et identifient une rue avec sa destination. En fait, une rue est perçue comme une chose qui va vers quelque chose. Cette perception des voies devrait s'appuyer sur de forts points terminaux, et sur un gradient ou une différenciation directionnelle, afin de donner l'impression d'une progression, et de manière à ce que des directions opposées ne se ressemblent pas. Un gradient utilisé couramment est celui de la pente du terrain, et on reçoit régulièrement comme instructions de « descendre » ou de « monter » la rue, mais il en existe bien d'autres. Une augmentation progressive de la densité des enseignes, des boutiques, ou de la foule peut marquer l'approche d'un nœud commercial ; il peut y avoir tout aussi bien des gradients de couleur, ou de texture des espaces plantés. Un raccourcissement de la longueur des îlots ou un rétrécissement de l'espace peuvent signaler la proximité du centre de la ville. On peut ainsi utiliser les asymétries et progresser « en laissant le parc à gauche » ou en se déplaçant « vers le dôme doré ». On peut employer des flèches ou bien peindre d'une même couleur toutes les surfaces faisant face à une direction donnée. Tous ces procédés sont des moyens de transformer la voie en élément orienté, auquel peuvent être rattachées d'autres choses. Il n'y a plus de danger de se tromper et de choisir la mauvaise direction.

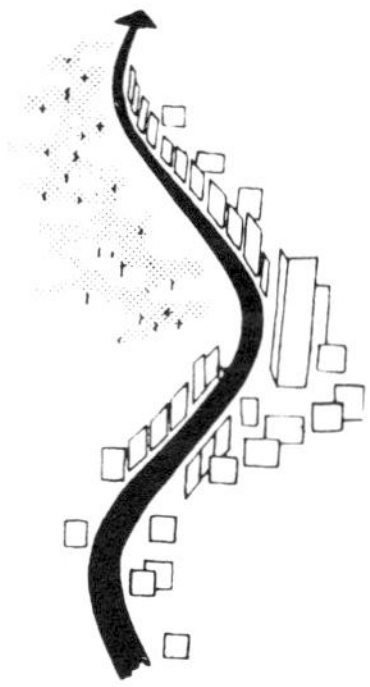

S'il y a moyen de différencier de manière mesurable les diverses positions le long de l'axe d'une voie, celle-ci est alors non seulement orientée mais aussi étalonnée. La numérotation des maisons est une technique courante de ce genre. Un autre moyen, moins abstrait, consiste à marquer un point identifiable sur la ligne, de telle façon que l'on puisse penser à d'autres endroits comme étant situés « avant » ou « après » ce point de repère. Plusieurs points marqués améliorent la définition. Ou bien une qualité (par exemple le volume du couloir spatial) peut être modulée par un gradient à une vitesse variable de telle façon que cette variation elle-même se présente sous une forme reconnaissable. Ainsi, quelqu'un parlait d'un certain endroit situé « juste avant que la rue ne se rétrécisse rapidement » ou « sur l'épaulement de la colline, avant la dernière montée ». Celui qui se déplace peut sentir non seulement qu'il va « dans la bonne direction », mais aussi qu'il est « presque arrivé ». Quand le trajet contient une telle succession d'événements distincts, qu'il consiste à atteindre puis à dépasser des buts intermédiaires les uns après les autres, le voyage prend lui-même une signification et devient une expérience en soi.

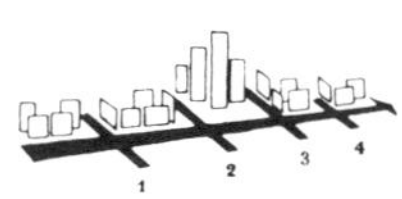

Les observateurs sont impressionnés, même dans leur

souvenir, par ce qui semble être la qualité « kinesthétique » d'une voie, l'impression de mouvement que l'on ressent quand on la suit : tournants, montées, descentes. Cela est particulièrement vrai quand on franchit la voie à grande vitesse. Une grande descente en courbe à l'approche du centre d'une ville peut produire une image inoubliable. Les sens du toucher et de l'inertie interviennent dans cette perception du mouvement, mais c'est la vue qui semble prédominante. On peut arranger les objets situés le long de la voie de manière à rendre plus intense l'effet du parallaxe de mouvement ou de la perspective, ou bien on peut rendre visible la partie de la voie située en avant. La mise en forme dynamique de la ligne suivant laquelle on se déplace lui donnera de l'identité et engendrera une expérience continue dans le temps.

Tout ce qui peut mettre visuellement en évidence la voie ou sa destination, renforce son image. Cela peut être le fait d'un grand pont, d'une avenue axée, d'un profil concave, ou de la silhouette lointaine du point de destination finale. La présence de la voie peut être rendue évidente par des points de repère élevés, distribués sur son parcours. La ligne de circulation essentielle se manifeste à nos yeux et peut devenir le symbole d'une fonction urbaine fondamentale. Réciproquement l'expérience est améliorée si la voie révèle au voyageur la présence d'autres éléments de la ville : si elle les pénètre ou les frappe tangentiellement, si elle suggère et présente des symboles de ce qu'elle longe. Une ligne de métro, par exemple, au lieu d'être enterrée vivante, pourrait passer subitement en plein milieu de la zone commerciale, ou la forme de ses stations pourrait rappeler la nature de la ville qui les surmonte. La forme de la voie elle-même pourrait être telle que le flot de circulation devienne évident pour les sens : voies séparées, rampes et spirales permettraient à la circulation de s'adonner à la contemplation d'elle-même. Voilà des techniques pour accroître le champ visuel du voyageur.

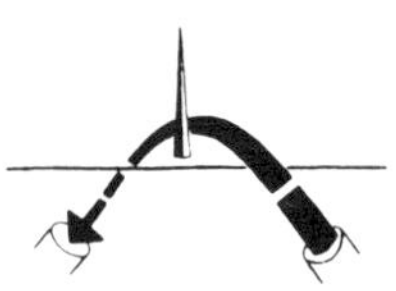

Normalement, une ville est structurée par un ensemble organisé de voies. Le point stratégique d'un tel ensemble est l'intersection, point de communication et lieu de décision pour l'homme qui se déplace. Si cela peut être rendu clairement visible, si l'intersection elle-même produit une image éclatante et si le tracé des deux voies l'une par rapport à l'autre est nettement exprimé, alors l'observateur peut bâtir une structure satisfaisante. A Boston, Park Square constitue une jonction ambiguë entre des voies de surfaces importantes ; le carrefour d'Arlington Street et de Commonwealth Avenue est net et clair. Universellement le métro n'arrive pas à avoir des liaisons visuelles claires. Un soin particulier doit être apporté à expliquer les intersections compliquées des systèmes modernes de voies.

L'intersection de plus de deux voies est normalement très difficile à conceptualiser. Une structure de voies doit avoir une certaine simplicité de forme pour produire une image claire. Celle-ci requiert une simplicité plus topologique que géométrique, si bien qu'un croisement irrégulier mais approximativement à angle droit est préférable à un carrefour précis à trois branches. Comme exemples de structures ayant une telle simplicité citons les ensembles de voies parallèles, ou les formes de fuseaux ; les croix à un, deux ou trois croisillons ; les rectangles ; ou un petit nombre d'axes liés ensemble.

L'image des voies peut aussi consister, non pas en un schéma spécifique groupant certains éléments individualisés, mais plutôt en un réseau qui explique les relations caractéristiques qui lient toutes les voies de l'ensemble, sans en identifier aucune en particulier. Cette condition implique une grille ayant une certaine uniformité soit directionnelle, soit dans les interrelations topologiques, soit dans l'espacement. Un pur quadrillage combine ces trois éléments, mais on peut trouver des cas où une invariance topologique ou directionnelle, est tout à fait efficace par elle-même. L'image devient plus nette si toutes les voies ayant topologiquement la même direction, ou la même orientation, se distinguent visuellement des autres voies. Ainsi la différenciation spatiale entre les rues et les avenues de Manhattan est tout à fait efficace. Couleurs, plantations ou détails peuvent servir tout aussi bien à cette fin. Dans une grille les dénominations et numérotations, les variations de l'espace, de la topographie ou des détails, les différences de maillage du réseau peuvent toutes donner une impression de progression ou même d'étalonnage.

Il y a une dernière façon d'organiser une voie ou un ensemble

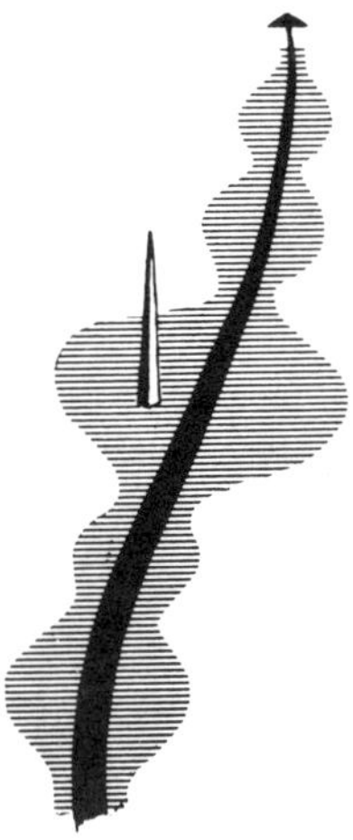

de voies, et cette façon prend de plus en plus d'importance dans un monde où les distances franchies sont grandes et les vitesses élevées. On pourrait l'appeler « mélodique » par analogie avec la musique. Les événements et les caractéristiques répartis le long de la voie — points de repère, modifications de l'espace, impressions dynamiques — pourraient être organisés suivant une ligne mélodique, perçue et imaginée comme une forme dont on fait l'expérience au cours d'un intervalle de temps non négligeable. Si l'image composait une mélodie d'ensemble plutôt qu'une séquence de points séparés, elle serait probablement plus globale, et pourtant moins insistante. La forme pourrait être une séquence du type classique introduction-développement-point culminant-conclusion, ou prendre un aspect plus raffiné, comme les mélodies qui esquivent les conclusions finales. L'approche de San Francisco du côté de la baie, suggère un type d'organisation mélodique de ce genre. La technique offre de riches possibilités pour développer et expérimenter des compositions.

Modeler les autres éléments

Les limites, tout comme les voies, ont besoin d'avoir une certaine continuité de forme sur toute leur longueur. Par exemple la limite d'un centre d'affaires peut être un concept important, et être difficile à découvrir sur le terrain parce qu'elle n'a aucune continuité de forme que l'on pourrait reconnaître. La limite gagne aussi en force si on peut la voir latéralement à une certaine distance, si elle marque une variation nette du caractère de la zone, et si elle joint clairement les deux régions qu'elle borne. Ainsi l'interruption brusque d'une cité médiévale par son rempart, le front des gratte-ciel d'habitation le long de Central Park, le passage clair de l'eau à la terre sur un front de mer, donnent tous des impressions visuelles puissantes. Lorsque deux régions qui contrastent nettement sont étroitement juxtaposées, et que la limite qui les sépare s'offre largement à la vue, l'attention visuelle peut être alors facilement concentrée.

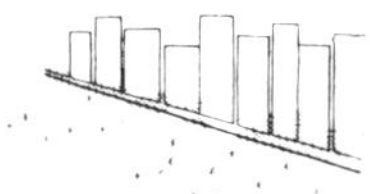

Particulièrement lorsque la nature des régions qu'elle borde

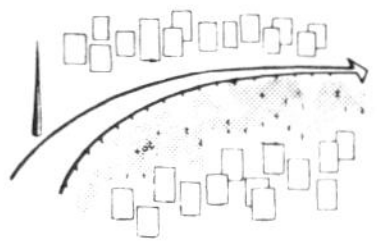

n'offre pas de contrastes, il est utile de différencier les deux côtés d'une limite, de donner à l'observateur le sens de l'orientation de l'intérieur vers l'extérieur. On peut réaliser cela en usant de matériaux contrastés, ou par une concavité uniforme de la ligne, ou par des plantations. Ou bien on peut donner à la limite une forme qui oriente le long de sa ligne, par un gradient, par des points identifiables répartis à intervalles réguliers, ou en individualisant une extrémité par rapport à l'autre. Quand la limite n'est pas continue et ne se referme pas sur elle-même, il est important que ses extrémités aient des points d'ancrage définis et reconnaissables qui complètent et localisent la ligne. L'image du front de mer de Boston, qui dans la représentation mentale habituelle n'est pas en continuité avec la berge de Charles River manque de point d'amarrage visuel à ses deux extrémités, et, en conséquence, forme un élément indécis et flou dans l'image globale de Boston.

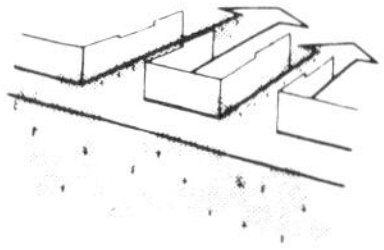

Une limite peut être plus qu'une simple barrière qui domine, s'il est possible de pénétrer visuellement ou par le mouvement à travers elle : si elle est, en quelque sorte, structurée sur une certaine profondeur avec les régions situées de chaque côté. Plutôt qu'une barrière, elle devient alors une couture, une ligne d'échange le long de laquelle deux zones sont cousues ensemble.

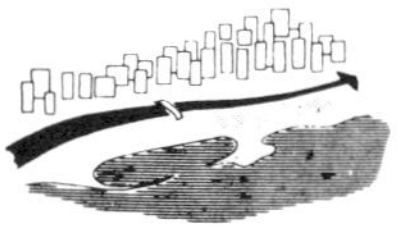

Si une limite importante est pourvue de nombreux points de contact, pour la vue et pour la circulation, avec le reste de la structure de la ville, elle devient alors un trait caractéristique auquel n'importe quoi d'autre peut être facilement rattaché. Une façon d'accroître la visibilité d'une limite consiste à augmenter son accessibilité ou son utilisation, comme lorsqu'on ouvre un front de mer à la circulation ou aux loisirs. Une autre façon pourrait être de construire des limites assez haut en l'air pour qu'elles soient visibles à de longues distances.

La caractéristique essentielle d'un bon point de repère, pour changer de sujet, est sa singularité, sa façon de contraster avec le contexte ou l'arrière-plan. Ce peut être une tour dressant sa silhouette au-dessus de toits bas, des fleurs le long d'un mur de pierre, une surface brillante dans une rue terne, une église au milieu des boutiques, une avancée dans une façade continue. La prédominance spatiale attire particulièrement

l'attention. Il se peut que l'on ait besoin de contrôler le point de repère et son contexte, de restreindre les enseignes en les limitant à certaines surfaces bien spécifiées, de limiter les hauteurs de tous les bâtiments excepté un seul. L'objet se remarque alors d'autant plus qu'il a une forme générale claire, comme dans le cas d'une colonne ou d'une sphère. Si en plus il possède une certaine richesse de détails ou de texture, il sollicitera certainement l'œil.

Un point de repère n'est pas nécessairement un grand objet : cela peut être une poignée de porte tout aussi bien qu'un dôme. Sa localisation est cruciale : s'il est grand ou haut, son emplacement dans l'espace doit lui permettre d'être vu ; s'il est petit il y a certains endroits qui reçoivent une attention perceptive plus forte que d'autres : les surfaces de plancher et les façades proches situées juste au niveau de l'œil ou légèrement en dessous. Tous les changements dans le système de transport — nœuds, points de décision — sont des endroits où la perception s'intensifie. Les enquêtes montrent que l'on se souvient clairement des immeubles ordinaires situés à des points où l'on décide l'itinéraire, alors que des bâtiments qui se distinguent mais sont implantés le long d'itinéraires continus peuvent rester dans un obscur anonymat. Un point de repère est cependant plus fort si on le voit pendant une longue période de temps, ou sur une grande distance, et plus utile si on peut distinguer la direction dans laquelle on le voit. Si on peut l'identifier de près comme de loin, qu'on se déplace vite ou lentement, de nuit ou de jour, il devient un point d'ancrage stable pour la perception du monde urbain complexe et changeant.

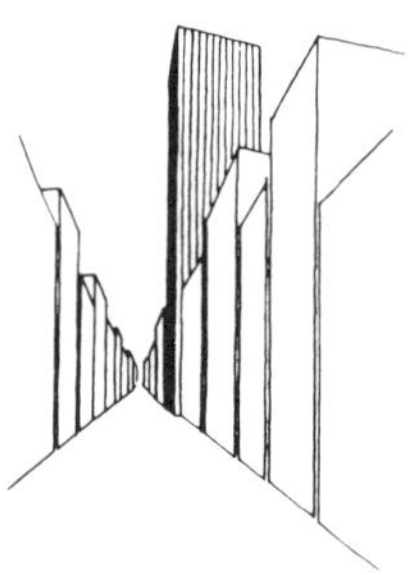

La force de l'image croît quand le point de repère coïncide avec une concentration d'associations d'idées. Si le bâtiment qui se distingue a été la scène d'un événement historique, ou si la porte brillante et colorée est justement la vôtre, ils deviennent vraiment des points de repère. Même l'attribution d'un nom a du pouvoir une fois que ce nom est connu et accepté partout. En vérité si nous voulons rendre signifiant notre environnement, une telle coïncidence de l'association d'idées et de l'imagibilité est indispensable.

Des points de repère isolés, à moins qu'ils soient des points dominants, sont vraisemblablement de faibles références par eux-mêmes. Les reconnaître demande une attention soutenue. Mais s'ils sont groupés ils se renforcent les uns les autres et font plus qu'additionner simplement leurs effets. Des observateurs familiarisés tirent des grappes de points de repère du matériau le moins engageant, et se fient à un ensemble intégré de signaux dont chacun est peut être trop faible pour se faire remarquer. Les repères peuvent aussi être disposés en une séquence continue, de sorte que la totalité d'un trajet est identifiée et rendue confortable par une succession familière de détails. Les rues de Venise où l'on s'embrouille deviennent faciles à parcourir après une ou deux expériences, car elles sont riches en détails qui se distinguent et que l'on organise bientôt en séquences. Moins habituellement, on peut grouper les points de repère en motifs qui ont une forme en eux-mêmes et peuvent indiquer d'après l'apparence qu'ils ont, la direction selon laquelle on les regarde. Les deux points de repère de Florence, le dôme et le campanile, dansent l'un autour de l'autre de cette manière.

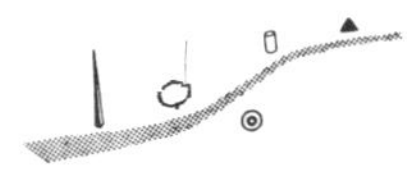

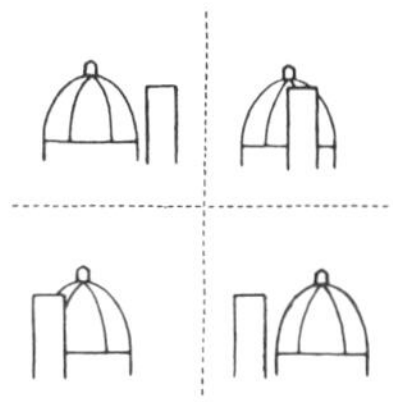

Les nœuds sont les points d'ancrage abstraits de nos villes. Cependant il est rare, aux États-Unis, qu'ils prennent une forme apte à servir de support à cette attention, sinon une certaine concentration d'activités.

La première condition indispensable pour devenir un tel support perceptif est que l'identité soit atteinte, grâce à une qualité particulière et continue des murs, des sols, des détails, de l'éclairage, de la végétation, de la topographie ou de la silhouette du nœud. L'essentiel pour ce type d'élément est qu'il soit un « endroit » distinct, inoubliable, qu'on ne puisse confondre avec aucun autre. Une utilisation intense renforce bien entendu cette identité, et parfois cette intensité même de la fréquentation crée des formes visuelles que l'on distingue, comme à Times Square par exemple. Mais il y a, chez nous, une légion de centres commerciaux et de « points de rencontre » auxquels manque ce caractère visuel.

Le nœud se dégage mieux si sa frontière est nette, fermée et ne se perd pas dans l'incertitude de tous les côtés ; il est plus remarquable s'il est meublé par un ou deux objets localisant l'attention. Mais s'il peut avoir une forme cohérente dans

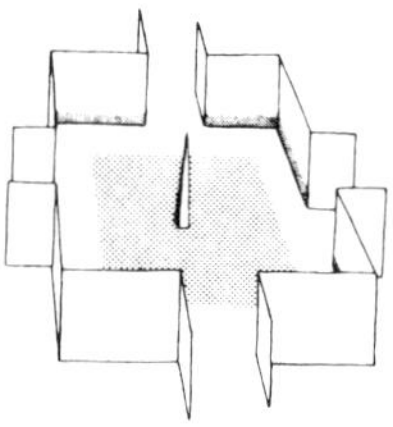

l'espace, il sera irrésistible. C'est l'idée classique qui présidait à la formation des espaces extérieurs statiques, et il existe de nombreuses techniques pour exprimer et délimiter un tel espace : transparences, imbrications, légères modulations, perspectives, variations de revêtement des surfaces, clôtures, articulations, dessins de mouvements et de sons.

Si un point de rencontre ou de décision de circulation sur une voie peut être amené en coïncidence avec un nœud, celui-ci sera l'objet d'une attention encore plus soutenue. La liaison entre la voie et le nœud doit être visible et expressive, comme dans le cas d'une intersection de voies. Le passant doit se rendre compte de la façon dont il entre dans le nœud, de l'endroit où survient le changement, et de la façon dont il sort.

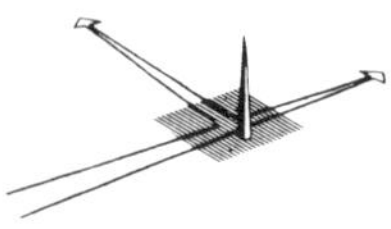

Ces points de concentration peuvent, par rayonnement, organiser de vastes quartiers autour d'eux, si leur présence est signalée de quelque manière dans les environs. Le gradient de la fréquentation ou d'une autre caractéristique peut conduire jusqu'au nœud, ou son espace être visible de temps en temps de l'extérieur ; ou encore il peut contenir des points de repère élevés. La ville de Florence est ainsi localisée autour de son Duomo et de son Palazzo Vecchio, qui sont tous les deux situés dans des nœuds importants. Le nœud peut émettre une lumière ou un bruit caractéristique ou sa présence être suggérée par un détail symbolique situé dans l'arrière-zone faisant écho à une qualité particulière du nœud lui-même. Des sycomores dans un quartier peuvent révéler la proximité d'une place connue pour être abondamment plantée d'arbres de ce type, ou une voie pavée en cailloutis conduire à une place fermée pavée de la même façon.

Si le nœud est lui-même orienté, s'il possède un « haut » et un « bas » ou une « droite » et une « gauche », ou encore un « devant » et un « derrière », il peut alors être relié à un système d'orientation plus vaste. Si des voies connues pénètrent dans un point de jonction clair, le lien se fait aussi facilement. Dans les deux cas l'observateur sent la présence de la structure de la ville autour de lui. Il sait dans quelle direction sortir pour se diriger vers un but recherché, et l'aspect particulier de l'endroit lui-même est renforcé par le contraste qu'il forme avec l'image globale.

Il est possible de disposer un ensemble de nœuds de manière à former une structure liée. Ils peuvent être associés grâce à une juxtaposition étroite, ou parce qu'on rend possible leur visibilité réciproque, comme c'est le cas pour la Piazza S. Marco et la Piazza SS. Annunziata à Florence. Ils peuvent être mis en relation avec la même voie, ou la même limite, joints par un court élément de liaison, ou assemblés par l'écho réciproque d'une de leurs caractéristiques. De tels liens peuvent structurer d'importantes régions d'une ville.

Un quartier d'une ville, pris dans le sens le plus simple, est une zone d'un caractère homogène que l'on reconnaît grâce à des indications répandues de manière continue partout à l'intérieur du quartier, et de manière discontinue à l'extérieur. L'homogénéité peut être due à des caractéristiques spatiales, telles que les étroites rues en pente de Beacon Hill ; ou au type de construction comme les rangées de maisons aux façades bombées du South End ; ou au style ou à la topographie. Cela peut être un trait caractéristique dans la construction, comme les blanches vérandas de Baltimore. Cela peut être une continuité dans la couleur, la texture, le matériau, le revêtement du sol, l'échelle ou les détails de façade, l'éclairage, les plantations ou la silhouette.

Plus ces caractères s'imbriquent, plus forte est l'expression d'unité de la région. Il apparaît qu'une « unité thématique » constituée par trois ou quatre de tels caractères, est particulièrement utile pour délimiter une zone. Les personnes interrogées retenaient habituellement dans leur souvenir, une petite grappe de ces caractères : c'est le cas des étroites rues en pente, des pavages de briques, des rangées de maisons simples et des porches en retrait de Beacon Hill. On peut fixer pour un quartier plusieurs caractères de ce type, et laisser les autres varier suivant les désirs.

Quand l'homogénéité physique coïncide avec l'utilisation et le standing, l'effet ne peut être manqué. Le caractère visuel de Beacon Hill est nettement renforcé par son statut de quartier résidentiel pour la haute société. Dans le cas le plus habituel en Amérique, c'est l'inverse : le caractère d'utilisation ne reçoit qu'un faible soutien du caractère visuel.

Un quartier acquiert encore plus de netteté si ses frontières

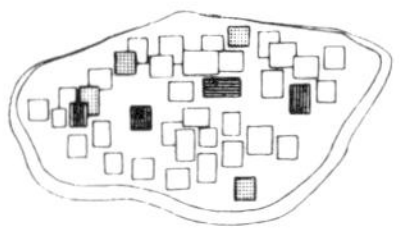

sont bien définies et fermées. Un projet de construction d'habitations à Columbia Point à Boston a le caractère d'une île, ce qui peut être socialement peu souhaitable, mais qui est tout à fait clair pour la perception. Toutes les petites îles, en fait, ont pour cette raison une personnalité charmante. Et si on peut facilement voir la région tout entière d'un coup d'œil, que ce soit par des vues élevées ou panoramiques, ou à cause de la convexité ou de la concavité de son site, alors sa séparation du reste est scellée.

Le quartier peut aussi être structuré en lui-même. Il peut y avoir des sous-quartiers, différenciés par leur « intérieur », tout en se conformant à l'ensemble ; des nœuds qui rayonnent une structure au moyen de gradients ou autres suggestions ; des motifs de voies internes. Le Back Bay est structuré par son réseau de voies définies par les lettres de l'alphabet, et apparaît généralement de manière claire, sans erreurs, et quelque peu agrandi sur la plupart des esquisses faites par les personnes enquêtées. Une région structurée doit vraisemblablement avoir une image plus brillante. Qui plus est, elle dit à ses habitants non pas simplement « vous êtes quelque part à l'intérieur de X » mais « vous êtes en X près de Y ».

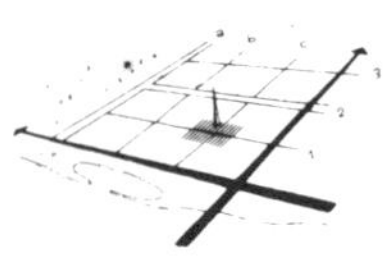

Lorsqu'il est correctement différencié en lui-même, un quartier peut avoir des connexions avec d'autres particularités de la ville. La frontière doit alors pouvoir être franchie : une couture et non une barrière. Un quartier peut se joindre à un quartier, par juxtaposition, visibilité réciproque, relation avec une ligne commune, ou par quelque lien tel qu'un trait d'union constitué par un nœud, une voie ou un petit quartier. Beacon Hill est liée au cœur de la métropole par la portion d'espace du Common et c'est de cela que provient une bonne part de son attraction. De tels liens renforcent le caractère de chaque quartier, tout en agglomérant de grandes aires urbaines.

On pourrait concevoir qu'il existe une région qui ne soit pas simplement caractérisée par une qualité spatiale homogène, mais qui soit en fait une véritable partie de l'espace, une forme spatiale continue et structurée. En un sens, des vastes espaces urbains tels que des embouchures de rivière sont de cette nature. Une région spatiale se distinguerait d'un nœud spatial (une place) par le fait qu'on ne pourrait pas la balayer d'un coup d'œil. On ne pourrait l'expérimenter en tant que composition faite de changements d'espace, qu'en la parcourant au cours d'un voyage assez prolongé. Il est possible que les cours de Pékin ou les canaux d'Amsterdam aient cette qualité, et on peut présumer qu'ils évoquent une image d'une grande puissance.

Les qualités de la forme

Ces indications sur l'art de la composition urbaine peuvent être présentées d'une autre manière puisqu'on retrouve des thèmes communs à travers tout l'ensemble : les références répétées à certaines caractéristiques physiques générales. Ce sont les catégories qui intéressent directement la composition puisqu'elles désignent des qualités sur lesquelles un urbaniste peut opérer, et on pourrait les classer de la manière suivante :

1. *La singularité* ou clarté de la silhouette : netteté des frontières (comme dans le cas d'une brusque interruption dans l'extension de la ville) ; clôture (comme dans le cas d'une place fermée) ; contraste des surfaces, des formes, des intensités, des complexités, des tailles, des utilisations, des localisations dans l'espace (comme dans le cas d'une tour isolée, d'une riche décoration, d'une enseigne éblouissante). Le contraste peut jouer par rapport à l'environnement visible immédiat, ou par rapport à l'expérience de l'observateur. Ces qualités identifient un élément, font qu'on le remarque, qu'il attire l'attention, qu'il brille, qu'on le reconnaît. Au fur et à mesure que s'accroît leur familiarité, les observateurs semblent de moins en moins influencés dans leur vision globale par les grossières continuités physiques et paraissent prendre de plus en plus de plaisir au contraste et aux particularités qui animent le paysage.

2. *La simplicité de la forme :* clarté et simplicité de la forme visible prise dans le sens géométrique de contour des parties (par exemple la clarté d'un quadrillage, d'un rectangle, d'un dôme). Des formes de cette nature s'incorporent beaucoup plus facilement dans l'image et il est évident que les observateurs distordront les réalités complexes pour en faire des formes simples, même si c'est aux dépens de leur perception ou de leur commodité. Lorsqu'on ne peut pas voir l'ensemble d'un élément en une seule fois, sa forme peut être une distorsion topologique d'une forme simple, tout en restant cependant tout à fait compréhensible.

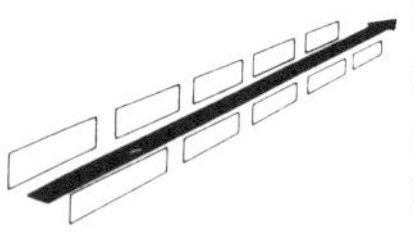

3. *La continuité :* persistance d'une limite ou d'une surface (comme l'enfilade, le profil sur le ciel ou le renfoncement d'une rue) ; proximité des parties (par exemple une grappe de bâtiments) ; répétition d'intervalles rythmés (comme dans le cas de coins de rue aménagés sur le même modèle) ; similitude, ressemblance ou harmonie des surfaces, des formes ou des utilisations (par exemple un matériau de construction uniforme, un modèle répétitif de baies, une similitude d'activité commerciale, l'utilisation d'enseignes du même type). Ces qualités aident à percevoir une réalité physique complexe comme une unité ou une union intime, et suggèrent l'attribution d'une identité particulière.

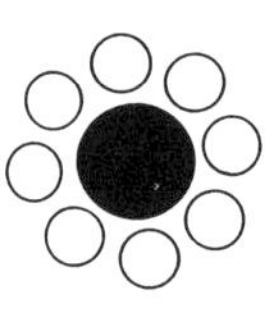

4. *La dominance :* existence d'un élément dominant les autres du fait de sa taille, de son intensité ou de son intérêt, dominance qui résulte du fait qu'on lit l'ensemble comme une caractéristique principale associée à un groupe d'autres (comme dans la zone de Harvard Square). Cette qualité, comme la continuité, permet la nécessaire simplification de l'image par omission et effacement. Il semble que, jusqu'à un certain point, et dans la mesure où elles dépassent tant soit peu le seuil de l'attention, les caractéristiques physiques émettent sous forme de concepts une image qui se propage à partir d'un centre.

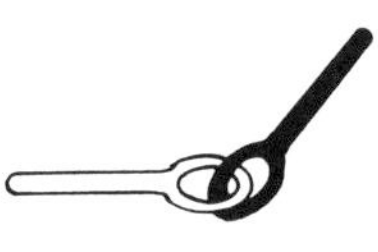

5. *La clarté des liaisons :* lorsque les liaisons et les coutures sont très visibles (par exemple dans un carrefour important ou sur un front de mer) ; lorsqu'il existe une relation claire et une communication réciproque (comme pour la relation d'un bâtiment avec son site, ou celle d'une station de métro avec la rue qui passe au-dessus). Ces liaisons sont les points stratégiques de la structure et devraient être hautement perceptibles.

6. *La différenciation directionnelle :* asymétries, gradients, références radiales qui différencient une extrémité de l'autre (comme dans le cas d'une voie qui monte de la mer vers le centre) ; une face de l'autre (comme des bâtiments à la lisière d'un parc) ; une orientation d'une autre (par exemple l'éclairage du soleil, ou la largeur d'une voie Nord-Sud). La structuration à grande échelle utilise ces qualités de manière intensive.

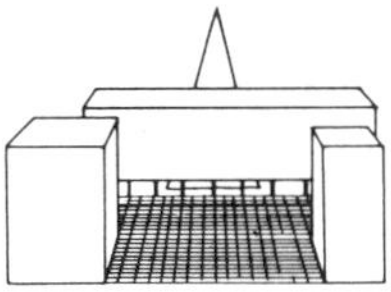

7. *Le champ visuel :* qualités qui augmentent la portée et la pénétration de la vision, de manière réelle ou symbolique. Ceci comprend les transparences (comme les vitrages ou les bâtiments sur pilotis) ; les chevauchements (comme lorsque des structures apparaissent derrière d'autres) ; les échappées et les panoramas qui augmentent la profondeur de la vision (comme dans les rues axiales, les vastes espaces ouverts, les vues verticales) ; les éléments d'articulation (foyers, échelles de mesure, objets pénétrants) qui donnent une explication visuelle de l'espace ; la concavité (comme celle d'une colline en arrière-plan ou d'une rue en courbe) qui expose à la vue des objets plus éloignés ; les indications sur un élément qui serait invisible autrement (comme l'apparition d'une activité caractéristique d'une région qui apparaîtra bientôt, ou l'emploi d'un détail typique pour faire allusion à la proximité d'un autre élément). Toutes les qualités dont nous venons de parler aident à appréhender un ensemble vaste et complexe en augmentant, en quelque sorte, l'efficacité de la vision : sa portée, sa pénétration et son pouvoir séparateur.

8. *La conscience du mouvement :* qualités qui font prendre conscience à l'observateur de son propre mouvement, réel ou potentiel, grâce, à la fois, aux sensations visuelles et kinesthétiques. De tels moyens rendent plus claires les pentes, les courbes, les interpénétrations ; font éprouver le parallaxe de mouvement et la perspective ; maintiennent la constance de la direction ou du changement de direction ; ou rendent sensibles les intervalles de distance. Puisque c'est en mouvement qu'on ressent une ville, ces qualités sont fondamentales et partout où elles sont assez cohérentes pour que ce soit possible, elles sont utilisées pour la structuration et même l'identification (par exemple « tournez à gauche puis à droite », « au tournant brusque », « trois îlots plus loin dans cette rue »). Ces qualités renforcent et développent la faculté qu'a un observateur d'interpréter la direction ou la distance et de saisir la forme en se déplaçant. Alors que la vitesse s'accroît, il faut que ces techniques continuent à se développer dans la ville moderne.

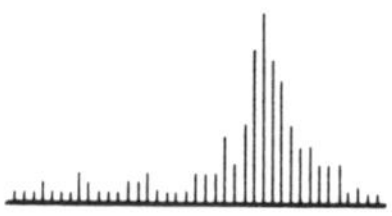

9. *Les séries temporelles :* séries qui sont perçues dans le temps et qui comprennent à la fois : les systèmes de liaisons simples, maillon par maillon, où un élément est uniquement relié à celui qui le précède et celui qui le suit (comme dans une séquence aléatoire de points de repères) ; et également les séries vraiment structurées dans le temps et, par là, de nature mélodique (par exemple si l'intensité formelle des points de repère augmente jusqu'à atteindre un point culminant). Le premier type (simple séquence) est employé de manière très générale, surtout le long des voies familières. Sa contrepartie mélodique se rencontre plus rarement mais il peut être très important de la développer dans les grandes métropoles modernes et dynamiques. Dans ce cas, l'image proviendrait du déroulement des éléments plutôt que des éléments eux-mêmes, tout comme on se souvient des mélodies mais pas des notes. Dans un environnement complexe, on pourrait même utiliser des techniques contrapuntiques : variations de mélodies et de rythmes qui s'opposent. Ces méthodes sont sophistiquées et doivent être sciemment développées : nous avons besoin d'idées neuves sur la théorie des formes que l'on perçoit en continuité dans le temps, comme sur les archétypes d'art urbain qui présentent une suite mélodique d'éléments, ou une forme faite d'une succession d'espace, de contexture, de mouvement, de lumière ou de silhouette.

10. *Dénominations et significations :* caractéristiques non physiques qui peuvent accroître l'imagibilité d'un élément. Ainsi les noms sont importants car ils cristallisent l'identité. Ils donnent parfois des indications sur la localisation (North Station). Les systèmes d'appellation (comme la cotation alphabétique d'une série de rues) faciliteront aussi la structuration des éléments. Les associations d'idées et les significations, qu'elles soient sociales, historiques, fonctionnelles, économiques ou individuelles, constituent tout un domaine qui s'étend au-delà des qualités physiques dont nous traitons ici. Elles renforcent considérablement les idées d'identité et de structure, telles qu'elles pourraient être suggérées par la forme physique elle-même.

Toutes les qualités mentionnées ci-dessus n'agissent pas séparément. Là où une qualité se présente seule (par exemple une continuité dans le matériau de construction sans autre trait commun), ou bien là où des qualités s'opposent (par exemple dans deux zones ayant un type de construction commun, mais une fonction différente) il se peut que l'effet total soit faible ou que l'identification ou la structuration demandent un effort. Une certaine dose de répétition, de redondance, et d'accentuation semble indispensable. Ainsi ne laisserait aucune place au doute une région de forme simple, dont le type de construction et l'utilisation des bâtiments seraient continus, qui se remarquerait dans la ville, aurait des frontières nettes, serait clairement reliée aux régions voisines, et offrirait à la vue une forme concave.

L'impression d'ensemble

En analysant la composition urbaine type après type d'éléments, on a tendance à effleurer le problème de l'interrelation des parties d'un ensemble. Dans un tel ensemble les voies mettraient en évidence et amorceraient les quartiers, et lieraient ensemble les différents nœuds. Les nœuds serviraient de joints et de jalons aux voies, tandis que les limites seraient les frontières des quartiers et les points de repère des indicateurs de leur centre. C'est l'orchestration de toutes ces unités qui ferait l'assemblage d'une image dense et brillante, et l'aiderait à s'étendre sur des zones à l'échelle de la métropole.

Les cinq éléments — voies, limites, quartiers, nœuds et points de repère — doivent être simplement considérés comme des catégories empiriques commodes à l'intérieur et autour desquelles il a été possible de grouper une masse d'informations. Dans la mesure où ils peuvent servir, ils agiront comme les cubes d'un jeu de construction à la disposition de l'urbaniste. Ayant maitrisé leurs caractéristiques, celui-ci aura la tâche d'organiser un ensemble que l'on ressente comme une séquence et dont les parties ne pourront être perçues qu'en fonction du contexte. S'il avait par exemple à arranger une séquence de dix points de repère le long d'une voie, alors chacun de ces points de repère aurait une image d'une qualité tout à fait différente que si on l'avait placé seul et bien en évidence au centre de la ville.

On devrait manipuler les formes de manière à ce qu'il y ait une continuité entre les multiples images d'une grande ville : qu'on la considère de jour et de nuit, hiver et été, de près et de loin, arrêté et en mouvement, attentif et distrait. On devrait pouvoir reconnaître les principaux points de repère, régions, nœuds ou voies, dans des conditions diverses et en même temps d'une manière plus concrète qu'abstraite. Cela ne veut pas dire que l'image devrait être la même dans tous les cas. Mais si Louisburg Square sous la neige a une image assortie à celle de Louisburg Square au milieu de l'été, ou si le dôme du State House brille la nuit d'une manière qui rappelle ce même dôme vu de jour, alors les qualités de contraste de chacune des images deviennent encore plus appréciables à cause de l'attache qui les relie. On peut alors posséder en même temps deux visions tout à fait différentes de la ville, et cerner l'échelle de la ville à un point qu'il serait impossible d'atteindre autrement : approcher l'idéal d'une image qui soit un champ total.

En même temps que la ville moderne demande de la continuité, elle procure aussi un grand plaisir grâce au contraste et à la spécialisation des caractères individuels. Notre étude fait allusion à l'attention croissante portée aux détails et aux singularités du caractère, au fur et à mesure qu'on se familiarise. L'éclat des éléments, et leur accord précis avec les différences de fonction et de symbole, aideront à entretenir ce caractère. Le contraste sera renforcé si des éléments nettement différenciés sont mis en relation d'une manière étroite et « imageable ». Alors le caractère propre à chaque élément est intensifié.

En effet, la fonction d'un bon environnement visuel peut n'être pas simplement de faciliter les trajets routiniers, ni de servir de support à des significations et des sentiments que l'on possèderait déjà. Tout aussi important peut être son rôle de guide et de stimulus pour une nouvelle exploration. Dans une société complexe il y a beaucoup d'inter-relations à maîtriser. Dans une démocratie nous déplorons l'isolement, exaltons le développement individuel, espérons une communication toujours croissante entre les groupes. Si un environnement possède une trame forte et visible et des parties profondément caractérisées, l'exploration de nouveaux secteurs est à la fois plus facile et plus tentante. Si des moyens stratégiques de communication (tels les musées, librairies, ou lieux de rencontre) sont clairement mis en avant, alors ceux qui autrement les négligeraient, peuvent être tentés d'y entrer.

La topographie sous-jacente, le site naturel préexistant ne sont peut-être plus aussi importants pour l'imagibilité qu'ils le furent. La densité et particulièrement l'étendue et la technique élaborée des métropoles modernes, tout cela tend à cacher le site. La zone urbaine contemporaine a des caractéristiques et des problèmes dûs à l'homme qui prennent souvent plus d'importance que la spécificité du site. Ou plutôt, il serait plus exact de dire que le caractère spécifique d'un site peut être aujourd'hui le résultat tout autant des actions et des besoins de l'homme, que de la structure géologique originelle. En outre, au fur et à mesure que la ville s'étend, les facteurs naturels significatifs deviennent les plus vastes, les plus fondamentaux d'entre eux, plutôt que les accidents plus petits. Le climat de base, la flore et le sol généraux de la région, les systèmes de montagnes et des rivières principales, prennent de l'importance aux dépens des particularités locales. Néanmoins la topographie joue encore un grand rôle pour renforcer la vigueur des éléments urbains : des collines escarpées peuvent délimiter des régions, des rivières et des berges faire des limites solides, des nœuds être affermis par une localisation à des points-clés du terrain. La voie moderne à grande vitesse est un excellent point de vue d'où appréhender la structure topographique à une vaste échelle.

La ville n'est pas construite pour une seule personne mais pour un grand nombre de gens ayant des passés, des tempéraments, des occupations, des classes sociales extrêmement divers. Nos analyses montrent que la façon dont des personnes différentes organisent la ville, les éléments sur lesquels elles s'appuient le plus, ou les qualités de la forme qui leur conviennent le mieux, varient beaucoup suivant les gens. Par conséquent, l'urbaniste doit créer une ville aussi richement fournie que possible en voies, en limites, en points de repère, en nœuds et en quartiers ; une ville utilisant non pas une ou deux des qualités de la forme, mais toutes. S'il en est ainsi des observateurs différents trouveront tous un matériau pour leur perception qui convienne à leur manière particulière de voir le monde. Alors qu'un homme pourra reconnaître une rue à son pavage de briques, un autre se rappellera sa courbure, et un troisième localisera sur son parcours les points de repère secondaires.

Il est en outre dangereux que la forme visible soit trop spécialisée : l'environnement de la perception a besoin d'être un tant soit peu malléable. S'il n'y a qu'une seule voie prédominante pour se rendre quelque part, que quelques points locaux intangibles ou qu'un ensemble rigide de régions rigoureusement séparées, il n'y a alors qu'une seule manière de se faire une image de la ville sans fournir un effort considérable. Cela ne convient ni aux besoins de tout le monde, ni même à ceux d'une seule personne puisqu'ils changent de temps à autre. Un trajet inhabituel devient malcommode ou dangereux ; les relations interpersonnelles peuvent avoir tendance à se compartimenter ; le décor devient monotone et restreignant.

Nous avons admis comme des indices d'une bonne organisation ces parties de Boston dans lesquelles les voies que choisissaient les personnes interrogées se disséminent assez librement. Il est probable que ces endroits présentent au citadin un riche assortiment d'itinéraires pour se rendre à destination, tous étant bien structurés et bien identifiés. On accorderait une valeur similaire à un réseau entrelacé de limites identifiables, fait de telle manière qu'on puisse y former, suivant le goût ou le besoin, des régions grandes ou petites. Une organisation nodale tire son identité de son foyer central, et peut subir des fluctuations à la périphérie. Elle a ainsi davantage de flexibilité qu'une organisation bâtie sur des frontières, qui s'effondre si la forme des régions doit être modifiée. Il est important de conserver quelques grandes formes communes : nœuds vigoureux, voies-clés, ou homogénéités régionales largement répandues. Mais à l'intérieur de cette vaste trame il devrait y avoir une certaine plasticité, de riches possibilités de structures et d'indices, de manière à ce que l'observateur individuel puisse bâtir sa propre image : communicable, sûre et suffisante, mais également souple et adaptée à ses propres besoins.

Le citadin change de lieu de résidence beaucoup plus souvent aujourd'hui qu'il ne l'a jamais fait dans le passé : il passe d'une zone à une autre, d'une ville à une autre. Un environnement doté d'une bonne imagibilité devrait lui permettre de se sentir rapidement chez lui dans un nouveau milieu. On peut de moins en moins compter sur une bonne organisation acquise à travers une longue expérience. L'environnement urbain change lui-même rapidement, au fur et à mesure que les techniques et les fonctions se modifient. Ces changements sont souvent la cause de troubles émotionnels chez le citadin, et ont tendance à désorganiser son image perceptive. Les techniques de composition urbaine exposées dans ce chapitre peuvent prouver leur utilité en entretenant une structure visible et une impression de continuité, même si se produisent des changements massifs. On pourrait être amené à conserver certains points de repère ou certains nœuds, à introduire dans des nouvelles constructions les unités thématiques qui font partie du caractère du quartier, à sauver ou à conserver temporairement certaines voies.

La forme des métropoles

La taille croissante de nos grandes métropoles, et la vitesse avec laquelle nous les parcourons, soulèvent beaucoup de problèmes nouveaux pour la perception. La région métropolitaine est aujourd'hui l'unité fonctionnelle de notre environnement, et il est désirable que cette unité fonctionnelle puisse être identifiée et structurée par ses habitants. Les nouveaux moyens de communication qui nous permettent de vivre et de travailler dans une aussi vaste région d'interdépendance, pourraient aussi nous permettre de rendre notre image proportionnée à notre expérience. De tels sauts vers des niveaux supérieurs d'attention se sont produits dans le passé, en même temps que l'organisation fonctionnelle de la vie subissait elle-même des mutations.

Une imagibilité couvrant la totalité d'une zone aussi étendue qu'une aire métropolitaine ne signifie pas que l'image aurait une intensité égale en tous points de la zone. Il y aurait des formes prédominantes et des arrière-plans plus étendus, des points focaux et du tissu conjonctif interstitiel. Mais qu'elle soit intense ou neutre, chaque partie serait probablement claire, et clairement reliée à l'ensemble. On peut supposer que les images de métropoles seraient composées d'éléments tels que des autoroutes rapides, lignes de métro ou voies aériennes ; de vastes régions avec des limites grossières constituées par des étendues d'eau ou d'espace libre ; des nœuds commerciaux importants ; des caractéristiques topographiques fondamentales ; et peut-être des points de repère massifs et séparés.

Le problème n'est cependant pas moins difficile quand on en arrive à la composition d'une région entière de ce genre. Deux techniques nous sont, sur ce point, familières : la première consiste à composer la totalité de la région comme une hiérarchie statique. Elle pourrait être organisée, par exemple, comme un quartier principal contenant trois sous-quartiers, chacun comprenant trois sous-quartiers, et ainsi de suite. Ou encore, autre exemple de hiérarchie, chaque partie de la région pourrait être localisée par un nœud secondaire, ces nœuds secondaires étant les satellites d'un nœud important, et tous les nœuds importants disposés de manière à culminer en un nœud principal unique, centre de la région.

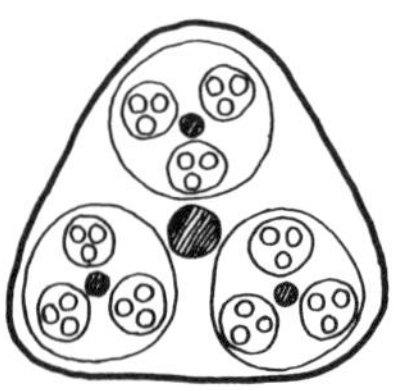

La seconde technique utilise un ou deux très grands éléments prédominants auxquels de nombreuses choses plus petites peuvent être reliées : par exemple l'installation d'établissements le long d'un front de mer ; ou le tracé d'une ville linéaire basée sur un axe de circulation. Une vaste zone d'environnement peut même rayonner autour d'un point de repère très puissant, comme une colline centrale.

Mais ces techniques semblent quelque peu inadaptées au problème de la grande métropole. Le système hiérarchique, bien qu'il convienne par son côté abstrait à certaines de nos habitudes de penser, serait, semble-t-il, une négation du caractère libre et complexe des liens existant dans une métropole. Toutes les connexions doivent dans ce système, se faire d'une manière abstraite en empruntant des voies détournées : monter au général pour redescendre au particulier, même si le général qui fait la liaison n'a rien à voir avec la relation réelle. C'est l'unité qu'on trouve dans une bibliothèque, et les bibliothèques nécessitent l'utilisation permanente d'un système de numérotation volumineux.

Faire tout dépendre d'un gros élément prédominant, malgré que cela permette de ressentir beaucoup plus immédiatement les liaisons et la continuité, devient plus difficile quand la zone d'environnement s'étend, car on doit trouver une dominante suffisamment grande pour être à l'échelle de sa tâche, et occupant une surface suffisante pour que les éléments moindres puissent avoir des relations de proximité raisonnables avec elle. Cela nécessite, par exemple, un grand fleuve qui serpente assez pour permettre à n'importe quel endroit d'être moyennement proche de son cours.

Néanmoins ces deux méthodes sont possibles, et il serait utile de rechercher dans quelle mesure elle réussissent à unifier de vastes zones d'environnement. Les voyages en avion peuvent aussi simplifier le problème, car ce sont, du point de vue de la perception, des expériences statiques plutôt que dynamiques, qui permettent d'embrasser d'un seul coup d'œil presque toute une zone métropolitaine.

Cependant si on considère la manière actuelle dont nous faisons l'expérience d'une vaste zone urbaine, on est entraîné vers un autre type d'organisation : celle d'un modèle basé sur les séquences et la durée. Voilà une idée familière en musique, art dramatique, littérature ou danse. Aussi est-il relativement facile de concevoir et d'étudier la forme d'une séquence d'événements répartis le long d'une ligne, comme par exemple la succession d'éléments qui pourraient accueillir un voyageur sur une autoroute urbaine. Avec un peu de soins, et des moyens appropriés, on pourrait rendre cette expérience très significative et lui donner une bonne tournure.

Il est aussi possible d'appréhender la question de la réversibilité, c'est-à-dire le fait que la plupart des voies sont parcourues dans les deux sens. Les séries d'éléments doivent avoir la forme d'une séquence quel que soit l'ordre dans lequel on les prend, ce qui pourrait être obtenu par une symétrie par rapport au point médian, ou par des moyens plus sophistiqués. Mais le problème de la ville continue à soulever des difficultés, car les séquences ne sont pas seulement réversibles, mais aussi interrompues en de nombreux points. Une séquence soigneusement construite qui conduirait, après une introduction, un premier exposé et un développement, jusqu'à un point culminant suivi d'une conclusion, peut être un échec absolu si un conducteur y pénètre directement au point culminant. Aussi est-il nécessaire de rechercher des séquences qui puissent être interrompues en même temps que réversibles, c'est-à-dire des séquences qui gardent suffisamment d'imagibilité même si elles sont interrompues en plusieurs points, tout à fait comme un roman feuilleton dans une revue. Cela pourrait nous amener à quitter la forme classique commencement-sommet-fin, pour nous rapprocher d'autres modèles, comme la musique de jazz qui est essentiellement sans fin, et pourtant continue et bariolée.

Ces considérations se rapportent à une organisation déployée le long d'une voie de circulation unique. Une région urbaine pourrait alors être ordonnée par un réseau de séquences ainsi organisées, toute proposition de forme étant mise à l'épreuve de manière à vérifier si chaque voie importante, dans chaque direction et quel que soit le point d'entrée, possède une suite d'éléments ayant une forme. Cela peut se concevoir quand les voies suivent un schéma simple tel qu'un plan radioconcentrique. Cela devient plus difficile à imaginer quand le réseau est diffus et plein d'entrecroisements, comme un quadrillage. Dans ce dernier cas les séquences agissent dans quatre directions différentes à travers tout le plan. Bien que situé à une échelle beaucoup plus compliquée, ce problème est apparenté à celui que pose le réglage d'un système de feux colorés coordonnés, sur un réseau.

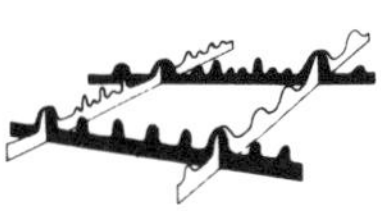

On peut même concevoir une composition en contrepoint le long de ces lignes, ou d'une ligne à une autre. Une séquence d'éléments ou « mélodie », pourrait répondre à une « contre-séquence ». Peut-être, cependant, de telles techniques doivent-elles attendre, pour être mises en œuvre, le moment où il existera un public plus attentif et plus critique.

Même cette méthode dynamique, organisation d'un réseau de séquences formelles, ne semble pourtant pas idéale. L'environnement n'y est toujours pas traité comme un tout, mais comme une collection de parties arrangées de manière à ne pas interférer entre elles. Intuitivement on peut imaginer qu'il pourrait exister une méthode pour créer un modèle d'ensemble, un modèle qu'on ne ressentirait que progressivement et que l'on développerait par des expériences de séquences, inversées et interrompues autant que possible. Bien que perçu comme un tout, il n'aurait pas besoin d'un schéma profondément unifié ayant un centre unique ou une frontière isolante. La qualité principale serait la continuité séquentielle, dans laquelle chaque partie découle de la précédente — une impression d'interconnexion à tous les niveaux et dans toutes les directions. Il y aurait des zones particulières qui seraient ressenties par n'importe quel individu comme intenses ou organisées, mais en même temps la région serait continue et on pourrait la parcourir, par l'imagination, dans n'importe quel sens. C'est une possibilité hautement imaginaire car aucun exemple concret satisfaisant ne m'en vient à l'esprit.

Il est possible que ce modèle d'ensemble ne puisse pas exister. Dans ce cas les techniques citées auparavant restent des moyens possibles d'organiser de vastes régions : la hiérarchie, l'élément dominant, ou le réseau de séquences. Heureusement ces techniques ne requièrent pas autre chose que la maîtrise du plan des métropoles, que l'on recherche aujourd'hui pour d'autres raisons. Mais il nous reste encore à voir cela.

La méthode de composition

Toutes les zones urbaines existantes qui fonctionnent ont une structure et une identité, même si elles sont faibles. Jersey City est loin au-dessus du chaos absolu. S'il n'en était pas ainsi, elle serait inhabitable. Presque toujours une image qui pourrait être puissante s'y cache, due à la situation elle-même, comme c'est le cas pour Jersey City avec les Palissades, la forme de péninsule et les relations avec Manhattan. On rencontre fréquemment le problème posé par le remodelage d'un environnement préexistant : il s'agit de découvrir et de préserver parmi ses images celles qui sont vigoureuses, de résoudre les difficultés qu'il cause à la perception, et par-dessus tout, de faire sortir, d'une confusion qui les contient à l'état latent, la structure et l'identité.

Dans d'autres occasions, l'urbaniste doit créer une image nouvelle, comme lorsqu'il s'agit d'une vaste opération de redéveloppement. Ce problème est particulièrement significatif dans les extensions suburbaines de nos régions métropolitaines, là où doivent être organisées pour la perception de vastes étendues de ce qui est essentiellement un paysage neuf. Les particularités naturelles ne sont plus alors un guide suffisant pour la structure du fait de l'importance et de l'échelle du développement que l'on applique sur elles. Avec le rythme actuel de la construction, il n'y a pas assez de temps pour que la forme s'ajuste lentement aux petites forces individuelles. C'est pourquoi nous devons nous appuyer beaucoup plus qu'auparavant sur l'urbanisme volontaire : la manipulation délibérée du monde à des fins sensorielles. Bien que nous possédions un riche arrière-fond d'exemples précédents de composition urbaine, l'opération qui doit se dérouler maintenant est à une échelle spatiale et temporelle entièrement différente.

Ces modelages et remodelages devraient être guidés par ce qu'on peut appeler un « plan visuel » de la ville ou de l'aire métropolitaine : un ensemble de recommandations et de contrôles concernant la forme visible de l'échelle de la ville. La préparation d'un tel plan devrait commencer par une analyse de la forme existante et de l'image collective de la zone, utilisant les techniques qui ressortent de cette étude et qui sont expliquées en détail dans l'annexe B. Cette analyse se terminerait par une série de diagrammes et de rapports illustrant les images collectives significatives, les problèmes et les possibilités visuels fondamentaux, les éléments critiques de l'image et les inter-relations entre ces éléments, avec le détail de leurs qualités et de leurs facultés de changement.

En utilisant ce fond de plan analytique, mais sans s'y limiter, l'urbaniste pourrait se mettre à bâtir un plan visuel à l'échelle de la ville dont l'objectif serait de renforcer l'image collective.

Ce plan pourrait imposer l'implantation ou la préservation de points de repère, le développement d'une hiérarchie visuelle des voies, l'élaboration d'unités thématiques pour les quartiers, la création ou la clarification de points nodaux. Pardessus tout, il traiterait des inter-relations entre les éléments, de leur perception par des observateurs en mouvement, et de la conception de la ville comme une forme visible globale.

Ce seul point de vue esthétique ne peut pas justifier des modifications matérielles importantes, sauf aux endroits stratégiques. Mais le plan visuel pourrait influencer la forme résultant des changements matériels qui surviendront pour d'autres motifs. Un tel plan devrait être incorporé, avec tous les autres aspects, dans la planification de la région, de façon à devenir une partie intégrante et normale du plan d'urbanisme détaillé. Comme toutes les autres parties de ce plan, il serait perpétuellement en état de révision et d'évolution.

Les moyens de contrôle utilisés pour réaliser une forme visuelle à l'échelle de la ville pourraient aller des réglementations générales de zoning, de l'examen consultatif et de l'influence par la persuasion sur les réalisations privées, jusqu'au contrôle strict des points critiques et au dessin effectif de certaines réalisations publiques telles que des autoroutes ou des bâtiments publics. De telles techniques ne sont pas, dans leur principe, très différentes des méthodes de contrôle utilisées à d'autres fins de planification. Il sera probablement plus difficile d'arriver à comprendre le problème et d'acquérir l'indispensable technique de composition que d'obtenir les pouvoirs nécessaires une fois que l'objectif sera clair. Il y a encore beaucoup à faire avant que des contrôles d'une grande portée soient justifiés.

L'objectif final d'un tel plan n'est pas la forme matérielle elle-même, mais la qualité d'une image dans les esprits. Aussi, il sera également utile d'entraîner les observateurs, de leur apprendre à *regarder* leur ville, à observer ses formes multiples et la façon dont elles s'enchaînent les unes aux autres. Des citadins pourraient être promenés dans les rues, des exposés faits dans les écoles et les universités, la ville transformée en un musée animé présentant notre société et ses espoirs. Une telle éducation pourrait servir non seulement à développer l'image de la ville, mais à réorienter ses habitants après des modifications perturbatrices. Un art de la composition urbaine pourrait compter sur une audience informée et critique. L'éducation et la transformation du milieu physique sont deux parties d'un processus continu.

Rehausser l'attention des observateurs, enrichir leur expérience sont des valeurs que peut offrir le simple effort pour donner forme à la ville. Jusqu'à un certain point, le fait même de remodeler une ville pour accroître son imagibilité peut accentuer l'image, indépendamment de la maladresse que pourrait dénoter la forme physique en résultant. Ainsi le peintre amateur commence à voir le monde qui l'entoure ; la décoratrice amateur à être fière de sa salle de séjour et à porter un jugement sur celles des autres. Bien qu'un tel processus puisse devenir stérile s'il n'est pas accompagné par un contrôle et un jugement croissants, l'embellissement, même maladroit, d'une ville peut, par lui-même, être un intensificateur de l'énergie et de la cohésion civiques.

V.

Une nouvelle échelle

Dans le premier chapitre, nous avons mis en évidence la nature particulière de la perception de la ville, et en avons conclu que l'art de la composition urbaine doit être essentiellement différent des autres arts. Nous avons considéré que le caractère brillant et cohérent de l'image de l'environnement conditionnait de manière primordiale le bien-être du citadin, l'utilisation qu'il fait de la ville.

Cette image est le résultat d'une opération de va et vient entre l'observateur et l'objet observé, opération dans laquelle la forme physique externe, sur laquelle peut agir un urbaniste, joue un rôle principal. Nous avons distingué cinq éléments dans l'image d'une ville, et débattu longuement de leurs qualités et de leurs relations réciproques. Une grande partie des informations utilisées dans cette discussion provenait de l'analyse de la forme et de l'image collective de la zone centrale de trois villes américaines. Au cours de ces analyses, nous avons mis au point des méthodes de reconnaissance sur le terrain et des modèles d'interviews portant sur l'imagibilité.

Bien que la plus grande partie de l'étude ait porté seulement sur l'identité et la structure des éléments pris un par un, et de leur groupement en petits ensembles, elle était orientée vers une synthèse future de la forme de la ville considérée comme un tout. Une image claire et détaillée de la région métropolitaine tout entière est une nécessité fondamentale pour l'avenir : si elle peut être atteinte, elle fera progresser la qualité de la vie en ville jusqu'à un niveau inédit, un niveau proportionné à la taille de l'unité fonctionnelle contemporaine. L'organisation d'une image à cette échelle pose des problèmes de composition urbaine totalement nouveaux.

Aujourd'hui les zones d'environnement douées d'imagibilité sur une vaste échelle sont rares. Pourtant, l'organisation spatiale de la vie actuelle, la rapidité des déplacements, la vitesse et l'échelle des nouvelles constructions, tout cela rend à la fois possible et nécessaire de bâtir de telles zones d'environnement au moyen d'un urbanisme volontaire. Cette étude a fait ressortir, même si ce n'était que d'une manière élémentaire, une méthode pour approcher ce type nouveau de composition. Tout au long de ces pages, nous avons développé la thèse que l'environnement d'une grande ville *peut* avoir une forme agréable aux sens. Aujourd'hui, il est rare que l'on cherche à dessiner une telle forme : le problème tout entier est soit négligé, soit relégué à une application partielle des principes de l'architecture et de l'art urbain.

Il est clair qu'une ville ou une métropole ne présenteront pas à la vue une forme qui soit un ordre géant, stratifié. Cette forme aura une structure compliquée, continue et globale, et en même temps embrouillée et mobile. Elle pourra s'adapter aux habitudes de perception de milliers de citadins, sera ouverte aux changements de fonctions et de significations, capable d'accueillir le développement d'un nouveau langage des formes. Elle devra inviter ceux qui la verront à explorer le monde.

Il est vrai que nous avons besoin d'un milieu qui ne soit pas seulement bien organisé mais aussi chargé de poésie et de symbolisme. Il pourrait « parler » des individus et de leur société complexe, de leurs aspirations et de leur tradition historique, du site naturel et des fonctions et mouvements compliqués du monde urbain. Mais une structure claire et une identité frappante constituent un premier pas vers le développement de symboles vigoureux. En apparaissant comme un *endroit* remarquable et bien soudé, la ville pourrait fournir un terrain au regroupement et à l'organisation de ces significations et associations d'idées. Une telle impression d'*endroit* rehausse, par elle-même, toutes les activités humaines qui s'y exercent et favorise le dépôt d'une empreinte dans le souvenir.

Par l'intensité de sa vie et sa façon de rapprocher étroitement des gens disparates, la grande ville est un endroit romantique, riche en détails symboliques. Elle est pour nous à la fois splendide et terrifiante, « le paysage de nos désarrois » comme l'appelle Flanagan (*21*). Si elle était lisible, vraiment visible, alors la crainte et le désarroi pourraient être remplacés par le plaisir que procureraient la richesse et la puissance du décor.

Pour développer l'image, l'éducation du regard sera tout aussi importante que le remodelage de ce qu'on regarde. En effet, tous deux forment ensemble un processus circulaire, ou il faut l'espérer, une spirale : l'éducation visuelle poussant le citadin à agir sur le monde qu'il voit, et cette action le conduisant à voir d'une manière encore plus aiguë. L'existence d'un art de la composition urbaine hautement développé, est liée à la génération d'un public critique et attentif. Si l'art et le public progressent ensemble, alors nos villes seront une source quotidienne d'agrément pour le plus grand nombre de leurs millions d'habitants.

Annexes

A.

A propos de l'orientation

On peut trouver des références à l'image de l'environnement dans de nombreux textes : dans la littérature ancienne ou moderne, dans des récits de voyages ou d'explorations, dans des articles de journaux ou dans des études de psychologie et d'anthropologie. Ces références sont en général éparpillées dans ces textes, mais elles sont fréquentes et révélatrices. En les parcourant rapidement nous apprendrons la façon dont se forme cette image, la nature de certaines de ses caractéristiques, et la manière dont elle semble jouer un rôle social, psychologique et esthétique tout autant que pratique, dans nos vies.

Des rapports des anthropologues, par exemple, on déduit que l'homme primitif est en général profondément attaché au paysage dans lequel il vit : il distingue et nomme ses parties les plus petites. Les observateurs parlent de la multitude des noms de lieux, même dans les régions inhabitées, et de l'extraordinaire intérêt que ces hommes portent à la géographie. Le milieu est une partie intégrante des cultures primitives. Les gens travaillent, créent et jouent en harmonie avec leur paysage. Ils se sentent complètement identifiés à lui et répugnent à le quitter : il signifie pour eux la continuité et la stabilité dans un monde incertain (*4*, *38*, *55*, *62*).

Les habitants de Tikopia (Iles Santa Cruz) disent :

> « La terre reste mais l'homme meurt : il s'affaiblit et on l'enterre là dessous. Nous ne demeurons que peu de temps mais la terre, elle, reste toujours à l'endroit où elle est » (*19*).

Non seulement ces zones d'environnement sont profondément signifiantes, mais leur image est une image très forte.

Certaines aires sacrées peuvent être très lourdement chargées de sens si bien qu'elles focalisent fortement l'attention, et que s'y créent une différenciation nette des parties qui les composent et une concentration très dense de dénominations.

Il est manifeste que l'Acropole d'Athènes, saturée par une longue histoire culturelle et religieuse, a été décomposée en parties nommées et vouées aux dieux, parcelle par parcelle, presque pierre par pierre, ce qui rend sa rénovation extrêmement difficile. Le col Emily, petite gorge de 90 mètres de long et 25 mètres de large, située dans la chaîne de montagnes MacDonnel en Australie centrale, représente pour les indigènes une véritable galerie d'emplacements légendaires (*72*). Dans la forêt de Tikopia, la clairière sacrée de Maræ n'était utilisée rituellement qu'une seule fois par an. C'était un petit rectangle ne contenant pas moins de vingt emplacements régulièrement dénommés (*19*). Lorsqu'on se réfère à des civilisations plus évoluées, c'est une ville tout entière qui peut être sacrée telle Meshed en Iran, ou Lhassa au Tibet (*16*, *68*). Les villes sont bourrées de noms et de souvenirs, de formes distinctes et d'emplacements sacrés.

L'image de notre environnement joue encore un rôle fondamental dans notre vie, mais pour la plupart des gens elle a certainement perdu beaucoup de sa vigueur et de sa particularité. Dans un récit fantastique paru récemment, C. S. Lewis imagine qu'il a pénétré dans l'esprit de quelqu'un d'autre et qu'il se déplace en voyant le monde à travers l'idée que s'en fait cette personne (*43*). Il y a une lumière grise mais rien qui puisse s'appeler un ciel. Il y a des vagues formes, vertes et ternes, comme des taches, sans anatomie, qu'à force de scruter il finit par identifier comme étant Shoddy Trees. Il est assis sur une matière douce et triste qui a la couleur de l'herbe mais sans que les brins puissent être distingués. Plus il regarde de près, plus tout lui semble vague et barbouillé.

L'image de l'environnement a pour fonction primordiale de permettre les mouvements conscients. Une carte plus ou moins correcte peut signifier la vie ou la mort d'une tribu primitive, comme ce qui fut le cas lorsque la Tribu des Luritcha, en Australie, quitta son territoire, chassée par quatre années de sécheresse, et survécut grâce à la mémoire topographique précise de ses Anciens (*55*).

Ceux-ci tiraient de leurs expériences des années antérieures, et de ce que leur avaient appris leurs grands-pères, la connaissance de la suite de minuscules points d'eaux qui leur permirent de faire sortir leur tribu du désert et de la conduire en lieu sûr. Le navigateur des Mers du Sud accorde manifestement une grande valeur à la capacité de distinguer les étoiles, les courants, ou les couleurs de la mer, car lorsqu'il s'embarque à destination de son objectif minuscule, il engage avec la mort un dangereux pari. Ce genre de connaissance rend possible la mobilité qui permet d'accéder à un meilleur niveau de vie. Par exemple à Paluwat, dans les Iles Caroline, il y avait une célèbre école de navigation indigène. Grâce à l'habileté ainsi acquise, les gens de Paluwat devenaient des pirates capables de piller toutes les îles situées dans un très grand rayon.

Bien qu'une telle habileté puisse paraître sans importance de nos jours, nous voyons les choses sous un angle tout à fait différent quand nous considérons le cas d'hommes qui, du fait d'une blessure au cerveau, sont incapables d'organiser leur environnement. Ils peuvent se montrer capables de parler et de penser de manière rationnelle et même de reconnaître sans difficultés des objets, mais ils ne peuvent pas structurer leurs images en un système cohérent. Ces hommes n'arrivent plus à retrouver leur propre habitation une fois qu'ils l'ont quittée, et sont réduits à errer sans ressources jusqu'à ce qu'on les reconduise chez eux, ou jusqu'à ce qu'ils tombent pas hasard sur un détail qui leur est familier. Un mouvement prémédité ne peut s'accomplir qu'en mémorisant minutieusement des séquences constituées de détails distincts, si rapprochés que chaque détail soit toujours à portée immédiate du point de repère qui le précède. Des endroits qui, situés dans leur contexte, ont normalement de nombreux traits permettant de les identifier peuvent n'être reconnus que grâce à un seul symbole distinct, séparé. L'un reconnaîtra une salle à un signe minuscule, un autre distinguera une rue par les numéros des tramways qui y passent. Si les symboles sont modifiés, ces personnes sont perdues. Curieusement leur situation est dans son ensemble tout à fait comparable à celle où nous nous trouvons pour nous déplacer dans une ville peu familière. Mais dans le cas de la blessure au cerveau, la situation est sans issue, d'où des répercussions évidentes sur les plans pratique et émotif.

La peur d'être perdu provient, chez les organismes animés, de leur besoin de s'orienter par rapport à ce qui les entoure. Jaccard cite un incident survenu à des indigènes africains désorientés (*37*). Ils furent saisis de panique et plongèrent sauvagement dans la brousse. Witkin (*81*) parle d'un pilote expérimenté qui perdit le sens de la verticale et décrivit cette expérience comme la plus terrible qu'il ait subi dans sa vie. Beaucoup d'autres écrivains (*5*, *52*, *76*) en décrivant le phénomène de la désorientation temporaire dans la ville moderne, évoquent les sentiments de détresse qui l'accompagnent. Binet mentionne le cas d'un homme qui prenait soin de descendre dans une gare bien particulière de Lyon quand il arrivait de Paris, parce que, bien qu'elle fût moins pratique, cette gare correspondait au quartier de Lyon que cet homme s'imaginait, à tort, tourné vers Paris (*5*). Un autre cas est celui d'une personne qui ressentit pendant toute la durée de son séjour dans une certaine petite ville, un léger vertige causé par la persistance d'une orientation erronée. Beaucoup d'autres attestent la désagréable ténacité d'une première organisation incorrecte de l'environnement (*23*). Au contraire dans le dédale profondément artificiel et apparemment neutre d'un laboratoire, Brown raconte que ses sujets d'expériences se prenaient d'affection pour des points de repère aussi simples qu'une vulgaire planche, une fois qu'elle leur était devenue familière (*8*).

Trouver son chemin est la fonction primordiale de l'image de l'environnement et la base sur laquelle ont pu se développer les associations d'idées et d'émotions qui y sont liées. Mais ce premier sens de l'image agissant comme une carte pour diriger les mouvements, n'est pas le seul valable. Prise au sens large, l'image peut servir de vaste trame de référence à l'intérieur de laquelle peuvent se dérouler les actes de l'individu, ou à laquelle il peut rapporter ses connaissances. De cette manière elle ressemble à un recueil de croyances, ou à un ensemble de coutumes : elle est organisatrice de faits et de potentialités.

La différenciation du paysage peut simplement mettre en évidence la présence d'autres groupes ou d'endroits symboliques. Malinowski dans sa description de l'agriculture dans les Iles Trobriand au large de la Nouvelle Guinée, dépeint les grands bouquets d'arbres qui émergent de la brousse et des zones défrichées, et qui indiquent des villages ou des petits bosquets tabous (*45*). De même, de hauts campanules marquent l'emplacement des villes à travers la plaine de Vénétie, ou des silos à grain les fermes dans le Middle West américain.

L'image de l'environnement peut aller plus loin et agir comme un organisateur d'activités. Ainsi dans l'île de Tikopia, il y avait de par la tradition plusieurs emplacements de repos sur la piste que les gens empruntaient chaque jour pour aller et venir de leur travail. De tels emplacements donnaient forme au va-et-vient quotidien (*19*). Dans le lieu sacré de cette île, le Maræ qui est une petite clairière où fourmillent les lieux portant un nom, la minutie avec laquelle se distinguaient les localités était un trait essentiel des rituels complexes. En Australie Centrale, depuis que les héros de la légende indigène ont parcouru certaines routes imaginaires, ces itinéraires sont des parties importantes de l'image du paysage et les indigènes se sentent en sécurité lorsqu'ils les parcourent (*53*). Dans le roman autobiographique de Pratolini, celui-ci donne un exemple frappant de gens qui dans leurs promenades quotidiennes, continuaient à suivre des rues qui n'existaient plus mais formaient des pistes imaginaires traversant un quartier détruit et vide de Florence (*56*).

En d'autres occasions le fait de distinguer et de schématiser l'environnement peut servir de base à une mise en ordre des connaissances. Rattray parle avec beaucoup d'admiration des guérisseurs Ashanti qui s'efforcent de connaître chaque plante, chaque animal et chaque insecte de la forêt nominalement, et de comprendre les propriétés spirituelles de chacun. Ils sont capables de « lire » leur forêt comme un document complexe et inépuisable (*61*).

Le paysage joue également un rôle social. L'environnement dénommé, familier à tous, fournit un matériau aux souvenirs communs et aux symboles qui lient le groupe et permettent à chacun de communiquer avec les autres. Le paysage sert de vaste système mnémonique pour la fixation des idéaux et de l'histoire du groupe. Porteus dénie aux membres de la tribu Arunta d'Australie toute capacité de mémoire particulière, bien qu'ils soient capables de répéter des contes traditionnels extrêmement longs. Chaque détail de la campagne sert d'indication pour un mythe, et chaque décor évoque le souvenir de la culture commune (*55*). Maurice Halbwachs note la même chose en parlant du Paris moderne, quand il remarque que le décor physique permanent, souvenir commun aux Parisiens, est une force puissante qui les lie et leur permet de communiquer entre eux (*34*).

L'organisation symbolique du paysage peut aider à calmer la peur et à établir des relations émotivement sûres entre les hommes et la totalité de leur environnement. La citation suivante, qui se réfère au peuple Luritcha, de l'Australie Centrale, illustre cette remarque :

> « A chaque enfant Luritcha né à l'ombre de ces énormes et étranges rochers, assez vastes pour frapper l'imagination du blanc dont les yeux ont contemplé de nombreuses merveilles, les légendes qui identifient ces rochers à l'histoire de son propre peuple doivent paraître une source de grand réconfort. Si ces rochers grandioses ne se dressent là que pour marquer les déplacements des esprits de ses propres ancêtres, cela établit une relation familière entre eux et lui. Les légendes et les mythes sont bien plus que des histoires que l'on raconte pour occuper les heures d'obscurité, ils font partie des moyens par lesquels le sauvage se fortifie contre la peur du terrifiant et de l'inconnu. Naturellement tourmenté comme l'est tout esprit primitif, par les frayeurs qui naissent dans la solitude, il n'est guère étonnant qu'il se saisisse avec avidité de l'idée

> que cette nature vaste, indifférente quand elle n'est pas hostile, rappelle par beaucoup de ses traits les plus frappants l'histoire de sa tribu et reste soumise à son contrôle grâce aux pratiques magiques » (*55*).

Même si l'on se trouve dans une situation moins solitaire ou moins effrayante, on ressent une agréable impression de familiarité ou de justesse devant un paysage que l'on connaît. Les esquimaux Netsilik expriment cette idée rebattue à leur manière : « être entouré par l'odeur de ses propres affaires ».

En effet le fait même de donner un nom et de distinguer l'environnement, le vivifie et par là, ajoute quelque chose à la poésie et à la profondeur de l'expérience humaine. Certains cols du Tibet portent des noms tels que « La difficulté du Vautour » ou « Le col du poignard de fer », qui sont non seulement de bonnes descriptions mais également des évocations poétiques d'une partie de la culture thibétaine (*3*). Un anthropologue commente de la manière suivante le paysage Arunta :

> « Tous ceux qui n'en ont pas fait l'expérience ne peuvent apprécier la vive réalité des mythes. L'ensemble de la région que nous avions traversée n'était en apparence que brousse, quelques petites coulées d'eucalyptus, ici et là une chaîne de collines plus ou moins élevée, ou quelque plaine, et pourtant la légende des aborigènes en faisait le décor d'une abondante activité. Si vivants sont les contes que le visiteur a l'impression d'une région habitée, animée d'une vive activité, de gens qui se pressent ici et là, aux alentours, ... » (*54*).

Alors qu'aujourd'hui il se peut que nous ayions des moyens mieux organisés de nous référer à notre milieu environnant, coordonnées, systèmes de numérotation ou dénominations abstraites, il nous manque souvent cette qualité d'un caractère vivant et concret, d'une forme qui ne laisse aucune place au doute (*40*). Wohl et Strauss donnent de nombreux exemples de l'effort que font les gens pour résumer par un symbole matériel la ville où ils vivent, dans le but à la fois d'organiser les impressions qu'ils en tirent, et d'améliorer leur expérience quotidienne (*82*).

L'impression que fournit et la valeur que possède un milieu environnant doué d'imagibilité sont bien résumées dans l'émouvante description que donne Proust (dans « Du côté de chez Swann ») du clocher de l'église de Combray, bourg où il passa de nombreuses vacances d'été lorsqu'il était enfant. Non seulement ce morceau de paysage symbolise et sert à repérer la ville, mais il pénètre profondément toutes les activités quotidiennes, et est resté au fond de son esprit comme une apparition à la recherche de laquelle il s'est lancé pendant sa vie d'adulte.

« C'était toujours à lui (le clocher de Saint-Hilaire) qu'il fallait revenir, toujours lui qui dominait tout, sommant les maisons d'un pinacle inattendu ... » (*57*).

Types de systèmes de référence

Ces images peuvent être organisées de différentes façons. Il peut exister un système de référence abstrait et général, parfois explicite et parfois simple manière habituelle de se référer aux localisations ou aux relations réciproques des éléments. Les Chuckhee de Sibérie ont une rose des vents comportant 22 directions, dans un espace tridimensionnel et orientées par rapport au soleil. Ces directions comprennent le zénith et le nadir, minuit (le nord) et midi (le sud), tous les quatre fixes, et 18 autres définies par la position du soleil à différents moments de la journée ou de la nuit et qui, par conséquent, changent avec les saisons. Ce système a un rôle suffisamment important pour gouverner l'orientation de toutes les chambres à coucher (*6*). Les navigateurs Micronésiens du Pacifique utilisaient un système directionnel précis qui n'était, cependant, pas symétrique, mais était lié aux constellations et à la direction des îles. Le nombre de directions variait jusqu'à 28 ou 30 (*18*).

Le système utilisé dans la plaine de la Chine du Nord est strictement régulier : il a de profondes significations magiques, le Nord étant l'équivalent du noir et du mal, le Sud du rouge, de la joie, de la vie et du soleil. Il gouverne très rigoureusement l'emplacement de tous les objets et des bâtiments religieux. En effet, la principale utilisation de « l'aiguille qui indique le Sud », une invention chinoise, n'était pas la navigation en mer, mais l'orientation des constructions. Ce système est si imprégnant que les paysans de ce pays plat donnent la direction à l'aide des points cardinaux et non par la droite ou la gauche comme cela nous semblerait naturel. Le système d'organisation n'est pas centré sur l'individu, mobile et tournant avec lui, mais reste fixe, universel et extérieur à la personne (*80*).

Les Arunta d'Australie pour se référer à un objet indiquent habituellement sa proximité, son orientation et sa visibilité par rapport à celui qui parle. Par ailleurs un géographe américain qui faisait un exposé sur la nécessité que nous ressentons d'utiliser les quatre points cardinaux pour nous orienter, fut très surpris de constater d'après les réactions de son auditoire que beaucoup de citadins, habitués à s'orienter d'après des particularités évidentes de leur ville, n'éprouvaient aucunement le besoin dont il parlait. Lui-même avait été élevé à la campagne, dans une région montagneuse (*52*). Un esquimau ou un habitant du Sahara peuvent reconnaître la constance de certaines directions non pas à cause d'objets situés dans le ciel, mais grâce aux vents dominants, ou aux nuages de sable ou de neige que ces vents soulèvent (*37*).

Dans certaines parties de l'Afrique la direction principale n'est pas une direction abstraite, invariable, mais celle qui est orientée vers les terrains du village. Jaccard cite ainsi un campement composé de plusieurs tribus qui s'étaient spontanément regroupées dans les secteurs orientés vers leur territoire (*37*). Un peu plus loin, il mentionne le cas de commissionnaires français que leur travail conduisait dans plusieurs villes qu'ils ne connaissaient pas. Ils affirmaient ne prêter que peu d'attention aux noms et aux points de repère, mais garder simplement en tête le chemin qui les ramènerait à la gare afin de s'y rendre directement dès que leur travail était terminé. Autre exemple, les tumulus d'Australie sont mis en forme de manière à indiquer la direction du centre totémique de l'individu, ou de son foyer spirituel (*72*).

L'Ile de Tikopia fournit l'exemple d'un autre type de système, qui n'est ni universel, ni égocentrique, ni tourné vers un point fondamental de référence, mais qui est lié à une particularité qui limite le paysage. En effet l'île est suffisamment petite pour que l'on soit rarement hors de vue ou d'écoute de la mer et les insulaires usent de l'expression « dans l'intérieur » ou « vers le large » pour toutes sortes de références spatiales. C'est ainsi qu'est localisée une hache posée sur le sol de la maison, et Firth rapporte qu'il a surpris cette phrase qu'un homme disait à un autre « vous avez une tâche de boue sur la joue qui regarde vers le large ». Ce schéma de référence est si fort que ces gens conçoivent mal une étendue de terre vraiment vaste. Les villages s'échelonnent le long de la côte et les termes utilisés traditionnellement pour se guider ne font référence « qu'au prochain village » ou à « celui qui vient après le suivant » et ainsi de suite. Voilà une séquence unidimensionnelle dont les références sont faciles (*19*).

Quelquefois le milieu environnant est organisé, non pas sous forme d'un système général de directions, mais en fonction d'un certain nombre de points focaux intenses, vers lesquels toutes les autres choses semblent être « pointées ». A Meshed, en Iran, un caractère sacré extrêmement vif est attaché à tous les objets qui entourent le mausolée, y compris la poussière qui tombe sur l'enceinte. Le point haut situé sur la route qui conduit à la ville, et d'où le voyageur aperçoit pour la première fois cette mosquée est lui-même important ; à l'intérieur de la ville il est bon de saluer lorsqu'on traverse une rue qui mène au mausolée. Ce point focal sacré polarise et ordonne toute la zone qui l'environne (*16*). On peut comparer cela à la génuflexion habituelle dans les églises catholiques, quand on croise l'axe de l'autel qui oriente l'intérieur de l'église.

La ville de Florence était, lors de son âge d'or, organisée de cette manière. A cette époque, descriptions et références de localisation se faisaient en termes de « canti », c'est-à-dire par rapport aux points focaux qui étaient des objets tels que loggias, lanternes, écussons, églises, demeures de familles importantes et boutiques essentielles, spécialement les pharmacies. C'est seulement plus tard que les noms des « canti » furent attribués aux rues, qui furent par la suite régularisées et signalisées en 1785. Une numérotation progressive des maisons fut introduite en 1808, et la ville changea de système de référence pour se rattacher aux voies (*11*).

Des références et des images composées par secteurs étaient très fréquentes dans les villes d'autrefois, quand les quartiers et leur population étaient relativement stables, isolés et distincts. Dans la Rome Impériale les adresses indiquaient seulement les petits quartiers bien déterminés. Il est probable qu'une fois arrivé dans un tel quartier on pouvait se diriger vers sa destination finale, en faisant une petite enquête personnelle (*35*).

Le paysage peut être schématisé par les lignes le long desquelles on se déplace. Dans le cas des Arunta d'Australie la totalité du territoire est magnifiquement organisée par un réseau de voies mythiques qui relient entre elles une série de régions totémiques ou de propriétés claniques, isolées et séparées par de vastes surfaces. Il n'y a normalement qu'une seule piste pour se rendre au magasin sacré qui contient les objets totémiques, et Pink raconte les longs détours que lui fit faire un de ses guides pour s'approcher de manière convenable d'un endroit sacré (*54*).

Jaccard parle d'un célèbre guide saharien, de race arabe, qui pouvait suivre la piste la plus imperceptible et pour qui le désert tout entier n'était qu'un réseau de voies. Il y eut une fois où il suivit soigneusement les tournants continuels d'un chemin à peine marqué, alors même que l'endroit où il se rendait était clairement visible à travers le désert. Il avait pris l'habitude de faire confiance à ce chemin parce qu'il arrive souvent que les tempêtes et les mirages rendent instables les points de repère lointains (*37*). Un autre auteur décrit le Medjebed saharien, la voie transcontinentale tracée par les chameaux qui parcourent des centaines de kilomètres à travers le désert d'un point d'eau au point d'eau suivant, voie marquée par les pierres empilées aux croisées de pistes. La perdre peut signifier la mort. Cet auteur parle de la forte personnalité, du caractère presque sacré que finit par prendre cette voie (*24*). Dans un paysage tout à fait différent, la forêt africaine apparemment impénétrable, la brousse, sont entrecoupées de traces d'éléphants que les indigènes apprennent à parcourir comme nous pourrions apprendre à parcourir les rues de nos villes (*37*).

Proust donne un exemple frappant de la sensation que procure un système de référence basé sur les voies, dans sa description de Venise :

> « Ma gondole suivait les petits canaux ; comme la main mystérieuse d'un génie qui m'aurait conduit dans les détours de cette ville d'Orient, ils semblaient, au fur et à mesure que j'avançais, me pratiquer un chemin, creusé en plein cœur d'un quartier qu'ils divisaient en écartant à peine, d'un mince sillon arbitrairement tracé, les hautes maisons aux petites fenêtres mauresques ; et comme si le guide magique eût tenu une bougie entre ses doigts et m'eût éclairé au passage, ils faisaient briller devant eux un rayon de soleil à qui ils frayaient la route » (*58*).

Brown fit l'expérience de placer des personnes les yeux bandés, dans un labyrinthe limité au cheminement des pieds et trouva que, même dans une situation aussi restreinte les sujets d'expérience paraissaient employer au moins trois sortes d'orientation différentes : une mémorisation de la séquence correcte ; un ensemble de points de repère (planches rugueuses, sources de bruit, rayons de soleil procurant de la chaleur) qui permettaient d'identifier les localisations ; et une impression générale d'orientation par rapport à l'espace de la pièce (par exemple la solution pouvait être représentée comme un mouvement général le long des quatre côtés de la pièce, avec deux incursions vers l'intérieur) (*8*).

Formation de l'image

La création de l'image de l'environnement est un processus de va-et-vient entre l'observateur et l'objet observé. Ce qu'il voit est basé sur la forme extérieure de l'objet, mais la façon dont il l'interprète et l'organise et l'endroit où il porte son attention influe à son tour sur ce qu'il voit. L'organisme humain est profondément adaptable et flexible, et des gens appartenant à des groupes différents peuvent se faire une image très largement différente de la même réalité extérieure.

Sapir donne un exemple intéressant de ces différences de focalisation de l'attention, en parlant du langage des Paiute du Sud. Dans leur vocabulaire un seul mot désigne des caractéristiques topographiques aussi précises que « un petit coin de terrain plat situé dans les montagnes et entouré de sommets », ou « la paroi d'un canyon qui reçoit la lumière du soleil », ou « une région accidentée entrecoupée de plusieurs petites chaînes de collines ». Une telle précision dans les références à la topographie est indispensable pour se localiser exactement dans une région semi-aride. Il poursuit en faisant remarquer que le vocabulaire propre aux Indiens ne contient pas l'équivalent du mot assez général en anglais « weeds » (mauvaises herbes) mais désigne ces plantes, source de nourriture et de médicaments par plusieurs termes qui diffèrent pour chacune des espèces suivant qu'elle est crue ou cuite, ou suivant sa couleur, ou le degré d'avancement de sa croissance, de même qu'on distingue en anglais le « calf » (veau) de la « cow » (vache) du « bull » (taureau) de la « veal » (viande de veau) et du « beef » (viande de bœuf). Inversement il signale une tribu indienne dont le vocabulaire ne distingue pas le soleil de la lune ! (*66*).

Les Aleuts n'ont pas de mot propre pour désigner les grands traits verticaux de leur paysage : les chaînes de montagnes, les sommets, les volcans et cætera. Par contre la plus minuscule particularité hydrologique horizontale — ruisselet, cours d'eau ou étang — a son propre nom. Cela est sans doute dû au fait que les petits cours d'eau sont les traits du paysage qui jouent un rôle vital dans les voyages (*26*). L'attention des Esquimaux Netsilik semble, elle aussi, s'être fixée sur les traits hydrologiques du paysage. Dans un ensemble de croquis de géographie que Rasmussen avait fait dessiner par des indigènes, figurent 532 noms de lieux indiqués par les dessinateurs. Sur le nombre, 498 désignent des îles, des côtes, des baies, des péninsules, des lacs, des cours d'eau ou des gués. Seize se rapportent à des collines ou des montagnes et 18 seulement font allusion à des rochers, des ravins, des marécages ou des emplacements de campements (*60*). Yung cite l'exemple intéressant d'un géologue entraîné qui pouvait parcourir sans hésitations des zones alpines couvertes de brouillard, simplement en reconnaissant l'échantillon de type géologique que présentaient les rochers qu'il pouvait voir (*83*).

Un autre domaine assez inhabituel sur lequel porte l'attention est celui des reflets du ciel. On peut lire dans Stefansson que dans l'Arctique, quand les nuages sont bas et de couleur uniforme, ils reflètent la carte des terres qu'ils survolent : ceux qui sont au-dessus de la haute mer sont noirs, ceux qui surplombent la banquise sont blancs, ceux qui passent au-dessus de glaciers un peu sales sont un peu plus gris, et ainsi de suite. Cela présente un grand intérêt quand on traverse des grands golfes et que les points de repère ont disparu derrière l'horizon (*73*). Ces reflets du ciel sont utilisés de manière habituelle dans les Mers du Sud, non seulement pour localiser une île située en dessous de l'horizon, mais aussi pour l'identifier grâce à la couleur et à la forme du reflet. On peut tirer quelques idées du vaste domaine des formes utilisables pour s'orienter, de la lecture du dernier livre de Gatty sur la navigation (*23*).

Ces variations d'une civilisation à l'autre peuvent s'étendre non seulement aux particularités qui retiennent l'attention mais aussi à la façon de les organiser. Les îles Aléoutiennes ne portent aucun nom générique dans la langue indigène, car ceux-ci ne se rendent pas compte de ce qui pour nous est évident, l'unité de la chaîne (*17*). Les Arunta regroupent les étoiles d'une manière tout à fait différente de la nôtre, séparant souvent des étoiles brillantes et rapprochées, alors qu'ils en regroupent certaines autres qui sont pâles et éloignées les unes des autres (*45*).

Du reste le mécanisme de notre perception est si adaptable que tous les groupes humains sont capables de distinguer les parties de leur paysage et de percevoir et d'attribuer une signification au moindre détail. Cela se produit dans n'importe quel paysage aussi peu différencié qu'il puisse apparaître à un observateur extérieur. C'est aussi vrai pour les vastes étendues couvertes de touffes de mulga gris qui forment une partie du paysage de l'Australie, que pour la terre couverte de neige des esquimaux, où l'on perd même la distinction entre la mer et la terre ; ou pour les îles Aléoutiennes changeantes et brumeuses ; ou pour l'océan, où n'apparaît aucune piste, du navigateur Polynésien.

Deux groupes primitifs ont mis au point une science de l'orientation et de la géographie qui ne fut surpassée que récemment par la cartographie occidentale. Il s'agit des Esquimaux et des navigateurs dans les mers du Sud. Les Esquimaux sont capables de dessiner à main levée des cartes tout à fait utilisables qui couvrent des territoires dont une dimension atteint jusqu'à six ou huit cents kilomètres. C'est un exploit dont peu de gens sont capables s'ils ne possèdent aucune référence à des cartes déjà établies.

De même les navigateurs expérimentés des îles Caroline dans le Pacifique Sud, possèdent un système d'instructions nautiques très élaborées, tenant soigneusement compte des constellations, de la localisation des îles, des vents, des courants, de la position du soleil, et de la direction des vagues (*18*, *44*). Arago affirmait qu'il rencontra une fois un célèbre pilote des îles qui lui fit une description de toutes les îles de l'archipel à l'aide de grains de maïs, marquant leurs positions relatives, nommant et décrivant les productions et les moyens d'accéder à chacune d'entre elles. Cet archipel mesure 1 500 miles (*) d'est en ouest ! En outre il fabriqua un petit compas avec du bambou et indiqua les vents dominants, les constellations et les courants qui lui permettaient de se guider.

Les deux civilisations qui ont produit ces merveilles d'intelligence abstraite et de perception attentive, avaient deux choses en commun : la première est que leur milieu environnant, qu'il soit de neige ou

(*) 2 400 kilomètres.

d'eau, était essentiellement indifférencié, ou que ses particularités étaient très subtiles ; la seconde est que les deux groupes étaient obligés de se déplacer. Les Esquimaux doivent voyager chaque saison pour passer d'un type de chasse à un autre, s'ils veulent survivre. Les meilleurs hommes de mer des Mers du Sud ne provenaient pas des îles hautes et fertiles mais des îles minuscules et basses, où les ressources naturelles sont rares et la famine toujours proche. Les nomades Touareg qui arpentent le vide du Sahara, forment un groupe semblable et possèdent des capacités d'orientation presque identiques. Inversement, Jaccard fait remarquer que les indigènes africains ayant des habitudes agricoles de sédentaires, se perdent facilement dans leurs propres forêts (*37*).

Le rôle de la forme

Malgré tout, après avoir tant parlé de la flexibilité et de la capacité d'adaptation de la perception humaine, nous devons ajouter maintenant que la forme du monde matériel joue également un rôle. Le seul fait que cette habileté à naviguer est née dans ce qui pourrait sembler être, pour la perception, des milieux environnants difficiles, montre l'influence de ces formes extérieures.

La capacité de se repérer et de s'orienter dans ces environnements résistants ne s'acquiert pas sans mal et la connaissance se limitait généralement aux spécialistes. Les informateurs de Rasmussen qui dressèrent ses cartes étaient des chefs et beaucoup d'autres esquimaux n'auraient pu le faire. Cornetz fait remarquer qu'il n'y avait, dans tout le Sud Tunisien, qu'une douzaine de bons guides (*13*). Les navigateurs de Polynésie constituaient la caste dirigeante. Le savoir était transmis de père en fils, et il y avait, comme on l'a vu ci-dessus, une école en bonne et due forme enseignant cette matière et située dans l'île de Puluwat. C'était une coutume pour les navigateurs de manger dans un mess séparé où on parlait sans arrêt de directions et de courants. Cela rappelle les pilotes du Mississipi de Mark Twain, qui passaient leur temps à discuter de la descente et de la remontée du fleuve, et se tenaient ainsi au courant des changements sournois de ses points de repère (*77*). Quelque admirable que soit cette habileté, elle est loin d'une relation aisée et familière avec l'environnement. En Polynésie les voyages en mer s'accompagnaient évidemment d'une réelle anxiété, la disposition habituelle des bateaux à voile étant une longue rangée de canoés marchant de front pour s'entraider dans la recherche des îles. Autre exemple, chez les Arunta d'Australie, seuls les anciens peuvent guider de point d'eau en point d'eau et localiser correctement la voie sacrée qui convient au milieu des fourrés de mulga. Ce problème ne risquait pas de se poser dans l'île bien différenciée de Tikopia.

Nous possédons de nombreux récits décrivant comment des guides indigènes se sont perdus dans des zones d'environnement dépourvues de particularités. Strehlow raconte avoir erré pendant des heures dans la brousse mulga de l'Australie, en compagnie d'un guide expérimenté qui montait à tout bout de champ dans les arbres pour pouvoir prendre des relèvements par rapport à des points de repère éloignés (*75*). Jaccard relate les cas tragiques de Touareg qui se sont perdus (*37*).

A l'autre extrémité de l'échelle, certaines particularités du paysage possèdent des qualités visuelles telles qu'elles en font des objets d'attention inévitables, malgré le pouvoir de sélection de l'œil. La plupart du temps le caractère sacré se concentre sur les caractéristiques naturelles les plus frappantes, comme dans le cas des Ashanti dont les dieux correspondent aux grands lacs et aux fleuves, ou dans celui des grandes montagnes qui sont partout un objet de vénération. Ainsi, en Assam se trouve une colline célèbre qui est dans la légende le lieu où mourut Bouddha. Waddel la décrit comme étant abrupte et pittoresque, jaillissant directement dans une plaine avec laquelle elle forme un contraste aigu. Il fait aussi remarquer que cette colline était adorée depuis longtemps par les aborigènes et est devenue sacrée tout aussi bien pour les Brahmanes que pour les Musulmans (*78*).

Pour des raisons matérielles la grande montagne de l'Ile Tikopia en est le centre d'organisation. C'est le point culminant de l'île à la fois pour la topographie et pour la sociologie, c'est l'endroit où descendent les dieux. Cette montagne indique la localisation du pays natal quand on se trouve loin en mer et garde une aura surnaturelle. Comme le sommet est rarement défriché, et planté de taro, il y pousse une flore spécifique dont on manque en bas et qui renforce l'intérêt particulier porté à cet endroit (*19*).

A l'occasion un paysage peut être différencié de manière si bizarre qu'il force l'attention. Kawaguchi décrit les rives d'un fleuve proche du Lac Kholgyal, au Tibet :

> « Des rochers entassés ici et là, les uns de couleur jaune, d'autres pourpres, d'autres bleus, d'autres encore verts et parfois violets... ces rochers étaient très bizarres, certains étaient pointus et anguleux, d'autres en surplomb sur le fleuve. La rive la plus proche... était pleine de rochers aux formes étranges et chacun de ces rochers portait un nom... ils étaient tous des objets de vénération de la part des gens du peuple » (*39*).

Pour prendre un exemple plus modeste, les territoires défendus par des oiseaux nichant dans une prairie ont été relevés pendant plusieurs années successives. Ces territoires font apparaître de vastes fluctuations et réorganisations d'une année sur l'autre, comme on pouvait s'y attendre du fait qu'ils sont occupés par des individus différents. Mais certaines frontières formées par des clôtures ou des buissons, ayant plus de force perceptive, restent stables au milieu des changements (*50*). Il est connu que les oiseaux migrateurs avançant dans une même direction sur un large front, orientent leur vol en suivant des lignes directrices ou des lisières formées par des particularités topographiques comme par exemple des littoraux marins. Même les essaims de sauterelles qui se réfèrent au vent pour garder leur cohésion et leur direction sont désorganisés et éparpillés quand ils survolent des grands plans d'eau sans trait particulier.

D'autres caractéristiques outre le fait qu'elles se font remarquer et distinguer, peuvent avoir une « présence », une sorte de chaleur ou de vivacité particulière, qui peut être ressentie par des gens appartenant à des civilisations complètement différentes. Kawaguchi parle d'une montagne sacrée du Tibet qui lui parut, la première fois qu'il la vit, comme « assise avec un air de grande solennité » et la compare à son propre Bouddha Vairochana flanqué de Bodhisattvas (*39*).

Une expérience semblable, plus proche d'ici, est le choc original produit par un certain escarpement situé le long de la piste de l'Oregon :

> « Quand les groupes de voyageurs se dirigeant vers l'Ouest arrivaient à la hauteur des escarpements, une vague d'étonnement s'abattait sur eux... Nombreux étaient les observateurs qui y découvraient des phares, des fours à briques, le capitole de Washington, Beacon Hill, des tours à fondre les balles, des églises, des flèches, des coupoles, des rues, des ateliers, des magasins, des entrepôts, des parcs, des squares, des pyramides, des châteaux, des forts, des colonnes, des dômes, des minarets, des temples, des châteaux-forts gothiques, des fortifications modernes, des cathédrales françaises, des châteaux du bord du Rhin, des tours, des tunnels, des vestibules, des mausolées, un Temple de Belus et des jardins suspendus... Saisis en un coup d'œil les rochers avaient l'apparence de villes, temples, châteaux, tours, palais et de toutes sortes de bâtiments immenses et magnifiques... des édifices splendides, ressemblant à un très beau marbre blanc, façonnés dans les styles de tous les âges et de tous les pays... » (*69*).

On peut citer beaucoup d'auteurs qui montrent l'impact général et écrasant de ces formes géologiques très particulières.

C'est pourquoi quand on décrit la flexibilité de la perception humaine, on devrait ajouter que la forme physique extérieure joue aussi un rôle important. Il y a des environnements qui invitent à l'attention, ou la repoussent, qui aident ou freinent l'organisation ou la différenciation. Cela peut se comparer à l'aisance, ou la difficulté, qu'a l'esprit humain, tout adaptable qu'il soit, à garder en mémoire un matériau plus ou moins associé.

Jaccard cite plusieurs « endroits classiques » de la Suisse où les gens sont uniformément incapables de conserver une direction (*36*). Peterson remarque que l'organisation de son image de Minnéapolis est typiquement détruite à chaque fois que le quadrillage des rues change d'orientation (*52*). Trowbridge constate que la plupart des gens sont incapables d'indiquer à partir de New York la direction de villes éloignées sans faire des erreurs grossières, exception faite pour Albany parce que celle-ci est visiblement reliée à New York par le fleuve Hudson (*76*).

A Londres il existe un petit quartier appelé Seven Dials et construit aux environs de 1695, qui consiste en sept rues convergeant vers une place circulaire au milieu de laquelle se dresse une colonne dorique portant sept cadrans, chacun d'eux tourné vers une des rues. Gay parle de la forme troublante de cette zone dans son livre « Trivia », tout en laissant entendre que seuls les paysans, les étrangers stupides pourraient y perdre leur latin (*25*).

Malinowski établit une fine distinction entre d'une part le paysage volcanique différencié de Dobu et des Amphletts dans les Iles d'Entrecasteaux près de la Nouvelle Guinée, et d'autre part les îles coralliennes monotones de l'archipel des Trobriands. Entre ces groupes d'îles existent des échanges commerciaux réguliers, et on peut lire dans son livre la description de la concentration des significations mythiques dans la zone de Dobu, ainsi que les réactions des habitants des îles Trobriand devant ce paysage volcanique qui produit de fortes images. Parlant du voyage depuis les îles Trobriand jusqu'à Dobu, Malinowski dit :

> « Les bandes de terre basse qui entourent les lagons des îles Trobriand en un large mouvement circulaire s'éclaircissent et disparaissent dans la brume tandis qu'au devant des voyageurs s'élèvent de plus en plus haut les montagnes des îles méridionales... la plus proche de ces îles, Koyatabu, pyramide élancée et légèrement inclinée forme une balise extrêmement attirante qui guide les navigateurs droit vers le sud... ».
>
> « Au bout d'un jour ou deux ces formes brumeuses et désincarnées vont apparaître aux habitants des îles Trobriand comme une vision merveilleuse d'un volume énorme. Elles vont cerner les marchands Kula de leurs murailles solides faites de rochers escarpés et de jungle verte... Les habitants des Trobriand s'enfonceront dans des baies sombres et profondes... sous les eaux transparentes se déroulera un monde extraordinaire rempli de coraux aux multiples couleurs, de poissons et d'herbes marines... Ils rencontreront aussi d'étonnants blocs de pierre, lourds et compacts, aux formes et aux couleurs très variées, alors que chez eux la seule pierre est le corail mort, insipide et blanc... à côté de

toutes sortes de granits, de basaltes et de tufs volcaniques, des spécimens d'obsidienne noire, avec leurs arêtes aiguës et leur reflet métallique, et des terrains couverts d'ocre rouge et jaune... ainsi le paysage qui s'ouvre maintenant devant eux est une sorte de terre promise, un pays dont on parle sur un ton presque légendaire » (*46*).

De même, alors que les routes « chimériques » de l'Australie traversent, quelle que soit leur direction, un paysage horizontal de plaine couverte de mulga, les emplacements légendaires des campements, les points d'attention et les nœuds de l'histoire sacrée, sont, semble-t-il abondamment rassemblés dans les deux régions dont le paysage est différencié : les Chaînes Mac Donnel et Stuart's Bluff.

On peut établir un parallèle entre ces exemples de paysages primitifs et la description comparée que donne Eric Gill de Brighton en Angleterre où il est né, et de Chichester où il passa son adolescence :

« Il ne m'était jusqu'ici jamais venu à l'idée que des villes puissent avoir une forme et être, comme mes locomotives bien aimées, des objets possédant un caractère et une signification... (Chichester) était une ville, une cité, une chose ayant un plan et un ordre — pas seulement un entassement de rues plus ou moins sordides, poussant comme une moisissure, là où le réseau de chemin de fer, les voies de triage et les ateliers du chemin de fer le leur permettaient... je savais seulement que Chichester était ce que Brighton n'était pas : une fin, un objet, un endroit... le plan de Chichester est clair et net... par dessus le rempart romain, on pouvait regarder tout droit vers l'extérieur, les champs verdoyants... quatre rues importantes et larges divisant la cité en quartiers presque égaux, et le quartier résidentiel divisé de la même façon par quatre petites rues, et tout cela rempli presque complètement par des maisons du XVIIe et du XVIIIe siècle... Mais la connaissance que nous avions de Brighton... eh bien, il n'y a absolument rien à en dire. Quand nous pensions à Brighton, c'était comme à un endroit dont le centre était notre maison... et rien d'autre. Mais quand nous vivions à Chichester... le centre n'était pas au n°2 North Walls, mais à Market Cross. Nous avions acquis non seulement un sens civique, mais la notion générale de relations ordonnées. Brighton n'était pas du tout un endroit. Il ne m'était jamais venu à l'idée qu'il puisse exister une sorte quelconque de ville » (*33*).

La clarté perceptive de l'Ile de Tikopia, due à la présence du mont Reani, a déjà été mentionnée. Cette citation illustre comment une forme différenciée peut être utilisée en détail :

« Quand un habitant de Tikopia s'éloigne de son pays natal, les premières estimations qu'il fait de la distance qu'il a parcourue, sont basées sur les parties de l'île qui n'ont pas encore disparu derrière l'horizon. L'échelle comporte cinq degrés principaux : le premier est le rauraro, la terre basse près du rivage. Quand elle disparaît, le voyageur sait qu'il se trouve à une certaine distance. Quand les falaises (mato) qui s'élèvent à 200 ou 300 pieds au-dessus de la mer, en différents endroits de la côte, ne sont plus visibles, c'est qu'on a atteint un autre degré ; ensuite le uru mauna : les crêtes de la chaîne de collines entourant le lac, qui ont peut-être 500 à 800 pieds de hauteur, s'enfoncent dans les vagues. Quand le uru asia (dernière brèche dans la silhouette du Mont Reani, située à environ 1 000 pieds) s'évanouit, le voyageur réalise qu'il est loin en mer ; et quand, à la fin il voit le uru ronorono, le sommet de la montagne, se dissimuler à la vue il salue cet instant avec tristesse » (*19*).

A l'aide d'un paysage à la silhouette favorablement différenciée, on a donné au phénomène familier du départ une régularité en acceptant des intervalles ayant chacun une signification à la fois pratique et émotive.

Dans un roman de Forster, un personnage qui revient des Indes ressent un choc soudain quand il perçoit en arrivant en Méditerranée, la véritable qualité de forme du milieu qui l'environne, son imagibilité :

« Les immeubles de Venise, comme les montagnes de Crète et les champs d'Egypte étaient bien à leur place, alors que dans l'Inde si pauvre, tout était mal placé. Il avait oublié la beauté formelle des temples remplis d'idoles et des collines couvertes de bosses ; en effet sans forme comment pourrait-il y avoir beauté ? Du temps où il était étudiant il s'était plongé dans le bain multicolore de Saint-Marc, mais maintenant lui était offert quelque chose de beaucoup plus précieux que les mosaïques et les marbres : l'harmonie entre l'œuvre des hommes et la terre qui la supporte, la civilisation qui avait échappé au fouillis, l'esprit d'une forme raisonnable, sans que la chair et le sang aient disparu. En envoyant des reproductions photographiques sur cartes postales à ses amis Indiens, il se rendait compte qu'aucun d'entre eux ne ressentirait les joies dont il faisait l'expérience en ce moment, les joies de la forme, et que cela dressait une solide barrière entre eux. Ils verraient la somptuosité de Venise, par sa forme » (*22*).

Inconvénients de l'imagibilité

Un environnement très visible peut aussi avoir ses inconvénients. Un paysage chargé de significations magiques peut paralyser les actions pratiques. Les Arunta affrontent la mort plutôt que de se déplacer vers des zones plus favorables. En Chine les tertres recouvrant les tombeaux des ancêtres occupent des portions de terre arable absolument indispensables, et chez les Maori certains des meilleurs points de débarquement sont interdits à cause de leur importance mythique. Il est plus facile d'exploiter la terre quand elle n'est chargée d'aucun sentiment. Même un usage conservateur des ressources peut être compromis quand l'orientation des habitudes ne permet pas de s'adapter facilement aux techniques et aux besoins nouveaux.

Geoghegan mentionne la richesse des îles Aléoutiennes en noms de lieux mais immédiatement après, ajoute ce commentaire intéressant qu'il y a tellement de noms spéciaux pour chaque particularité minuscule que très souvent les Aléoutes qui habitent une des îles n'ont presque jamais entendu parler des noms des lieux situés sur une autre (*26*).

Un système très différencié qui manque de caractère abstrait et général, peut véritablement réduire la communication.

Il peut avoir des conséquences d'un autre genre. Strehlow dit des Arunta :

> « Comme toutes les caractéristiques du paysage, importantes ou non, sont dès à présent associées avec l'un ou l'autre de ces mythes, on peut comprendre l'absence totale d'effort littéraire... leurs ancêtres ne leur ont pas laissé un seul décor inoccupé qu'ils puissent remplir des créations de leur propre imagination... la tradition a efficacement étouffé les impulsions créatrices.., l'invention des mythes indigènes est arrêtée depuis de nombreux siècles... Tout bien considéré ce sont des conservateurs sans inspiration... c'est une race beaucoup moins primitive que décadente » (*75*).

Il est souhaitable qu'un environnement évoque des images riches et brillantes, il est aussi souhaitable que ces images puissent être communicables, puissent s'adapter aux changements des besoins pratiques, et développer de nouvelles combinaisons, de nouvelles significations, une nouvelle poésie. L'objectif pourrait être un environnement doué d'imagibilité mais en même temps ouvert et adaptatif.

Un exemple rare de la façon dont peut être résolu ce dilemne, même si c'est d'une façon irrationnelle, est donné par la pseudo-science chinoise appelée géomancie (*32*). C'est une science compliquée traitant de l'influence des paysages, systématisée et interprétée par des professeurs. Elle met en œuvre les vents du mal qui peuvent être contrôlés par des collines, des rochers, ou des arbres qui semblent visuellement obstruer les ouvertures dangereuses, et les bons esprits des eaux qui doivent être attirés par les étangs, les cours d'eau, et les fossés. Les formes des particularités environnantes sont interprétées comme des symboles des divers esprits qu'elles sont supposées contenir. Un tel esprit peut être considéré comme utile, ou comme inactif et ne servant à rien. Il peut être concentré ou dispersé, en profondeur ou à la surface, pur ou mélangé, faible ou fort, et doit être utilisé, contrôlé ou rehaussé par des plantations, des aménagements du site, des tours, des pierres et ainsi de suite. Les interprétations possibles sont nombreuses et complexes ; c'est un champ qui s'étend sans fin et que les experts explorent dans toutes les directions. Aussi éloignée de la réalité que puisse être cette pseudo-science, elle a par rapport à nos objectifs deux traits intéressants : le premier est qu'elle assure une analyse illimitée de l'environnement : des nouvelles significations, une nouvelle poésie, des nouvelles extensions sont toujours possibles ; le second est qu'elle conduit à utiliser et à contrôler les formes extérieures et leur influence : elle souligne que la vision de l'avenir et l'énergie des hommes gouvernent l'univers et sont capables de le modifier. Peut-être y a-t-il là des indications sur la manière de construire un environnement qui puisse faire naître des images et en même temps qui ne soit pas étouffant et opprimant.

B.

L'utilisation de la méthode

Pour appliquer les concepts fondamentaux d'imagibilité aux villes américaines, nous avons utilisé principalement deux méthodes : l'interview d'un petit échantillon de citadins en ce qui concerne leur image de l'environnement, et un examen systématique de l'image que le milieu environnant évoque sur le terrain chez des observateurs entraînés.

Quelle est la valeur de ces techniques est une question importante, d'autant plus que l'un des objectifs de notre étude était justement la mise au point de méthodes adéquates. Cette question générale recouvre deux problèmes différents :

a. Quelle confiance peut-on accorder à ces méthodes, jusqu'où peut-on les croire lorsqu'elles aboutissent à une certaine conclusion ?

b. Quelle est leur utilité ? leurs conclusions peuvent-elles servir à prendre des décisions d'urbanisme, et le résultat est-il en proportion de l'effort fourni ?

L'interview de base, fait en salle, consistait à demander aux gens de faire un croquis du plan de la ville, de décrire en détail un certain nombre de trajets à travers la cité, et de faire la liste, accompagnée d'une brève description, des parties de la ville qui dans l'esprit des personnes interrogées, étaient les plus caractéristiques ou les plus « brillantes ». Le premier but de cette interview était de mettre à l'épreuve l'hypothèse de l'imagibilité ; le second était de connaître très grossièrement l'image collective des trois villes en question, pour pouvoir les comparer aux résultats de l'enquête sur le terrain, et aider ainsi à mettre au point quelques suggestions de composition urbaine ; et le troisième but était de définir une méthode abrégée pour déterminer l'image collective de n'importe quelle ville. Par rapport à ces objectifs, la méthode aboutit à une réussite raisonnable, excepté le fait que l'on peut douter de la généralité de l'image collective obtenue de cette manière, comme nous le verrons plus loin.

L'interview en salle comprenait les questions suivantes :

1. Que suggère immédiatement à votre esprit, qu'évoque pour vous le mot « Boston » ? Comment décririez-vous grossièrement Boston au sens matériel physique du terme ?
2. Nous aimerions que vous nous dessiniez un plan rapide de Boston, de la partie située à l'intérieur, ou du côté central de Massachusetts Avenue. Faites-la tout à fait comme si vous aviez à décrire rapidement la ville à un étranger en indiquant toutes les principales particularités. Nous ne demandons pas un dessin exact (l'enquêteur doit prendre des notes sur l'ordre dans lequel est dessiné le plan).

3*a*. Pouvez-vous, s'il vous plaît, me donner des indications claires et complètes sur le trajet que vous suivez habituellement pour vous rendre de votre domicile à votre lieu de travail. Représentez-vous en train de faire le trajet et décrivez la suite des éléments que vous verriez, entendriez, ou sentiriez le long du chemin, y compris les panneaux indicateurs qui sont devenus importants pour vous, et les indications dont aurait besoin un étranger pour prendre les mêmes décisions que vous. Ce qui nous intéresse c'est la description matérielle des choses. Cela n'a aucune importance si vous n'arrivez pas à vous souvenir des noms des rues et des places (Pendant le récit du trajet, l'enquêteur doit faire des sondages, si nécessaire, pour essayer d'avoir des descriptions plus détaillées).

b. Ressentez-vous des émotions particulières à propos de certaines parties de votre trajet ? Combien de temps dure-t-il ? Y a-t-il des endroits sur le trajet où vous vous sentez incertain de votre localisation ?
(On doit ensuite répéter les questions n° 3 à propos d'un ou plusieurs trajets identiques pour toutes les personnes interrogées, par exemple « allez à pied du Massachusetts General Hospital à South Station » ou « allez en automobile de Faneuil Hall à Symphony Hall »).

4. Maintenant nous aimerions savoir quels sont, à votre avis, les éléments du centre de Boston les plus caractéristiques. Ils peuvent être grands ou petits mais indiquez-nous ceux que vous trouvez les plus faciles à identifier et à garder en mémoire.

(Pour chacun des deux ou trois éléments enregistrés comme réponse à la question n° 4, l'enquêteur poursuit en posant la question n° 5).

5*a*. Pourriez-vous me décrire ———————? Si on vous y conduisait les yeux bandés, quelles indications utiliseriez-vous, lorsqu'on vous aurait retiré le bandeau, pour identifier avec certitude l'endroit où vous vous trouveriez ?

b. Ressentez-vous des émotions particulières à propos de ————— ?

c. Pourriez-vous me montrer sur votre plan où se trouve——————— ? (et si besoin est : quelles en sont les frontières ?)

6. Pourriez-vous m'indiquer sur votre plan la direction du Nord ?

7. L'interview est maintenant terminée, mais cela nous aiderait si vous acceptiez d'avoir, pendant quelques minutes seulement, un entretien libre avec nous (le reste des questions est introduit sans ordre dans la conversation) :

a. A votre avis, qu'avons-nous cherché à découvrir ?

b. Quelle importance ont pour les gens, l'orientation et la possibilité de reconnaître les éléments de la ville ?

c. Éprouvez-vous un certain plaisir à savoir où vous vous trouvez, ou bien vers où vous vous dirigez ? ou un certain désagrément dans le cas contraire ?

d. Pensez-vous que Boston est une ville où l'on trouve facilement son chemin ; dont on identifie aisément les parties ?

e. Parmi les villes que vous connaissez, quelles sont celles qui possèdent une bonne orientation ? Pourquoi ?

C'était une interview assez longue, durant normalement environ une heure et demie, mais presque toujours les personnes interrogées y prenaient un grand intérêt, et étaient souvent émues. La totalité de la discussion était enregistrée sur bande magnétique et ensuite transcrite, procédé assez lourd qui permit cependant d'enregistrer les menus détails tels que les silences révélateurs et les inflexions de voix.

Seize des personnes interrogées à Boston étaient suffisamment intéressées pour qu'on puisse organiser une seconde session. Au cours de celle-ci on commença par les confronter avec un jeu de photographies de la zone de Boston, prises pour couvrir la totalité du quartier de manière systématique, mais présentées au hasard aux personnes interrogées. Plusieurs photographies représentant d'autres villes étaient mélangées à la collection. On demandait d'abord aux gens de classer les photographies en les regroupant de la façon qui leur semblait naturelle, et ensuite on leur demandait d'identifier autant de photographies qu'ils le pouvaient en décrivant les indices dont ils se servaient pour cette identification. Les photographies reconnues étaient alors rassemblées et on demandait à la personne de les disposer sur une grande table comme si elle les plaçait à l'endroit correspondant sur une vaste carte de la ville.

Enfin on emmenait ces mêmes volontaires sur le terrain pour leur faire parcourir un des premiers trajets imaginaires : celui qui mène de Massachusetts General Hospital à South Station. L'enquêteur les accompagnait et utilisait un magnétophone portatif. On demandait à la personne de marcher en tête, d'expliquer pourquoi elle choisissait une voie particulière, de désigner ce qu'elle voyait le long du chemin et d'indiquer les endroits où elle se sentait en confiance, et là où elle était perdue.

Pour contrôler de l'extérieur ce petit échantillon, on fit une étude des réponses que donnaient des gens rencontrés sur les trottoirs de la ville quand on leur demandait de nous indiquer certaines directions. On choisit six directions témoins : Commonwealth Avenue, le coin de Summer Street et de Washington Street, Scollay Square, le John Hancock Building, Louisburg Square, et le Public Garden. De même on choisit cinq points d'origine : l'entrée principale du Massachusetts General Hospital, la Old North Church dans le North End, le coin de Columbus Avenue et de Warren Street, la South Station et Arlington Square. A chaque point origine, la personne chargée d'enquêtes sur les trottoirs demandait la direction de chaque point destination en accostant cinq ou six passants choisis au hasard. Il leur posait trois questions : Comment puis-je aller à ——— ——— ? Comment reconnaîtrai-je que j'y suis arrivé ? Et combien de temps cela me prendra-t-il pour y aller à pied ?

Comme point de comparaison avec ces descriptions subjectives de la ville, il aurait pu sembler que des données telles que photographies aériennes, cartes et plans de densité, d'utilisation du sol et de formes de constructions, fourniraient la description correcte et objective de la forme physique de la ville. Leur objectivité mise à part, de tels outils sont tout à fait inadaptés à notre objectif, car ils sont à la fois trop superficiels et pas assez généraux. Le nombre de facteurs différents que l'on pourrait évaluer est infini, et on trouva que la meilleure base de comparaison pour les interviews était l'enregistrement d'une autre réponse subjective, mais d'une réponse qui soit alors systématique et attentive, en utilisant les catégories qui avaient donné la preuve de leur signification lors de l'analyse des premières interviews pilotes. Comme il était clair que les personnes interrogées se référaient à la même réalité physique, le meilleur moyen de définir cette réalité n'était pas d'utiliser une quelconque méthode quantitative, « basée sur des faits », mais de se baser sur la perception et l'évaluation de quelques observateurs sur le terrain, entraînés à observer avec soin, et à s'attacher en priorité aux sortes d'éléments urbains qui avaient semblé significatifs dans les enquêtes précédentes.

L'analyse sur le terrain était éventuellement simplifiée en la limitant à une couverture systématique de la zone faite à pied par un observateur entraîné, préalablement formé au concept d'imagibilité des villes. Il faisait le plan de la zone en indiquant la présence, la visibilité et les interrelations entre les points de repère, les nœuds, les voies, les limites et les quartiers, et en notant la force ou la faiblesse d'image de ces éléments. Cette couverture était suivie par plusieurs longs trajets-types à travers la zone, pour éprouver l'emprise de la structure globale. L'observateur répartissait les éléments en deux catégories suivant qu'ils avaient une importance majeure ou mineure, les éléments majeurs étant ceux possédant une force ou une brillance exceptionnelle, et il se demandait constamment pourquoi tel élément possède une forte ou une faible identité, pourquoi telle connexion semble claire ou obscure.

Ce dont on fait le plan est une abstraction, non la réalité physique elle-même, mais les impressions générales que produit la forme réelle sur un observateur préparé d'une certaine manière. Ce tracé du plan était bien entendu fait indépendamment de l'analyse des interviews, et demandait à peu près 3 ou 4 jours d'enquêteur pour une zone de la taille considérée. La description de deux éléments que l'on trouve à l'annexe C illustre le genre de détails utilisés pour établir de tels diagnostics.

Dans les premières analyses sur le terrain on mit au point les hypothèses principales concernant les types d'éléments, la façon dont ils sont assemblés, et ce qui contribue à leur donner une forte identité. Ce sont ces hypothèses qui furent ensuite testées et affinées au cours des interviews. L'objectif secondaire était de mettre au point une technique pour faire l'analyse visuelle d'une ville, qui puisse prédire l'image collective probable de cette ville. La méthode a finalement atteint avec succès ses deux objectifs, sous la réserve qu'elle s'attache encore beaucoup trop aux éléments isolés, et sous-estime leur insertion dans un schéma d'ensemble visuellement complexe.

Les figures 35 à 46 illustrent l'image des trois villes telle qu'elle découle de l'accord entre les interviews parlées et les cartes esquissées, et de notre propre reconnaissance sur le terrain. Pour être comparables, chaque ensemble de cartes de ville est établi à la même échelle et utilise les mêmes symboles.

Figure 35 à 46, pages 171 et 176

On peut ici faire quelques commentaires sur les relations qui existent entre les informations recueillies séparément d'une part dans les interviews et d'autre part dans les reconnaissances sur le terrain. Les analyses sur le terrain effectuées à Boston et Los Angeles se sont révélées être des prévisions d'une exactitude surprenante des images découlant des interviews orales.

Figure 47, page 177

A Jersey City faiblement différenciée, l'analyse sur le terrain avait prévu un peu moins des deux tiers de l'image ressortant des interviews, mais même dans ce cas il y avait très peu d'éléments majeurs issus de l'une des sources d'informations qui ne soient apparus dans l'autre. Dans tous les cas la hiérarchie relative des éléments est très homogène. L'analyse sur le terrain, effectuée à pied, a produit deux types d'erreur : une tendance à négliger les éléments mineurs qui ont de l'importance pour la circulation en automobile, et une tendance à passer à côté de certaines particularités mineures des quartiers qui ont une importance particulière pour les personnes interrogées à cause du statut social qu'elles reflètent. En conséquence, notre méthode d'enquête sur le terrain, si elle était complétée par des enquêtes en automobile, semble être une technique capable de prévoir avec succès l'image synthétique la plus probable mis à part les effets « invisibles » du prestige social, et les points où l'attention se fixe au hasard dans un paysage environnant visuellement indifférencié.

Alors que la correspondance entre la carte esquissée par un individu et l'interview de la même personne était parfois assez faible, il y avait une bonne corrélation entre l'ensemble des esquisses de plan et l'ensemble des interviews orales. En outre, il était rare que les éléments majeurs n'apparaissent que dans une seule source. Mais « le seuil minimal de perception » des esquisses semblait plus élevé que celui des interviews, c'est-à-dire, que des éléments qui apparaissent avec de moindres fréquences dans les interviews ont tendance à ne pas apparaître du tout dans les esquisses, et en général tous les éléments sont dessinés moins souvent qu'ils ne sont mentionnés par oral. De plus, c'est à Jersey City que cet effet est le plus fort. Enfin les esquisses ont tendance à augmenter quelque peu l'importance des voies et à exclure les éléments qui sont particulièrement difficiles à dessiner

Légende pour les figures 35 à 46 ci-après.

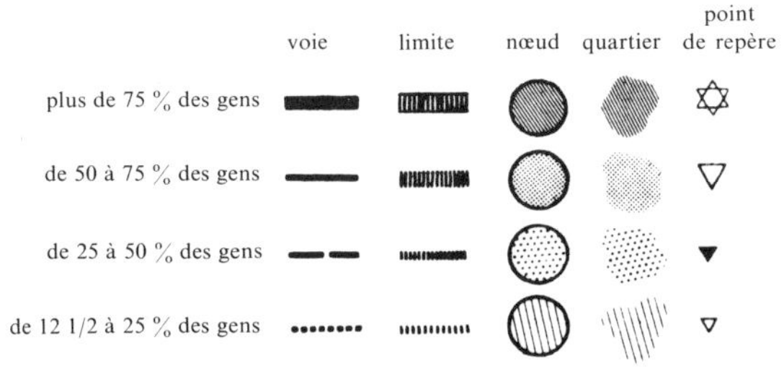

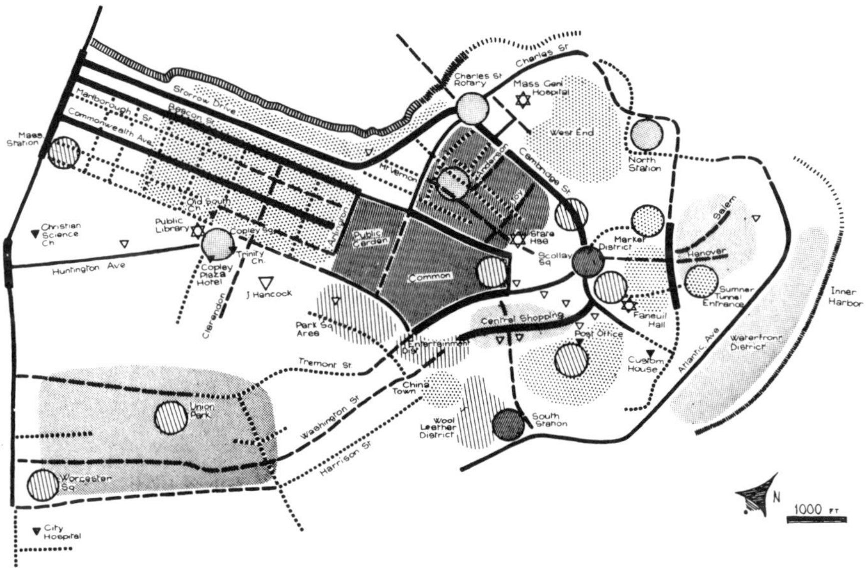

FIG. 35. — *L'image de Boston telle qu'elle ressort des interviews orales.*

FIG. 36. — *L'image de Boston telle qu'elle ressort des esquisses de plans.*

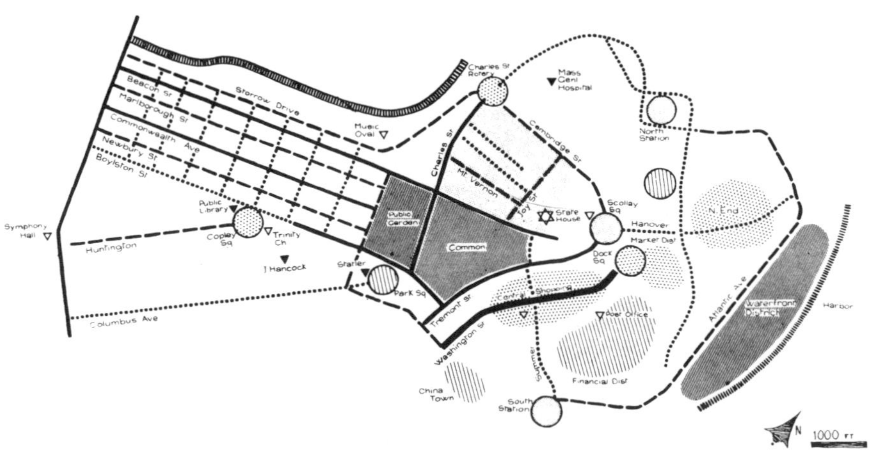

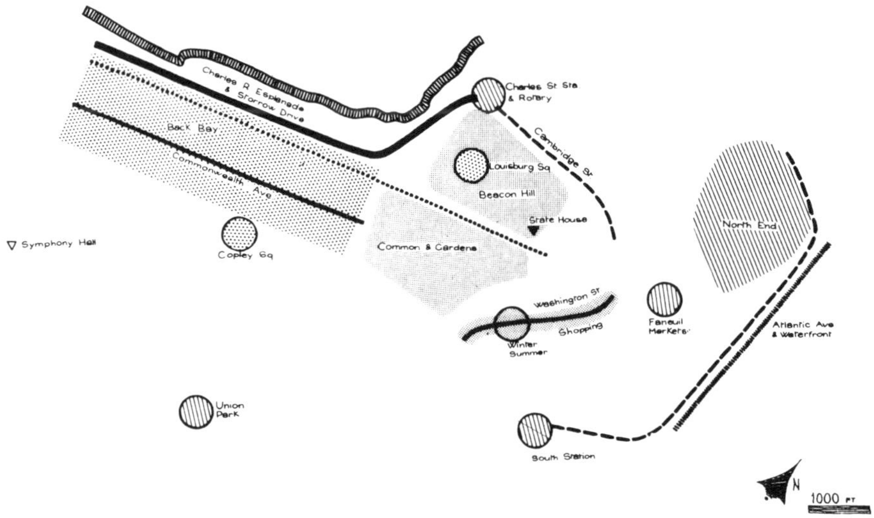

FIG. 37. — *Les éléments distincts de Boston.*

FIG. 38. — *La forme visuelle de Boston telle qu'elle ressort de l'enquête sur le terrain.*

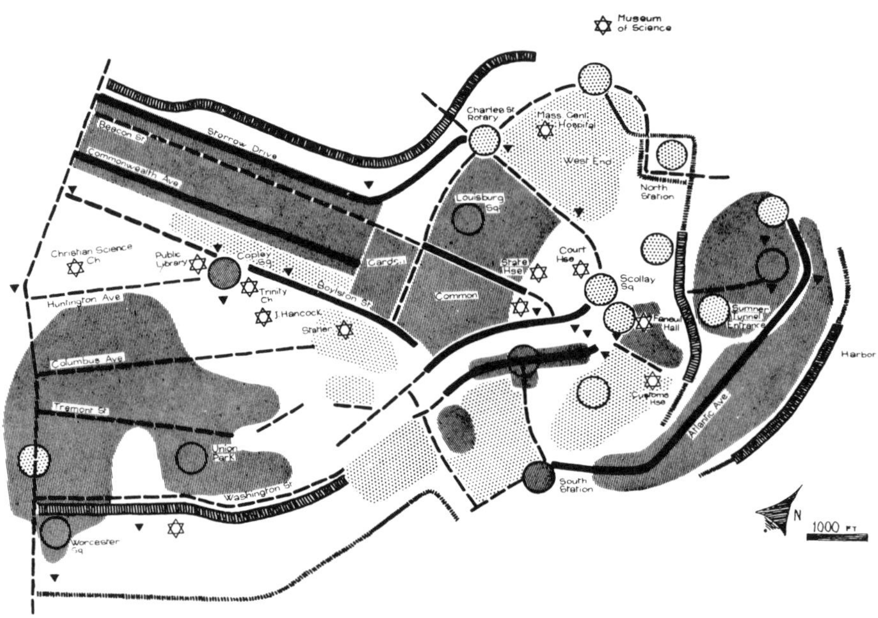

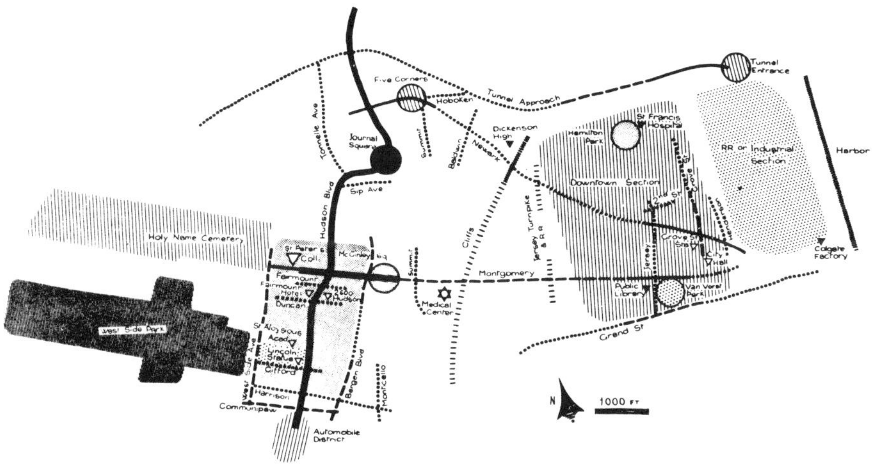

FIG. 39. — *L'image de Jersey City telle qu'elle ressort des interviews orales.*

FIG. 40. — *L'image de Jersey City telle qu'elle ressort des esquisses de plans.*

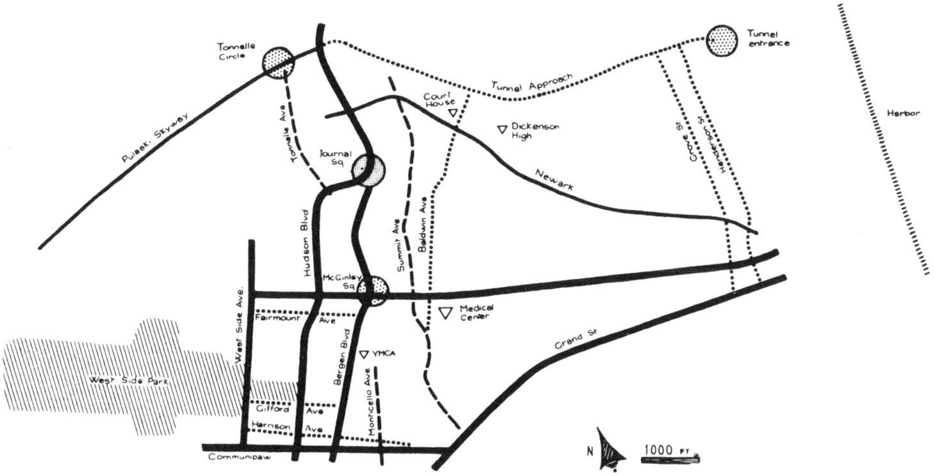

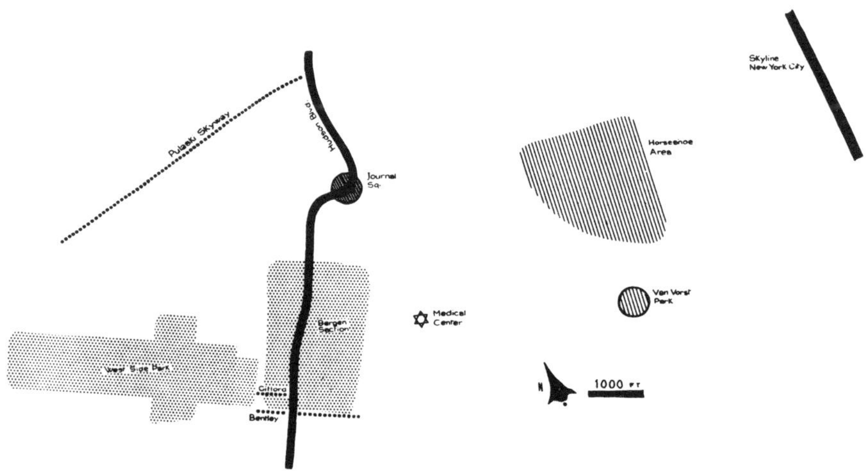

FIG. 41. — *Les éléments distincts de Jersey City.*

FIG. 42. — *La forme visuelle de Jersey City telle qu'elle ressort de l'enquête sur le terrain.*

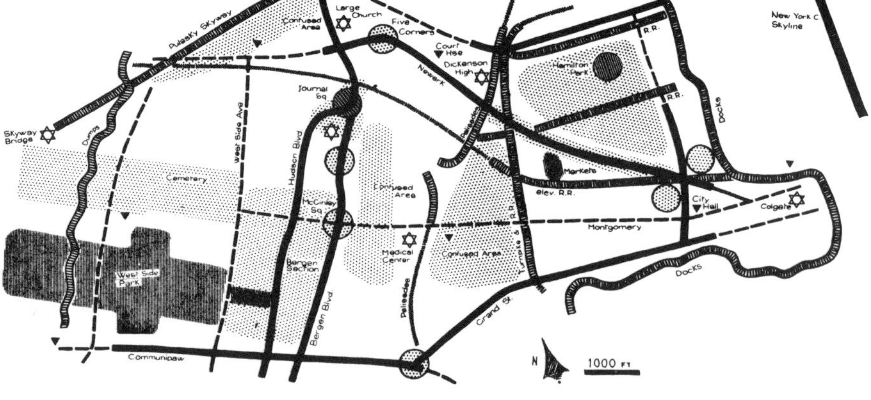

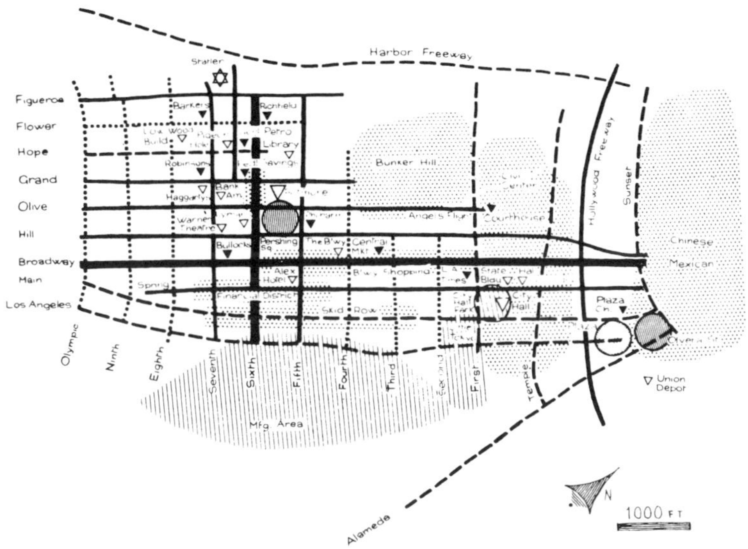

FIG. 43. — *L'image de Los Angeles telle qu'elle ressort des interviews orales.*

FIG. 44. — *L'image de Los Angeles telle qu'elle ressort des esquisses de plans.*

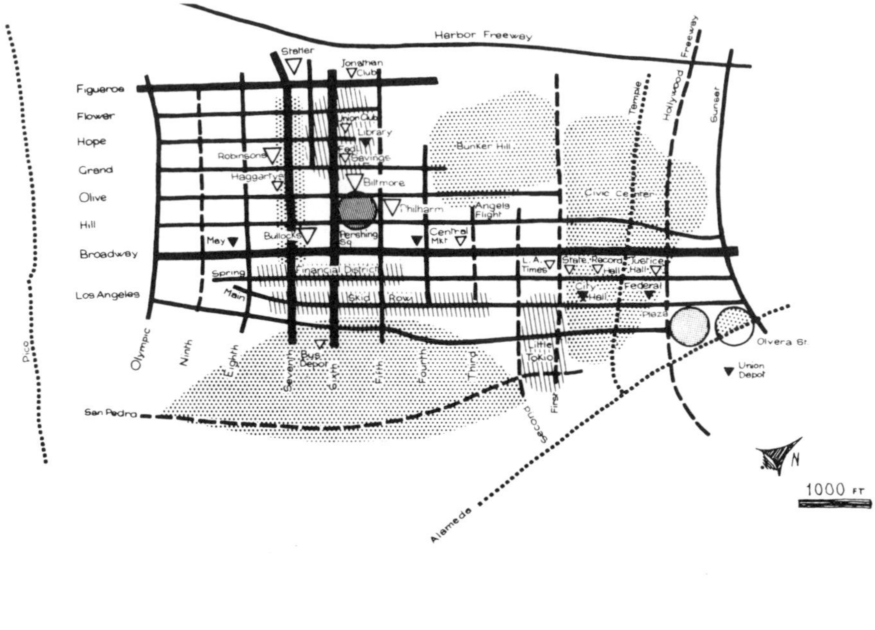

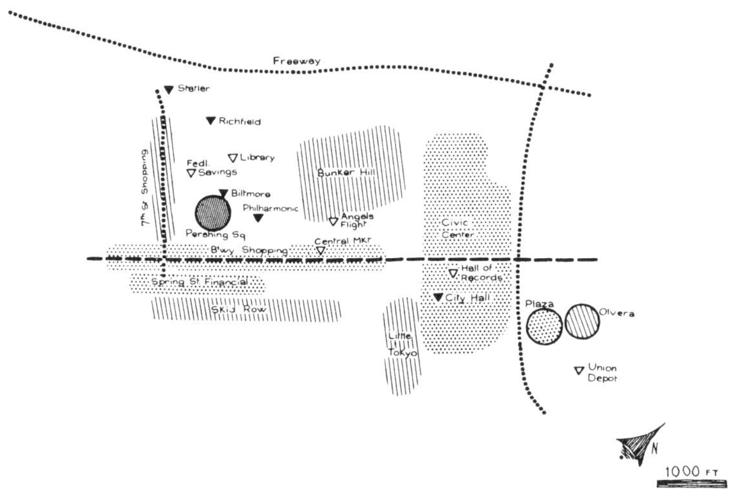

FIG. 45. — *Les éléments distincts de Los Angeles.*

FIG. 46. — *La forme visuelle de Los Angeles telle qu'elle ressort de l'enquête sur le terrain.*

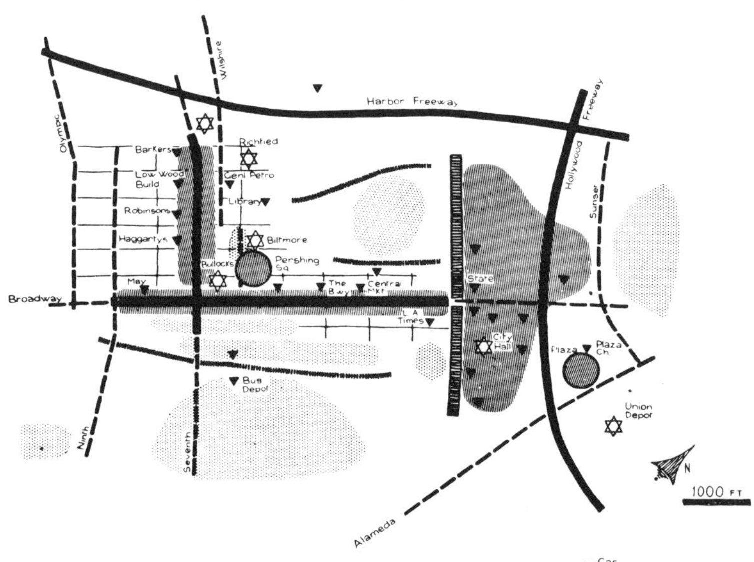

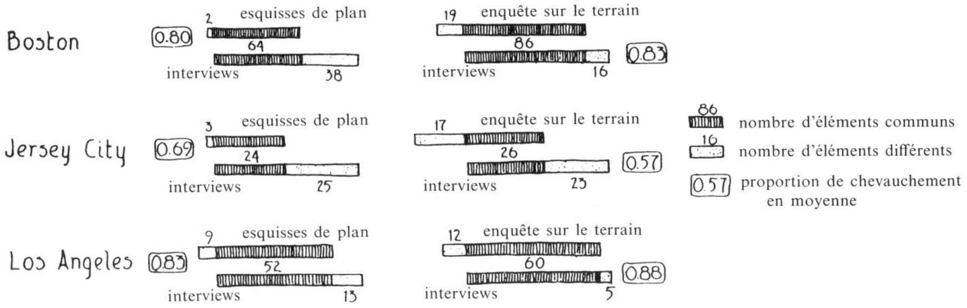

FIG. 47. — *Chevauchements entre les interviews, les esquisses de plan et les enquêtes sur le terrain.*

ou à localiser, bien qu'ils soient identifiables, comme par exemple un point de repère « sans base », ou un schéma de rues très compliqué. Mais ces défauts sont mineurs et peuvent être corrigés. La synthèse des cartes esquissées, en ce qui concerne l'identification des éléments, ressemble fortement aux interviews orales.

Cependant un écart important apparaît entre les deux sources d'enquête, en ce qui concerne les connexions et l'organisation générale. Les connexions connues les plus importantes figurent encore dans les esquisses, mais beaucoup d'autres disparaissent. Peut-être la difficulté de dessiner et d'ajuster simultanément tous les éléments les uns avec les autres cause-t-elle cette fragmentation et cette distorsion excessives des cartes esquissées : celles-ci ne sont pas de bons indicateurs de la structure connective telle qu'elle est connue.

L'énumération des particularités distinctes, s'est montrée en définitive, comme la technique d'enquête possédant le seuil de perception le plus élevé, excluant beaucoup d'éléments que l'on pouvait trouver dans les esquisses, et faisant ressortir uniquement ceux qui étaient mentionnés avec le plus de force dans l'analyse sur le terrain ou dans les interviews orales. Cette méthode particulière semble apporter les points culminants de la ville, son essence visuelle.

Le test consistant à reconnaître des photographies confirmait tout à fait les résultats oraux. Par exemple Commonwealth Avenue et la Charles River étaient facilement reconnues par plus de 90 % des personnes interrogées : Tremont Street, le Common, Beacon Hill et Cambridge Street étaient également identifiés rapidement et spécifiquement. Les autres photographies confirmaient le schéma, jusqu'à concentrer la non-reconnaissance sur le South End, le bas du John Hancock Building, la zone West End-North Station, et les rues secondaires du North End.

Figure 48, page 178

La figure 48 est le recueil graphique des éléments mentionnés par 160 passants, arrêtés au hasard dans la rue et interrogés comme on l'a vu ci-dessus. Une fois de plus l'image synthétique de ces interviews très rapides ressemble d'une manière frappante aux autres informations synthétisées. Les principales différences proviennent de l'importance prédominante attribuée aux voies partant des points où s'effectuaient les enquêtes. Rappelons que la zone prise en considération était uniquement celle qui contient l'ensemble des voies pouvant exister entre les points origine et les points destination (en gros délimitée par le trait discontinu) : l'existence de zones laissées en blanc à l'extérieur de cette limite ne signifie rien.

Bien que ces méthodes aient révélé beaucoup de cohérence interne, on peut émettre deux critiques principales à l'encontre de la représentativité de l'échantillon interrogé. Tout d'abord les échantillons étaient excessivement réduits : trente personnes dans le cas de Boston, et la moitié à Jersey City et à Los Angeles. Il serait impossible de généraliser à partir de ces enquêtes et de dire qu'on a découvert l'image collective « véritable » d'une de ces villes. La petite taille des échantillons était nécessitée par le type d'enquête approfondie qui était pratiqué, et par la durée prolongée requise par la technique d'analyse éléphantesque et expérimentale. En clair une contre-enquête, avec un échantillon plus étendu, est nécessaire et cela requiert des méthodes plus rapides et plus précises.

FIG. 48. — *L'image de Boston telle qu'elle ressort des interviews dans la rue.*

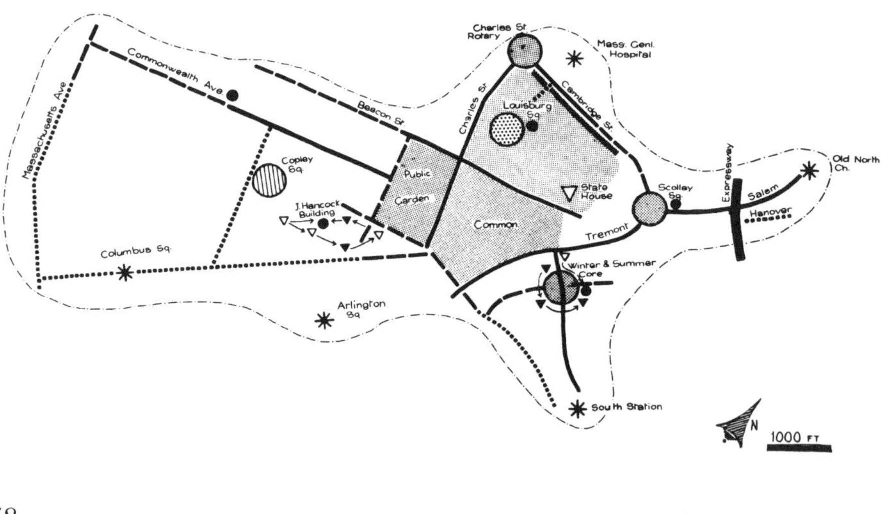

La seconde critique porte sur la composition déséquilibrée des échantillons choisis. Ils étaient bien composés pour ce qui est de l'âge (au-delà de l'adolescence) et du sexe. Tous étaient habitués au milieu environnant et les spécialistes tels qu'urbanistes, ingénieurs et architectes étaient exclus. Mais comme il fallait des volontaires pour ces travaux préliminaires, l'échantillon était tout à fait déséquilibré pour ce qui est de la classe et de la profession, étant essentiellement composé de cadres moyens et supérieurs et de membres des professions libérales. En conséquence, il se peut que les résultats comportent une forte déformation de classe et des contre-épreuves devraient être faites sur un échantillon non seulement plus large mais aussi plus représentatif de l'ensemble de la population.

L'absence d'une répartition véritablement aléatoire des lieux de résidence et de travail des personnes interrogées était aussi malheureuse, bien que nous nous soyons efforcés de réduire cette déformation au minimum. L'échantillon de Boston comportait peu de personnes en provenance du North End et du West End par exemple, ce qui est lié à la déformation de classe sociale. Le groupement est inévitable et conforme à la réalité pour ce qui est des lieux de travail, mais devrait être corrigé en ce qui concerne les lieux d'habitation. Les résultats actuels ne semblent pas prouver qu'une distribution absolument au hasard des lieux d'habitation des personnes interrogées modifierait autant l'image générale que pourrait le faire une représentation équilibrée des classes. Souvent l'image des zones est forte ou faible quelle que soit la familiarité — ou la non-familiarité — qui s'y attache. Les interviews dans la rue qui portaient sur un échantillon plus important et dont la répartition entre les classes sociales est presque aléatoire, ont tendance, en général, à confirmer les interviews prolongées, dans la limite de ce que peut donner une information recueillie avec une telle rapidité. En conséquence, la critique de l'échantillon que nous avons utilisé peut être résumée de la façon suivante :

En premier lieu, la cohérence interne des informations provenant des diverses sources donne à penser que les méthodes utilisées donnent effectivement un aperçu tout à fait digne de confiance de l'image de la ville synthèse des interviews particuliers, et que ces méthodes peuvent s'appliquer à des villes différentes. Le fait que les images de villes différentes étaient différentes s'accorde avec l'hypothèse que la forme visible joue un rôle significatif. En second lieu, malgré la petite taille, la déformation de classe sociale, et un défaut partiel dans la localisation de ces échantillons, il y a quelques raisons de croire que l'image synthétique pourrait être une première approximation grossière de la véritable image collective. Mais cependant la taille de l'échantillon et ses déformations doivent faire l'objet d'une contre-épreuve.

Du fait que l'échantillon était peu important, nous n'avons pas essayé de le subdiviser encore et d'examiner séparément les images pour différents groupes d'âge, de sexe, ou autres. L'échantillon fut analysé comme un tout et jamais les caractéristiques propres à chacune des personnes interrogées ne furent prises en compte, sauf pour constater la déformation générale de l'ensemble. Approfondir les différences entre les groupes pourrait sans aucun doute faire l'objet d'une intéressante recherche.

Jusqu'ici, naturellement, l'étude n'a fait que montrer avec précision l'existence d'une image uniforme qui sert à décrire ou à se souvenir de la ville en l'absence de sa réalité physique. Celle-ci pourrait être tout à fait différente de l'image utilisée quand on agit réellement dans le milieu environnant. Le seul moyen de contrôler ce désaccord possible était les trajets effectués sur le terrain par quelques-unes des personnes interrogées, et les interviews dans la rue. Ces derniers confirmaient, semble-t-il, les images-souvenir bien que leur portée soit limitée et encore de nature verbale. Les résultats des trajets sur le terrain apportaient une réponse ambiguë. Sur le terrain les itinéraires choisis étaient souvent différents voire contraires aux interviews en salle, mais la structure générale était, semble-t-il, similaire. Dans les enregistrements sur le terrain apparaissaient des points de repère beaucoup plus détaillés. Malheureusement ces enregistrements étaient pour des raisons techniques pauvres et insatisfaisants. Très vraisemblablement il y a une différence entre l'image transmise à une autre personne avec une vue rétrospective et l'image utilisée sur place alors qu'il n'est pas nécessaire de communiquer avec une autre personne. Mais il est tout aussi vraisemblable que ces deux images ne sont pas nettement séparées mais que l'on passe progressivement de l'une à l'autre. Tout au moins les résultats de l'enquête montrent qu'il y a une corrélation entre les actions et l'image communiquée, et mettent en évidence la profonde signification émotionnelle de celle-ci.

Les types d'éléments choisis par hypothèse (nœud, quartier, point de repère, frontière, voie) ont été dans une large mesure confirmés par l'enquête, après quelques modifications. Non pas qu'on ait prouvé l'existence de telles catégories, comme des archétypes platoniciens, mais ces catégories étaient largement capables d'appréhender les résultats de l'enquête, sans trop de difficultés ni de distorsion. Les voies apparurent comme les éléments prédominants quantitativement, et le pourcentage de chaque catégorie parmi l'ensemble des éléments était remarquablement constant d'une ville à l'autre. La seule exception était le report de l'attention portée aux voies et aux limites, sur les points de repère, que nous avons noté à Los Angeles. C'est une modification remarquable pour une ville où on s'oriente en automobile, mais elle est peut-être due au manque de différenciation dans un schéma de rues quadrillé.

Alors que les informations sur les éléments isolés et les types d'éléments étaient peut-être suffisantes, celles portant sur les relations entre les éléments, les structures, les séquences et les ensembles étaient déficientes : pour aborder ces aspects vitaux, des méthodes mieux adaptées devront être élaborées.

La méthode comme fondement de la composition urbaine

La meilleure manière de résumer cette critique générale de la méthode est peut-être de proposer une technique d'analyse de l'image destinée à éviter la plupart des difficultés dont on a parlé ci-dessus, et mise au point comme le fondement d'un plan de la forme visible future de n'importe quelle ville.

La marche à suivre pourrait commencer par deux études. La première serait une reconnaissance générale du site faite par deux ou trois observateurs entraînés parcourant la ville systématiquement tant à pied qu'en automobile, de jour comme de nuit, et complétant cette couverture générale par plusieurs trajets « problèmes », tels qu'on les a décrits plus haut. Cela se terminerait par une carte analytique du site et un court rapport traitant des forces et des faiblesses, de la structure générale comme de ses parties.

Parallèlement la démarche comporterait un interview de masse, portant sur un large échantillon équilibré de manière à être représentatif des caractéristiques générales de la population. A ce groupe, que l'on pourrait interroger simultanément ou en plusieurs fois, on demanderait quatre choses :

a. Dessiner rapidement une esquisse de plan de la zone en question, montrant les particularités les plus caractéristiques et les plus importantes et donnant à un étranger une connaissance suffisante pour lui permettre de se déplacer sans grandes difficultés.

b. Tracer de la même manière une esquisse de l'itinéraire et des événements rencontrés le long d'un ou deux trajets imaginaires, ces trajets étant choisis pour mettre en évidence la longueur et la largeur de la zone.

c. Dresser par écrit une liste des parties de la ville ressenties comme les plus distinctes, l'enquêteur expliquant le sens donné aux mots « parties » et « distinctes ».

d. Répondre brièvement par écrit à quelques questions du genre : Où est situé ———— ?

L'analyse des tests porterait sur la fréquence avec laquelle sont mentionnés les éléments et leurs interrelations, sur l'ordre dans lequel est exécuté le dessin, et sur les éléments en évidence, la sensation de structure, et sur l'image composée par l'ensemble des interviews.

La reconnaissance sur le terrain serait alors comparée aux interviews dans la rue du point de vue de la relation entre l'image collective et la forme visible, de manière à faire une première analyse des forces et des faiblesses visuelles de l'ensemble de la zone, et à mettre en évidence les schémas, les séquences et les points déterminants pour laquelle il vaudrait la peine d'approfondir l'observation.

La deuxième phase consacrée à l'investigation de ces problèmes déterminants pourrait alors commencer. L'enquête portant sur un échantillon réduit consisterait à demander aux personnes interrogées individuellement de localiser certains éléments déterminants bien choisis, de suivre en compagnie de l'enquêteur de rapides trajets imaginaires en les décrivant, oralement et sous forme d'esquisses, et en discutant des sensations et des souvenirs que leur procurent ces trajets. Quelques-unes des personnes enquêtées seraient conduites auprès de ces emplacements particuliers, on leur ferait suivre sur le terrain de courts trajets incluant ces endroits, et on leur demanderait sur place de les décrire et d'en discuter. On pourrait également faire des enquêtes sur la direction vers ces éléments à partir de différents points origines en interrogeant dans la rue un échantillon de personnes choisies au hasard.

Une fois que le contenu et les problèmes de cette seconde phase d'études auraient été analysés, on procéderait à une reconnaissance sur le terrain tout aussi approfondie que les enquêtes et portant sur les mêmes éléments. Elle serait suivie par des études détaillées de l'identité et de la structure faites dans des conditions très variées d'éclairage, de distance, d'activité et de mouvement. Ces études utiliseraient les résultats des interviews, mais ne devraient en aucune manière s'y limiter. Les études détaillées de certains éléments de Boston décrites dans l'annexe C peuvent servir de modèles.

Tout ce matériau serait finalement rassemblé de manière synthétique dans une série de plans et de rapports qui donneraient l'image fondamentale de la zone, l'ensemble des problèmes et des forces visuels, les éléments déterminants et leurs interrelations, avec le détail de leurs qualités et des changements qu'on pourrait leur apporter. C'est sur une telle analyse modifiée constamment pour la tenir à jour que pourrait se baser le plan de la forme visible future de la zone.

Orientations pour une recherche ultérieure

La critique ci-dessus et de nombreuses pages des chapitres précédents font apparaître des problèmes non résolus. Quelques-unes des prochaines étapes de l'analyse sont tout à fait évidentes ; d'autres, encore plus importantes, sont plus difficiles à saisir.

Une première étape évidente consiste à utiliser la technique d'analyse que nous venons de décrire pour interroger un échantillon plus représentatif de la population. Les conclusions d'un tel travail seraient plus solidement fondées et on pourrait ainsi mettre au point une technique susceptible d'applications pratiques.

Notre connaissance du sujet pourrait également être enrichie par des études comparatives portant sur un plus grand nombre de milieux d'environnement que les trois villes étudiées jusqu'ici. De très neuves ou de très anciennes cités, compactes où dispersées, des environnements denses ou clairsemés, chaotiques ou profondément ordonnés, pourraient tous présenter des différences significatives entre leurs images. Comment l'image collective d'un village diffère-t-elle de celle de Manhattan ? Une ville au bord d'un lac se conçoit-elle plus aisément qu'une ville longée ou traversée de voies ferrées ? De telles études seraient une mine de renseignements sur les effets de la forme matérielle, mine où pourrait prélever l'urbaniste chargé de dessiner des villes.

Il serait également intéressant d'appliquer ces méthodes à des environnements qui diffèrent des villes par l'échelle ou la fonction : un immeuble par exemple, ou un paysage ; un réseau de transport ou le bassin d'un fleuve. Si on considère les besoins de la pratique la plus importante application de ces idées et leur ajustement devrait porter sur la région métropolitaine qui semble de nos jours échapper irrémédiablement à l'emprise de notre perception.

Des différences majeures peuvent aussi vraisemblablement provenir de l'observateur lui-même. Comme l'urbanisme devient une discipline universelle et que l'on demande aux urbanistes de faire des plans pour des gens vivant dans d'autres pays que le leur, il devient nécessaire de s'assurer que ce que l'on a trouvé en Amérique n'est pas simplement l'effet de la culture locale. Comment un Indien voit-il sa ville, ou un Italien ?

Ces différences causent des difficultés à l'analyste, non seulement quand il pratique sur un plan international, mais tout aussi bien à l'intérieur de son propre pays. Il peut être prisonnier de la forme de pensée de sa région ou, particulièrement en Amérique, de sa classe sociale. Si les villes sont destinées à être utilisées par de nombreux groupes de personnes, il est important de comprendre la façon dont les différents groupes principaux ont tendance à se faire une image de leurs environs. Et on pourrait dire la même chose des variations significatives entre différents types de personnalité. La présente étude n'a fait que traiter des facteurs communs à tout l'échantillon.

Il serait intéressant de voir sur certaines des images -type qui ont semblé se dégager — par exemple celles qui utilisent des systèmes hiérarchiques fixes, par opposition à celles basées sur des successions dynamiques de liaisons ; ou celles qui s'organisent sur une confrontation de matériaux concrets et de matériaux abstraits — sont des types stables, non communicables, ou seulement le résultat d'un entraînement ou d'un milieu particulier. En outre quelles sont les interrelations entre certaines de ces images-type ? Un système d'images dynamiques peut-il également être un système ayant une structure en position stable ? On pourrait aussi rechercher la relation qui existe entre l'image-souvenir communicable, et l'image utilisée lorsqu'il s'agit de prendre des décisions immédiates sur le terrain.

L'intérêt de toutes ces questions n'est pas seulement théorique. Les villes constituent l'aire d'habitation de nombreux groupes, et seule une connaissance différenciée des images des groupes et des individus, et de leurs interrelations, rendra possible la construction d'un environnement satisfaisant pour tout le monde. Jusqu'à ce qu'une telle connaissance soit atteinte l'urbaniste devra continuer à se baser sur le dénominateur commun, ou image collective, ou bien, au contraire, fournir un assortiment aussi varié qu'il pourra l'imaginer, de types de matériaux servant à bâtir l'image.

La présente étude s'est limitée aux images telles qu'elles existent à un moment donné. Notre compréhension de ces images serait bien meilleure si nous savions comment elles se développent : quelle image se fait un étranger arrivant dans une nouvelle ville ; comment se développe chez un enfant l'image qu'il se fait du monde ? Comment de telles images peuvent-elles être apprises ou communiquées ? Quelles formes sont les plus aptes au développement de l'image ? Une ville doit avoir à la fois une structure évidente qui puisse être saisie immédiatement, et une structure potentielle qui permette à quelqu'un de construire graduellement une description plus complexe, plus détaillée, et plus complète.

La reconstruction permanente de la ville pose un problème du même genre : l'ajustement de l'image aux changements extérieurs. Comme l'aire où nous habitons devient de plus en plus instable et changeante, il devient très difficile de savoir comment se conserve la continuité de l'image à travers tous ces bouleversements. Comment une image s'adapte-t-elle aux changements et dans quelles limites est-ce possible ? Dans quels cas la réalité est-elle ignorée ou déformée afin de préserver l'image du plan ? Quand survient la destruction de l'image, et à quel prix ? Comment les continuités physiques peuvent-elles éviter cette destruction, ou si celle-ci s'est produite, par quels moyens peut-on faciliter la formation de nouvelles images ?

Construire des images de l'environnement qui soient ouvertes et s'adaptent aux changements est un problème particulier : des images qui soient à la fois résistantes et souples face aux contraintes inévitables.

Ceci nous ramène à la constatation que l'image n'est pas seulement le produit des particularités du milieu extérieur, mais également celui de l'observateur lui-même. Par conséquent, il devrait être possible d'améliorer la qualité de l'image par l'éducation. On pourrait mener une étude très utile sur les moyens par lesquels apprendre aux gens à bien s'orienter par rapport à leur environnement urbain : moyens tels que musées, conférences, promenades dans la ville, projections à l'école, etc. On pourrait utiliser en même temps des procédés symboliques : cartes, dessins, graphiques, machines à indiquer la direction. Un ensemble matériel apparemment désordonné pourrait être clarifié par l'invention d'un graphique symbolique expliquant les relations qui existent entre les principales particularités d'une manière qui favorise le développement de l'image. On peut en trouver un bon exemple dans la carte schématique du réseau de métropolitain de Londres qui est exposée bien en évidence dans toutes les stations.

La direction la plus importante peut-être pour des études ultérieures, a fait l'objet de plusieurs remarques dans les pages ci-dessus : il s'agit de l'absence de compréhension de l'image de la ville comme un tout, comme le champ des interrelations entre les éléments, les motifs et les séquences. La perception de la ville est par essence un phénomène temporel, dont l'objet est d'une dimension très vaste. Si l'environnement peut être perçu comme un ensemble organique, la clarification de ses parties par rapport à leur contexte immédiat, ne sera plus qu'un problème élémentaire. Il serait extrêmement important de découvrir comment comprendre et manipuler des ensembles, ou au moins comment appréhender les problèmes que posent les séquences et le déroulement des motifs.

Il est possible que certaines de ces études puissent de quelque façon, être quantifiées — que leur analyse porte par exemple sur le nombre d'informations qu'il faut pour désigner avec précision les directions principales de la ville, ou sur les excédents relatifs. On pourrait aussi rechercher la vitesse d'identification, ou l'excédent d'information souhaitable pour obtenir l'impression de sécurité, ou le nombre d'informations qu'une personne peut garder en mémoire en ce qui concerne son environnement. Ceci se rattache à la possibilité d'utiliser des moyens symboliques ou des machines à donner la direction que nous avons évoquée ci-dessus.

Mais il est, semble-t-il, vraisemblable que le cœur du sujet échappera à la quantification, tout au moins pour quelque temps encore, et que les considérations sur les motifs et les séquences constitueront l'orientation principale. Parmi ces considérations figure la technique qui permettra de représenter les motifs complexes se développant dans le temps. Bien que ceci constitue un problème technique, il n'en est pas moins fondamental et difficile. Avant que de tels motifs puissent être compris ou manipulés, il faudra trouver le moyen d'en représenter l'essentiel de telle manière qu'ils puissent être communiqués sans que l'on soit obligé d'en renouveler l'expérience originale : c'est un problème très déroutant.

Comme la raison initiale de notre intérêt pour ce problème était notre désir d'agir sur le milieu physique où nous vivons, les tentatives pour utiliser ces idées dans de véritables problèmes de composition urbaine figurent en tête de la liste des études futures. Le potentiel d'art urbain que contient l'idée d'imagibilité devrait être mis en pratique et l'affirmation que cette idée pourrait être le fondement d'un plan d'urbanisme devrait être vérifiée.

Bref, il apparaît que les thèmes les plus significatifs pour de futures études sont les suivants : application des concepts à l'aire métropolitaine ; leur extension à l'étude des principales différences entre les groupes ; l'analyse du développement de l'image et de son adaptation aux changements ; l'image de la ville conçue comme une structure totale qui se prolonge dans le temps ; et les possibilités que le concept d'imagibilité apporte à la conception et à la composition urbaines.

C.

Deux exemples d'analyses

A titre d'exemple du genre d'analyse visuelle détaillée qui porte sur des éléments d'une ville et que l'on peut faire sur le terrain, et de la façon dont ces analyses peuvent être reliées aux résultats des interviews, nous décrirons deux zones adjacentes de Boston : le quartier profondément identifiable de Beacon Hill, et le nœud embrouillant de Scollay Square, qui est situé juste en dessous. La figure 49 montre la position stratégique de ces deux éléments dans le centre de Boston et leurs relations avec le West End, le quartier commercial central, le Common et la Charles River.

Figure 49, page 188

Beacon Hill

Restant une des dernières parmi les collines d'origine de la ville, Beacon Hill est située entre le centre commercial et le fleuve, barrant le chemin aux flots de circulation allant du nord au sud, et se voit de beaucoup d'endroits. La carte détaillée montre le schéma des rues et la surface bâtie. C'est un lieu unique, particulièrement pour une ville américaine, une relique bien conservée datant des premières années du XIXe siècle, ayant gardé sa vie et sa destination : un quartier résidentiel tranquille et intime, réservé à la haute société, immédiatement limitrophe du véritable centre de la métropole. Dans les interviews, ce quartier engendrait également une forte image :

Figure 50, page 188

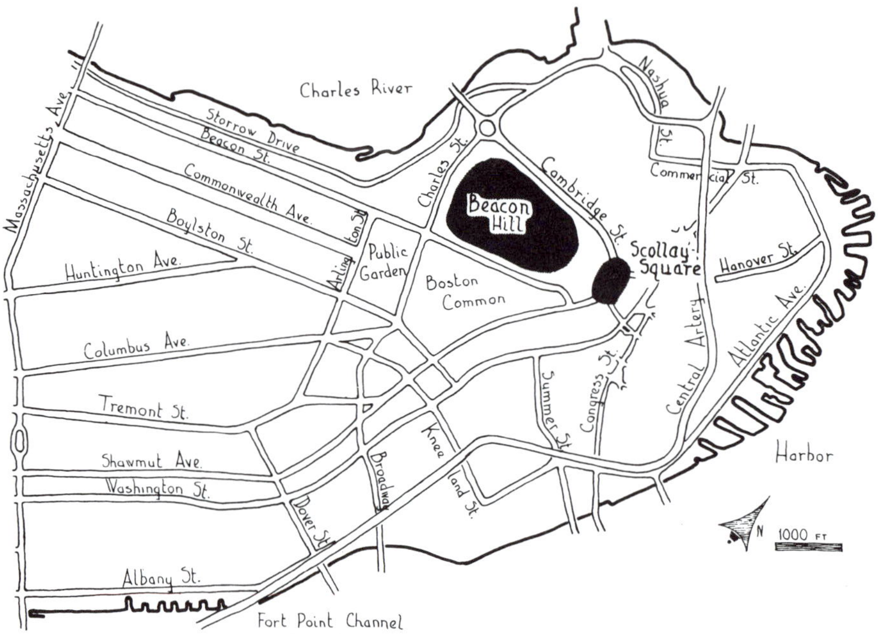

FIG. 49. — *Localisation de Beacon Hill et de Scollay Square à l'intérieur de la péninsule de Boston.*

FIG. 50. — *Rues et bâtiments à Beacon Hill.*

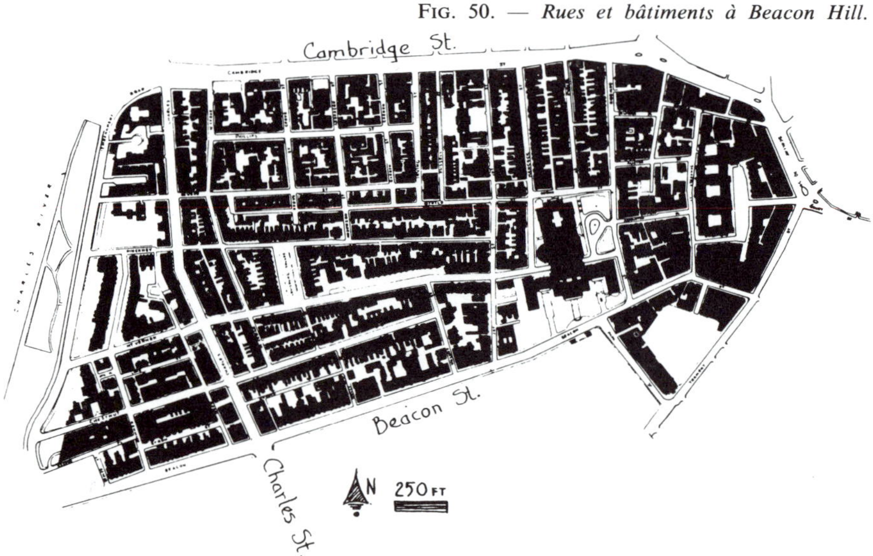

On ressentait Beacon Hill comme une zone très distincte, la considérant souvent comme le symbole de Boston, surtout vue de loin. On savait que c'est le cœur de la ville, proche du point central, nettement délimitée par Beacon Street, et par là adjacente au Common. En général, Cambridge Street était censée séparer Beacon Hill du West End, et pour la plupart des personnes interrogées elle s'arrêtait à Charles Street, bien que quelques-unes hésitassent à y inclure la partie basse du quartier. Presque tout le monde était conscient de ce que la zone se raccorde au fleuve. La quatrième frontière était incertaine, généralement placée à Joy Street ou Bowdoin Street, mais cette zone donnait une impression de confusion, descendant tant bien que mal jusqu'à Scollay Square.

L'intérieur du quartier est, semble-t-il, divisé en deux parties distinctes : la « façade » et l' « arrière-zone », séparées socialement et visuellement par Myrtle Street. L'image du système des rues était celle de voies nettes ou rectilignes, mais mal assemblées, ce qui rendait la traversée difficile. La « façade » était, d'après les interviewés, composée de plusieurs rues parallèles (la plus fréquemment citée étant Mt Vernon Street) avec Louisburg Square à une extrémité et la State House à l'autre. L' « arrière-zone » descendait vers Cambridge Street, Joy Street jouant, semble-t-il, un rôle important comme articulation. Beacon Street et Charles Street étaient ressenties comme faisant partie de l'ensemble, mais pas Cambridge Street.

Plus de la moitié des sujets citaient dans leur image de Beacon Hill les expressions suivantes (classées ici dans un ordre grossièrement décroissant) :

Une colline escarpée.
Des rues étroites et en pente.
La State House.
Louisburg Square et son parc.
Les arbres.
De vieilles et gracieuses maisons.
Des briques rouges.
Le renfoncement des porches.

Étaient également mentionnés fréquemment :

Les trottoirs en brique.
Les rues pavées.
Les vues sur le fleuve.
Une zone résidentielle.
La saleté et les détritus.
Les distinctions de classes sociales.
Les boutiques de coin de rue dans l'arrière-zone.
Les rues en impasse ou tournant à angle droit.

Les grilles et les statues, Louisburg Square.
Les faîtages variés des maisons.
Les enseignes dans Charles Street.
Le dôme doré de la State House.
Les fenêtres peintes en rouge.
Quelques immeubles de rapport faisant contraste.

Il y eut encore d'autres commentaires, notamment ceux-ci, cités par au moins trois personnes :

Les automobiles en stationnement.
Les fenêtres en saillie.
Le fer forgé.
Les maisons accolées les unes aux autres.
Les vieux lampadaires.
Un parfum « Européen ».
La Charles River.
La vue sur le Massachusetts General Hospital.
Les enfants en train de jouer dans l'arrière-zone.
Les volets noirs.
Les boutiques d'antiquaires dans Charles Street.
Les maisons à deux ou trois étages.

Quant aux interrogations faites à la hâte et sans méthode, dans la rue, pour demander certaines directions aux passants, elles aboutirent à un nombre surprenant d'observations.

On y trouvait essentiellement : « c'est une colline, pour s'y rendre on monte des rues ou on grimpe des escaliers ; on la remarque à cause du State House qui a un dôme doré et de grands escaliers. Elle est voisine du Common, est limitée par Beacon Street et contient Louisburg Square où on trouve un jardin et des grilles ». Plusieurs éléments supplémentaires furent indiqués par au moins deux personnes : « il y a des arbres ; c'est une zone résidentielle pour la haute société ; elle est proche de Scollay Square ; elle renferme Joy Street, Grove Street et Charles Street ». Ces commentaires, dans leur style abrégé, étaient l'écho des interviews plus approfondies.

Figure 51, page 191

Regardons maintenant sur quelle réalité physique reposent ces thèmes, tels qu'ils ressortent de l'image de Beacon Hill. Effectivement le quartier coïncide très exactement avec une colline isolée et escarpée, dont les pentes les plus raides descendent vers Charles Street et Cambridge Street. La pente continue un peu au-delà de Cambridge Street, à l'intérieur du West End, mais en réalité elle est de moins en moins raide, le point d'inflexion de la courbure verticale étant déjà dépassé, et ce point d'inflexion est, semble-t-il, la particularité significative pour la vue. Sur l'autre face la pente s'arrête très précisément le long de Charles Street, ce qui rend difficile l'incorporation de la zone basse dans Beacon Hill comme nous le verrons plus loin. Sur les deux autres côtés, par contre, les limites du quartier sont situées aux flancs de la colline. Beacon Street passe en partie sur le sommet des rampes, et le Common constitue une partie importante de cette zone topographiquement caractéristique. Cependant le changement de caractère et de forme spatiale est suffisamment marqué pour surmonter cette absence de netteté topographique, et Beacon Hill commence clairement à Beacon Street, même si la colline au sens géographique du terme commence à Tremont Street.

A l'Est toutefois la situation est différente. Là, une partie importante de la colline a été surchargée de constructions à usage commercial, si bien que Scollay Square est situé à flanc de colline et que School Street à une pente très raide. La réalité topographique a été ignorée et pourtant il n'y a aucune ouverture, aucun espace libre assez vaste pour permettre de voir ce qui a été fait, aucun changement de caractère assez marqué pour dominer la continuité de forme du terrain. Il ne fait pas de toute que cela contribue à accroître l'absence de netteté de l'image de ce côté de la colline, et le vague malaise que produit Scollay Square.

A l'intérieur du quartier la sensation de pente est toujours présente, visuellement et en termes d'effort physique et d'impression

FIG. 51. — *Rues escarpées, topographie et coupes sur les rues.*

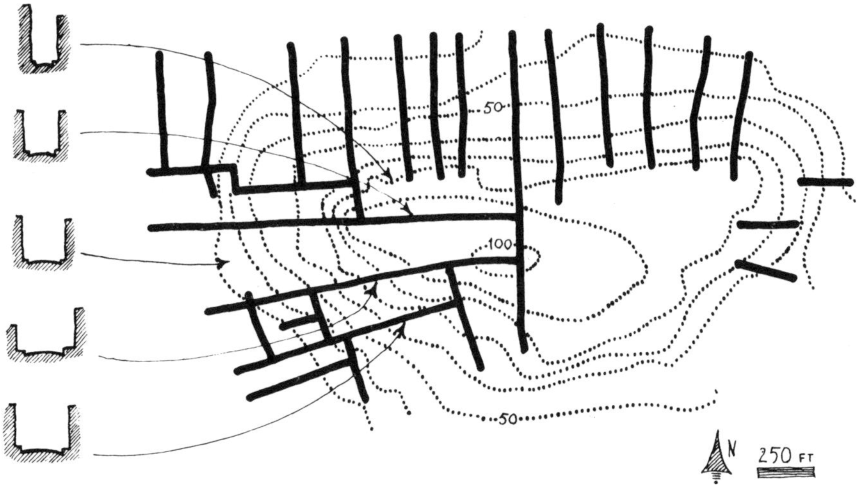

FIG. 52. — *Vue vers le haut de Chestnut Street à partir de Charles Street.*

Figure 51, page 191

d'équilibre. Le fait que la pente des rues soit dirigée principalement dans deux directions différentes suivant qu'on se trouve sur la façade ou dans l'arrière-zone, tend à accentuer la distinction entre ces deux zones.

Figure 52, page 192

La qualité d'espace de la façade de Beacon Hill est indubitable. Elle se compose de rues-couloirs continues, ayant partout des dimensions intimes. Les façades des immeubles se touchent et comportent souvent deux étages, ce qui donne l'impression que ces habitations en bande sont composées de maisons monofamiliales. Les immeubles divisés en appartements, les maisons en location et les bâtiments appartenant à des institutions ne sont pas faciles à distinguer. Mais à l'intérieur de ce caractère commun, on trouve des variations significatives de proportions, comme on peut le voir sur les coupes schématiques représentées à la figure 51. En particulier, il y a un changement de caractère important dans Mt Vernon Street, au-delà de Louisburg Square, lorsque une longue bande de « grandes » maisons est implantée en recul sur le côté nord de la voie, laissant apparaître de petits jardins devant leur façade. C'est un changement très remarquable et très agréable, qui ne rompt pas du tout la continuité de l'ensemble.

Les proportions de l'espace sont très sensiblement différentes dans l'arrière-zone : les immeubles commencent à avoir de trois à

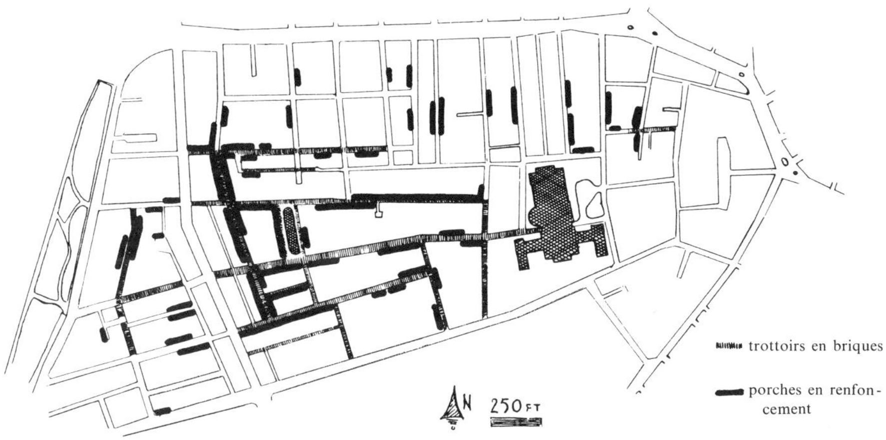

FIG. 53. — *Porches en renfoncement et trottoirs en briques.*

cinq étages, ce qui évidemment ne peut pas être considéré comme monofamilial. L'espace en forme de couloir devient plutôt un canyon. Comme les pentes sont ici orientées vers le Nord, le soleil ne pénètre que plus rarement dans les rues. Ces impressions de proportions spatiales, d'éclairage, de pente, et de signification sociale, paraissent être les caractéristiques principales de la zone.

FIG. 54. — *Façades en saillie et ornements en fer forgé.*

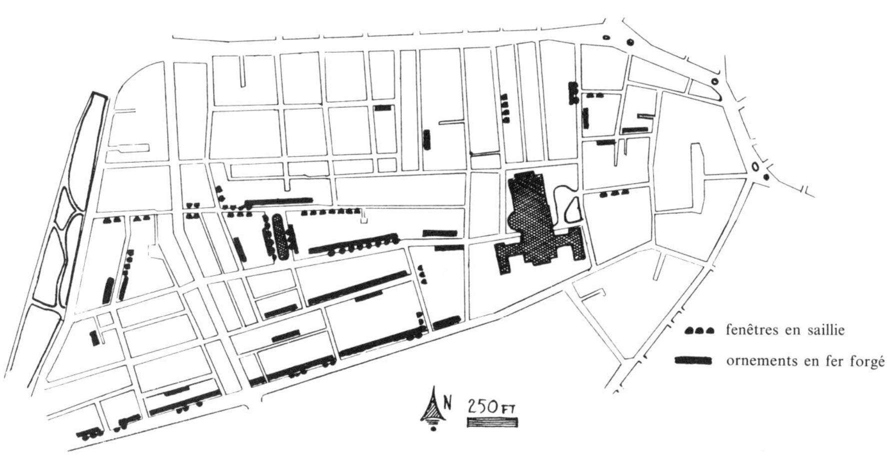

Figures 53 et 54, page 193

Les figures 53 et 54 montrent la localisation sur la Colline d'autres éléments thématiques qui semblent servir d'identification pour l'image. On peut de nouveau remarquer que ce sont surtout des caractéristiques appartenant à la « façade » de la zone. La répartition des trottoirs en brique, des boutiques de coins de rue, des porches en renfoncement, des ornementations en fer forgé, des arbres, jusqu'à un certain point des volets peints en noir, tout cela contribue à souligner avec insistance le caractère unique de la « façade » et sa différence avec l'arrière-zone. La concentration et la répétition de ces thèmes, et les qualités d'entretien mises en évidence par les cuivres polis, les peintures fraîches, les revêtements de sol bien nettoyés, et les fenêtres bien garnies, ont un fort effet cumulatif qui ajoute une certaine vigueur à l'image de Beacon Hill.

Figure 56, page 196

Les fenêtres en saillie sont moins caractéristiques, sauf sur un bout de la partie basse de Pinckney Street et les fenêtres rouges, populairement associées à l'idée de Beacon Hill, n'apparaissent en réalité que rarement. On peut dire la même chose des chaussées pavées qui ne sont visibles effectivement que sur deux bandes étroites et courtes,

FIG. 55. — *L'unité thématique de Beacon Hill.*

dans Louisburg Square, et le long de l'obscure Acorn Street. La brique est bien, par contre, le matériau employé presque partout pour la construction, et bien que dans Boston cela ne constitue pas une particularité très distinctive, cela crée un arrière-fond uniforme par sa couleur et sa texture. Les vieux lampadaires se rencontrent également un peu partout dans la zone.

Visuellement la Colline se divise en sous-zones clairement dessinées par leurs caractéristiques d'espace, de pente, d'utilisation, de revêtement du sol, de végétation, et par des détails tels que les portes, les volets et le fer forgé. Normalement ces différents aspects se présentent ensemble, ce qui renforce les distinctions. Ainsi la façade du quartier est une zone en forte pente vers Charles Street ; aux rues-couloirs de dimensions intimes ; aux immeubles faisant « haute société » par leur décoration et leur niveau d'entretien ; une zone ensoleillée, aux rues plantées d'arbres et de fleurs, aux trottoirs pavés de briques, aux volets noirs, aux porches renfoncés ; avec des femmes de chambre, des chauffeurs, des vieilles dames et des belles voitures plein les rues. L'arrière-zone, elle, descend progressivement vers Cambridge Street, avec des espaces sombres comme des canyons, bordés d'immeubles de rapport nus et pauvrement entretenus, parsemée de boutiques aux coins des rues, remplie d'enfants jouant sur la chaussée de rues sales. Quelques immeubles en pierre se mêlent aux constructions de brique, et les arbres se trouvent dans les fonds de cour, plutôt que dans les rues.

La partie basse de Beacon Hill, entre Charles Street et la Charles River, partage de nombreuses caractéristiques de la « façade » : végétation, briques des murs et des allées, portes renfoncées et ornements de fer forgé, mais l'absence de pente et la barrière que forme Charles Street la place dans une zone d'ombre de la classification. De son côté, Charles Street constitue en elle-même une sous-zone, car c'est une rue commerçante d'un caractère particulier du fait de la nature chère ou nostalgique des objets qu'on y vend, et qui sont consommés par des gens habitant plus haut sur la Colline. Ceci est illustré par la localisation des boutiques d'antiquaires. La zone gouvernementale représentée par la rupture que forme la massive State House, est tout à fait différente par l'utilisation du sol, l'échelle de l'espace et l'animation des rues. Il reste enfin la zone de transition située entre Hancock Street et Somerset Street, en dessous de Deane Street : cette zone présente quelques exemples des traits de caractère de Beacon Hill : rampes, trottoirs de brique, fenêtres en saillie, porches renfoncés, et ornements en fer forgé ; mais elle est isolée ; elle comprend des boutiques et des églises mêlées aux immeubles résidentiels ; et son niveau d'entretien la situe dans une classe sociale inférieure à celle de la

Figure 57, page 196

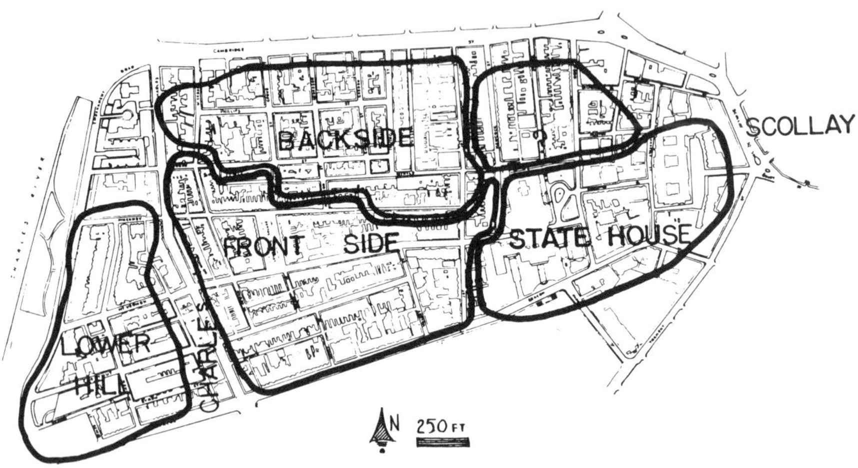

FIG. 56. — *Sous-quartiers de Beacon Hill.*

zone de façade. Ce manque de démarcation est une raison supplémentaire de la difficulté que l'on a d'imaginer la forme de la Colline sur cette face.

Il est intéressant d'observer l'effet des canaux de circulation, ou de leur absence. Les obstacles que l'on rencontre quand on veut se

FIG. 57. — *Points de repère et activités commerciales.*

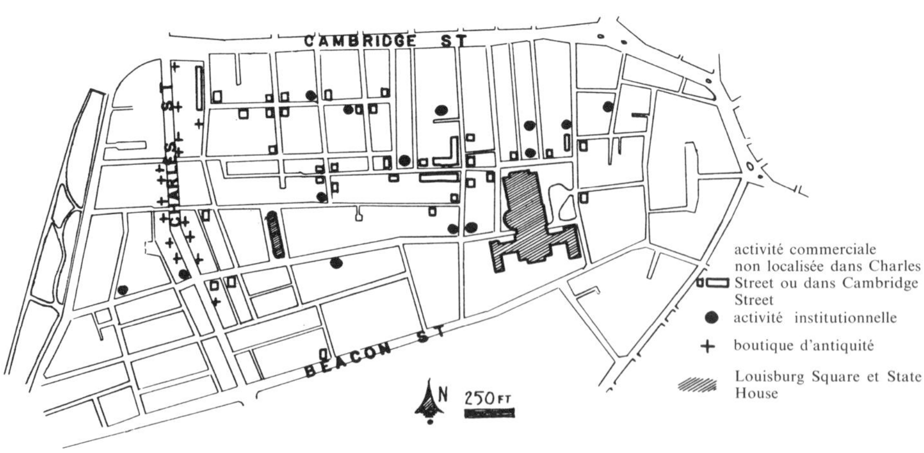

rendre du devant à l'arrière de la zone, et le fait que l'approche normale de ces deux côtés se fasse à partir de directions différentes, contribuent à les séparer l'un de l'autre.

La State House isole Bowdoin Street de la zone résidentielle, excepté le passage assez encombré sous la voûte du State House, passage dont l'approche par l'Est est assez mal annoncée. A une plus grande échelle, la difficulté que l'on a de descendre vers Scollay Square fait que cette place flotte un peu par rapport à la Colline.

Par ailleurs, les rues transversales ont une importance accrue : Mt Vernon Street, Joy Street, Bowdoin Street et Charles Street. Toutes ces rues, bien qu'elles soient régulières du point de vue topologique et bien que celles que nous venons de citer traversent entièrement la zone, sont bloquées visuellement, ce qui renforce le caractère compact, l'intimité et l'identité du quartier. Joy Street, Bowdoin Street et Pinckney Street sont bloquées par des dos d'âne ou des vallonnements ; Mount Vernon Street, Cedar Street et Charles Street, par un léger coude. Toutes les autres voies ont leur extrémité à l'intérieur de la zone. Aussi d'aucun point il n'est possible d'avoir une vue qui traverse tout le quartier.

Néanmoins on trouve sur la Colline quelques beaux points de vue vers l'extérieur, notamment sur la Charles River, quand on descend

FIG. 58. — *La State House.*

Chestnut Street, Mt Vernon Street, Pinckney Street, Myrtle Street et Revere Street, qui proviennent du fait que ces rues sont en pente et que de la Colline on prend le fleuve en enfilade. On a un agréable aperçu du Common quand, dans Mt Vernon Street, on regarde en direction de Walnut Street. Toutes les rues de l'arrière-zone qui se dirigent vers le nord offrent un point de vue sur le West End, mais la vision des toits n'a rien de remarquable, excepté le coup d'œil sur l'original hôpital Bulfinch depuis Anderson Street (qui est également la seule relation entre l'avant et l'arrière joignant Cedar Street et Joy Street). En remontant Pinckney Street on a un point de vue saisissant sur la Custom House Tower décapitée, tandis que le long de Chestnut Street on a une vision très belle du dôme doré de la State House.

Figure 58, page 197

En effet cette State House est le principal point de repère de la Colline. Sa forme et sa fonction uniques, en même temps que sa localisation à proximité du sommet de la colline et son orientation visuelle vers le Common en font la clé du centre de Boston pris dans son ensemble.

Figure 59, page 198

La State House joue comme un point de repère à la fois à l'intérieur et à l'extérieur de Beacon Hill. Louisburg Square est l'autre endroit fondamental, petit nœud résidentiel situé sur les pentes les plus faibles

FIG. 59. — *Louisburg Square.*

de la « façade ». Il n'est pas en évidence visuellement, ni placé en relation avec le sommet ou le bas de la colline, ni rattaché à aucun autre dispositif. Aussi ne sert-il pas à localiser, mais les gens pensent qu'il est situé « quelque part à l'intérieur de Beacon Hill » et qu'il est le véritable résumé de son caractère particulier. On peut remarquer, en effet, à quel point les thèmes de la zone de façade y sont tous concentrés et y apparaissent sous leur forme la plus pure. De plus le Square est un espace qui a une forme, ce qui contraste avec, et en même temps exprime, le caractère de l'espace de cette partie de la ville. Il contient les célèbres et minuscules bandes de chaussée pavée et un jardin entouré de grilles, intensément vert et meublé de statues, qui attire impérativement l'attention à la fois par sa luxuriance et « l'interdiction d'entrer » qu'il laisse supposer. Il est intéressant de remarquer que l'aspect flanc-de-colline du Square, tout en rendant sa localisation exacte difficile par rapport à l'ensemble de la structure, ne perturbe pas, semble-t-il, la stabilité visuelle de l'espace immédiat.

Les autres points de repère ayant quelque importance sont peu nombreux à l'intérieur de la structure. Ce sont : l'Universalist Church au coin de Mount Vernon Street et de Charles Street, qui est remarquable à la fois par sa position et par sa flèche ; la Suffolk Law School, qui fait face à la State House de l'autre côté de Deane Street, et dont la masse augmente le caractère et limite le quartier gouvernemental. Le New England College of Pharmacy, qui fait intrusion au milieu de l'aspect résidentiel de Mt Vernon Street ; et le Carnegie Institute, au carrefour de Pinckney Street et de Anderson Street, qui rompt la continuité des façades d'immeubles d'habitation et marque le début de l'arrière-zone. Il y a d'autres bâtiments non résidentiels dans Beacon Hill, mais ils s'évanouissent de manière très surprenante au milieu du décor général. Il y a très peu de points de repère extérieurs à la zone, que l'on peut voir de celle-ci, c'est pourquoi sa structure interne est obligée de s'appuyer uniquement sur ses moyens propres.

Figure 57, page 196

Nous avons déjà parlé du rattachement de Beacon Hill au West End par une frontière nette, et de la transition confuse avec Scollay Square. Que la Colline soit tournée vers le Common est tout à fait clair mais il faudrait ajouter que leurs liens directs sont très faibles. Si on veut passer facilement de l'un à l'autre on est bloqué, sauf par Charles Street Joy Street et Walnut Street, et on manque également de point de vue sur la masse d'arbres verts. Aussi la continuité qui aurait pu exister entre le parc et les plantations d'arbres de Beacon Hill s'il y avait eu des voies ou des ouvertues perpendiculaires à l'axe de Beacon Street, est absente.

Presque tout le monde avait l'impression d'une relation avec

Charles River, probablement à cause des beaux points de vue sur le fleuve quand on descend les rues orientées Est-Ouest, mais le lien précis n'était pas du tout clair du fait du caractère mal défini de la basse zone, de l'enfoncement de la plage, et de la difficulté de traverser Storrow Drive lorsqu'on veut atteindre l'eau. Le rapport avec le fleuve, évident sur les parties hautes des pentes, disparaît quand on descend pour s'en approcher.

Dans le contexte plus vaste de la ville toute entière, Beacon Hill a un rôle important à jouer, malgré le nombre restreint de ses habitants. Par sa topographie, l'espace de ses rues, ses arbres, ses classes sociales, ses détails et son niveau d'entretien, elle se différencie de n'importe quelle autre zone de Boston. Le quartier qui lui ressemble le plus est le Back Bay avec lequel il y a une certaine continuité de matériau, de végétation, d'associations d'idées et jusqu'à un certain point d'utilisation et de statut social ; mais dont la topographie, les détails et l'entretien sont différents. Et pourtant il arrivait parfois que l'on confondit les deux zones. La seule autre possibilité de ressemblance serait avec Copps Hill dans le North End : c'est aussi une colline ancienne et résidentielle, mais qui diffère profondément de Beacon Hill par la classe sociale, l'espace, les détails, l'absence d'arbres et l'inexistence de limites nettes.

Donc cette zone unique en son genre domine le centre de la ville, liant entre eux Back Bay, le Common, le centre commercial et le West End ; et elle occupe en puissance une position dominante et focale vis-à-vis de l'ensemble de la zone centrale. Tout aussi potentiellement elle pourrait expliquer et fixer le changement de direction de la rive de Charles River, qui autrement serait difficile à remémorer, malgré son rôle primordial pour la structure globale de la ville. Quand on voit Boston depuis Cambridge, la Colline joue un rôle important, non seulement par l'animation qu'elle crée, mais parce qu'elle explique et sert d'articulation à la séquence d'éléments qui apparaissent dans le panorama : Back Bay Beacon Hill West End. Par contre d'autres endroits de la ville, sauf du West End et du Common, la Colline n'apparaît pas à la vue comme une entité, parce qu'elle monte progressivement et que des obstacles s'interposent. Comme un obstacle directionnel pour la circulation, elle guide les courants autour de sa base, et concentre l'attention sur les voies et les nœuds qui l'encerclent : Charles Street, Cambridge Street, Scollay Square.

Beacon Hill fait ainsi la preuve qu'elle est une région dont les caractéristiques physiques servent de support à la force de l'image populaire, et qui contient de nombreuses illustrations des effets psychologiques que peuvent avoir la disposition des voies, des pentes, des espaces, des frontières et la concentration des détails. Elle semble aussi n'être pas tout à fait à la hauteur de ses possibilités en tant que colline prédominante, en particulier à cause de ses divisions internes, de l'imperfection de ses relations avec Charles River, le Boston Common, et Scollay Square et de l'absence d'exploitation de sa prédominance visuelle sur la ville, et notamment de vues sur l'extérieur. Cependant la puissance et les motifs de satisfaction apportés par cette image urbaine particulière — sa continuité, son humanité et le plaisir qu'elle donne — sont indéniables.

Scollay Square

Scollay Square est une tout autre histoire car c'est un nœud structurellement primordial qui n'est pourtant, semble-t-il, pas commode à décrire ou à identifier. On peut voir, en se reportant de nouveau à la figure 49, sa localisation dans Boston et son rôle comme carrefour stratégique pour la circulation. La figure 60 est une carte plus détaillée du Square, montrant ses principales particularités physiques.

Figures 49 à 60, pages 188 et 203

L'image collective de Scollay Square est celle d'un nœud important, carrefour des voies tournant autour de Beacon Hill avec celles joignant la zone centrale au North End. Y pénètrent Cambridge Street, Tremont Street, Court Street (ou était-ce State Street ?) et une série de rues conduisant à Dock Square, Faneuil Hall, Haymarket Square et au North End. Hanover Street servait autrefois de voie commode pour se rendre dans le North End, mais elle est maintenant en impasse, ce qui crée une confusion. Tantôt Scollay Square était étendu et comprenait Bowdoin Square et tantôt pas.

Les gens ne se rappelaient généralement pas l'entrée de Pemberton Square, mis à part les vieux habitués. Par contre la jonction de Cambridge Street avec Scollay Square était claire dans leur esprit et le virage était décrit avec insistance.

On savait que Tremont Street pénétrait sur la place, mais son entrée n'était pas toujours remarquée, ni indiquée avec assurance. Beaucoup des personnes interrogées pensaient que Washington Street rejoignait le Square, et il était courant de voir confondre Tremont Street, Court Street, et Washington Street ou State Street dont les gens s'imaginaient la présence.

Mis à part Hanover Street et son impasse, les rues allant vers Dock Square, North End ou Haymarket Square, n'étaient pas connues ou différenciées individuellement. En groupe elles semblaient descendre la colline, en tournant au fur et à mesure qu'elles s'éloignent. Les relations les plus importantes avaient trait à l'altitude relative et au relief : au-dessus il y avait Beacon Hill ; Scollay Square était un faux-plat à flanc de colline ; Cambridge Street et Tremont Street contournaient en suivant les courbes de niveau ; les autres rues s'en allaient en descendant la colline.

Le Square était informe, difficile à visualiser : « ce n'est qu'une sorte de croisement de rues », mais l'extrémité de Bowdoin Square était un peu différenciée du reste. La principale particularité était la bouche de métro centrale à l'atmosphère subtile et reconnaissable faite de délabrement, d'utilisation marginale, et de distraction « pour les classes populaires ».

Plus de la moitié des personnes interrogées était d'accord sur les points suivants :

> Cambridge Street pénètre dans Scollay Square, en tournant et en se resserrant. Le Square est situé à mi-côte d'une colline et, des rues y montent ou y descendent.

Plus d'un quart des personnes ajoutaient :

> Tremont Street y pénètre.
> Il y a une bouche de métro au milieu.
> Hanover Street y entre.
> Court Street en sort, en tournant pour descendre la colline (à moins que ce soit State Street).

Au moins trois personnes purent nous dire :

> Des rues descendent vers Dock Square et Faneuil Hall.
> On y trouve des salles de café.
> Il y a une relation confuse avec Washington Street.

Les enquêtes dans la rue ne fournirent que les observations suivantes, fréquemment citées :

> C'est sur la ligne de métro.
> Tremont Street y pénètre.

Mais deux ou trois personnes interrogées dans la rue purent ajouter ces commentaires :

> Cambridge Street y aboutit.
> Washington Street s'y jette (ce qui est inexact).
> Il y a un îlot pour le métro au milieu de la place.
> Des rues y montent ou y descendent.
> Des rues le joignent au Nord End en traversant par en dessous l'Artery.
> Des salles de cinéma.
> Une « place de Boston », uniquement un carrefour.
> Une « grande place », un « grand endroit ».
> Un garage est situé à une extrémité.

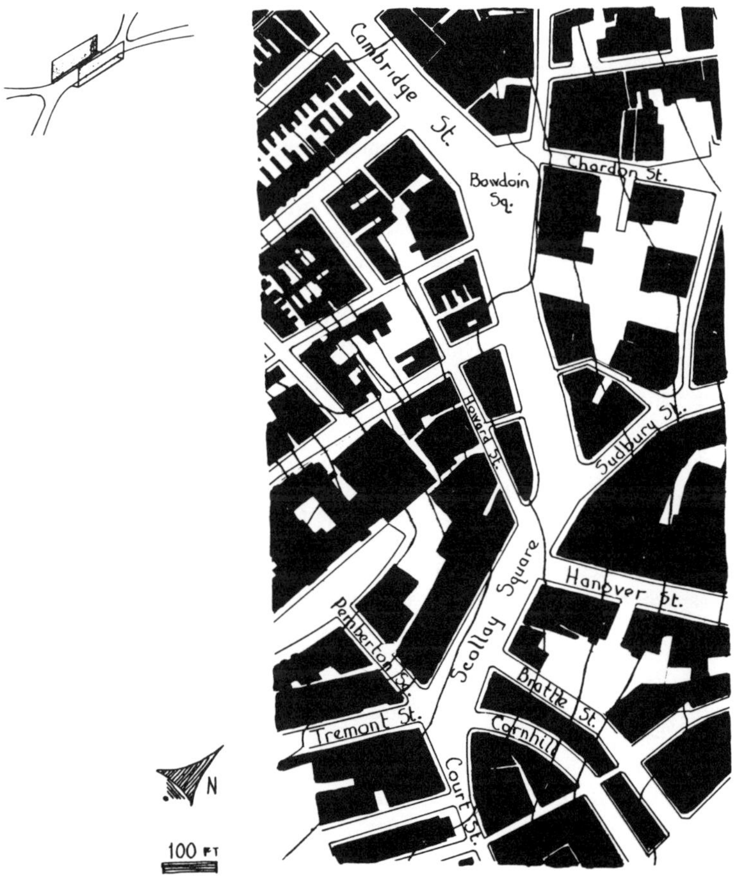

Fig. 60. — *Rues et bâtiments à Scollay Square.*

Il est clair que par rapport à Beacon Hill, les observations étaient rares, excepté pour l'énumération des rues qui rejoignent la place, et celles-ci étaient décrites abstraitement et souvent confondues entre elles. Et pourtant, tout effacé qu'il soit visuellement, Scollay Square joue un rôle-clé pour la structure de Boston.

En plan, le véritable Scollay Square est un espace assez ordonné, la place proprement dite (entre Sudbury et Court Street) étant un long rectangle avec des petites rues qui y pénètrent à intervalles irréguliers. En plan, le système des voies a quelque chose de rationnel, étant constitué par un simple fuseau, d'où partent trois fils supplémentaires sur un côté, et deux sur l'autre. Mais à trois dimensions cet ordre n'apparaît pas. Des façades latérales en dents de scie et des flots de circulation déchiquettent l'espace et la pente transversale du sol est également troublante. Si quelque chose tend à porter secours à notre impression de stabilité, c'est le vaste panneau publicitaire qui fait face au Square au coin de Sudbury Street et de Cambridge Street, affiche criarde qui ferme l'espace solidement sinon avec beauté.

Figure 61, page 205

La forme des voies est peu claire parce que l'une des branches du fuseau, Sudbury Street, a l'apparence d'une rue relativement peu importante, et parce qu'on distingue difficilement le débouché de la plupart des rues. L'impression d'être à flanc de colline règne sur la zone et ses abords, et bien qu'elle détruise le sentiment de stabilité par rapport à l'espace, c'est la principale clef des relations avec les zones que l'on ne voit pas.

L'espace se poursuit vers le nord-ouest, s'écoulant le long de la large Cambridge Street, jusqu'à Bowdoin Square qui est à proprement parler une intersection, une inflexion de Cambridge Street elle-même. Entre Bowdoin Square et Scollay Square les espaces sont absolument informes et désordonnés à un point tel qu'il est difficile de conserver sa direction sauf si on utilise l'indication fournie par les flots de circulation. En effet, la circulation est l'impression dominante dans cette zone, le Square est perpétuellement rempli d'automobiles et les lignes suivies par le gros du trafic deviennent les voies principales, sans faire aucun cas des autres caractéristiques visuelles.

A l'intérieur du Square, on trouve peu d'éléments dans les structures physiques qui donnent une impression d'homogénéité ou de caractère. Les immeubles ont des formes et des tailles très diverses, sont construits de matériaux variés, sont à la fois anciens et relativement neufs. La caractéristique commune est uniquement l'aspect général de délabrement. Les activités et utilisations des rez-de-chaussées et des étages inférieurs, ont cependant une uniformité plus grande. Des deux côtés du Square il y a une bande continue de bars, de restaurants bon marché, de galeries d'attractions, de salles de cinéma, de services à tarif réduit, et de boutiques d'occasion vendant des biens ou des articles de nouveautés, anneau ininterrompu sauf par quelques boutiques vides sur le côté ouest. A ces activités sont associés à la fois les détails matériels des devantures et des enseignes, et le caractère général de la masse des gens qui se promènent, au sein de laquelle les clochards, les ivrognes et les marins en permission côtoient la foule habituelle du centre ville. La nuit Scollay Square se distingue encore plus de l'ensemble du centre de Boston parce que ses lumières, son animation et les gens qui arpentent ses trottoirs forment un contraste aigu avec le reste de la ville, sombre et tranquille.

Ainsi les principales impressions visuelles produites par Scollay Square sont l'absence de forme de l'espace, l'importance de la circulation automobile, la raideur des rues en pente, et l'homogénéité du délabrement, les activités particulières et l'aspect caractéristique des habitués. La plupart de ces particularités n'ont rien de si inhabituel pour la ville que Scollay Square devienne par là un endroit facilement reconnaissable. Le délabrement et beaucoup des activités qu'on y trouve sont chose commune à un grand nombre d'endroits en marge de la zone centrale, et la combinaison particulière des activités et de leurs habitués se retrouve, même en plus fort, le long de Washington Street entre Dover Street et Broadway. L'aspect chaotique de l'espace du fait de la rencontre d'un grand nombre de voies est un phénomène fréquent à Boston, et d'autres exemples tels Bowdoin Square, Dock Square, Park Square, Church Green ou le carrefour de Harrison Street et de Essex Street, sont faciles à découvrir. Le plan, en forme de rectangle allongé, de Scollay Square est peut-être unique, mais cela ne se voit pas. La pente transversale de ce nœud, ainsi que sa relation structurelle avec l'ensemble de Boston, sont sans aucun doute les principales particularités qui permettent de l'identifier.

FIG. 61. — *Scollay Square en regardant vers le nord.*

Puisque le rôle le plus important que joue Scollay Square est celui d'un carrefour de voies, il est essentiel de le considérer, non pas d'une manière statique, mais de la façon dont il apparaît quand on s'en approche ou qu'on le laisse derrière soi. L'approche en venant de Tremont Street qui s'enfonce en douceur dans la place, révèle qu'en ce nœud la masse des bâtiments s'abaisse brusquement, marquant avec évidence la limite du quartier central des affaires ; la première chose qu'on voit est un vieil immeuble de briques et une enseigne au coin de Cornhill, et ensuite un effilochement de l'espace et quelques enseignes usées par le mauvais temps sur la gauche. On ressent une impression saisissante d'automobiles agglomérées.

Washington Street mène principalement à Dock Square, et Court Street qui la relie à Scollay Square apparaît seulement comme une rue secondaire mineure et indistincte, bien que leur point de rencontre soit marqué par la Old State House. Court Street elle-même a, pour rejoindre Scollay Square, une allure oblique et maniérée.

Cambridge Street se dirige avec conviction vers le sud-est ayant comme point de mire le Telephone Building à Bowdoin Square, haut et distinct malgré son absence de façade. Arrivée là, cependant, la voie tombe dans un espace chaotique et toute l'impression d'avoir une direction et un but, se perd. C'est seulement après le petit virement à droite, au carrefour de Sudbury Street, qu'on voit apparaître l'aspect caractéristique des bars, les grands immeubles de bureau en arrière-plan, et la station de métro au centre de la place.

Les rues qui descendent la colline — Sudbury Street, Hanover Street, Brattle Street et Cornhill Street — se mettent toutes à monter nettement quand on s'approche de Scollay Square. Dans chacune on a un peu l'impression qu'il y a plus loin un espace ouvert, et que la densité de bars et d'autres activités associées, augmente, mais généralement le Square lui-même est beaucoup moins perceptible quand on avance que la County Courthouse Annex située sur Pemberton Square et qui se profile très haut dans le ciel. Scollay Square semble être simplement une extrémité, ou un élargissement de la rue. Le dernier tournant de Cornhill est en lui-même une agréable expérience de l'espace (et il a été effectivement dessiné pour qu'il en soit ainsi), mais son arrivée dans Scollay Square est sans intérêt. De l'autre côté, celui où la colline domine la place, quand on descend Pemberton Square et Howard Street on ne distingue pas le Square. Ainsi c'est seulement par Cambridge Street, et malgré la confusion au-delà de Bowdoin Street, que l'on a une approche d'une certaine qualité d'identification.

La sortie de la place en direction de Cambridge Street est également relativement claire, alors que Hanover Street tout à l'heure impor-

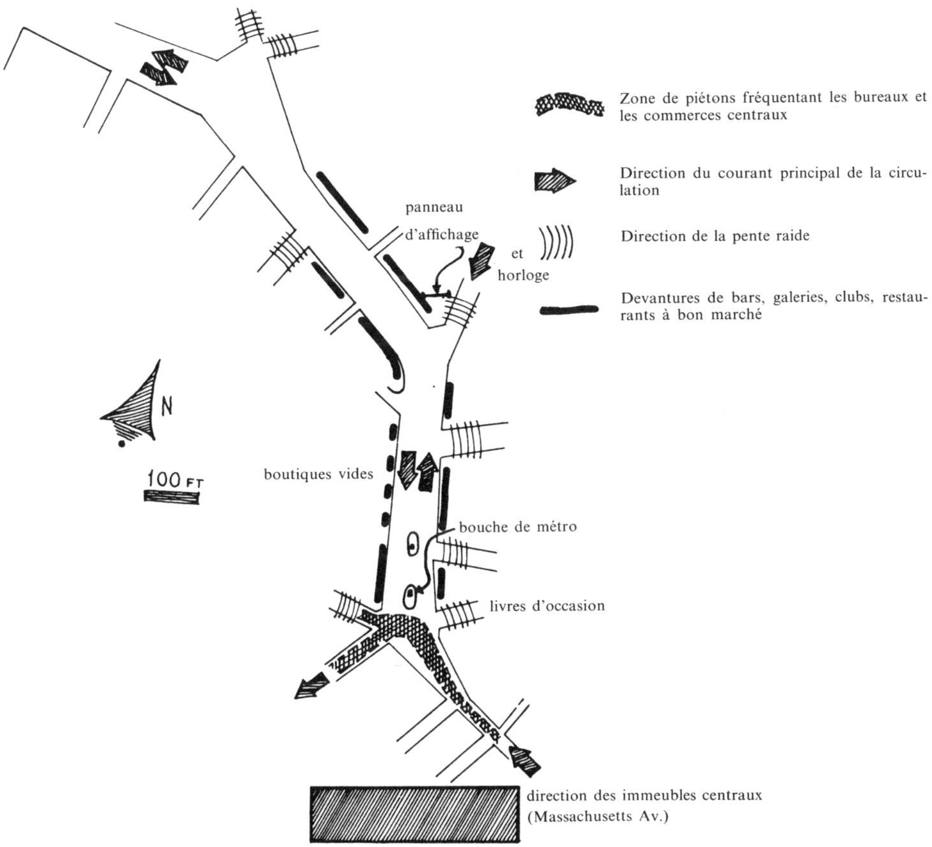

FIG. 62. — *Les éléments visuels de Scollay Square.*

tante, est maintenant difficile à distinguer du reste, mise à part sa largeur quelque peu supérieure. Quant à Sudbury Street, d'où débouche un trafic important, elle semble être maintenant par sa taille et l'utilisation des immeubles qui la bordent, une toute petite rue. Quant on la regarde depuis le nord de la place, la sortie vers l'importante Tremont Street forme un tournant brusque et est presque invisible. Parmi les personnes interviewées, beaucoup avaient des difficultés à localiser cette sortie, mais une fois qu'ils l'avaient trouvée, la direction de Tremont Street était tout à fait claire avec l'apparition successive d'indicateurs tels que le Beacon Theater, la Parker House,

King's Chapel, le Tremont Temple, le Granary Burying-Ground, et le Common.

L'espace du Square nous pousse fortement vers le bas de la colline, et légèrement à gauche vers Court Street, bien que la circulation automobile contredise cette impression, étant à cet endroit en sens unique dans le sens de la montée vers le Square. Si on continue à descendre Court Street à pied, il n'y a rien qui indique la présence de Washington Street, et on a seulement la notion de l'existence de la Old State House, et d'un espace confus. Ainsi la relation entre Washington Street et Scollay Square est obscurcie dans les deux sens.

Une autre confusion est créée par le fait que l'entrée de Cornhill et de Court Street sont étroitement adjacentes alors que, un îlot plus loin seulement, leurs destinations sont psychologiquement aussi éloignées l'une de l'autre que le sont State Street et Dock Square. De nouveau il nous faut conclure que quand on veut sortir de la place, seule la voie par Cambridge Street est clairement identifiable, bien que la difficulté qu'on éprouve à sortir par Tremont Street soit de faible durée.

Le Square est un peu relié à l'extérieur, autrement que par des pentes et des voies, par quelques points de vue. Ceux-ci comprennent le Telephone Building situé à Bowdoin Square et la Courthouse Annex située à Pemberton Square (dont l'architecture ne se distingue presque pas du reste si ce n'est à cause des différences de hauteur), ainsi que la Tour (Tower) de la Custom House, largement identifiable, et que l'on voit en direction du Sud-Est, marquant l'extrémité inférieure de State Street et le front de mer. La vue la plus frappante de toutes est celle de la masse des immeubles de bureaux qui se découpent sur le ciel en direction du sud, indiquant la place du quartier de Post Office Square, et mettant clairement en évidence la situation marginale de Scollay Square, à la lisière du cœur central de la ville.

Contrairement à Beacon Hill ou à Commonwealth Avenue, Scollay Square est tout à fait invisible de l'extérieur, excepté quand on se trouve dans son immédiate proximité. Seuls les vieux habitués se souviendraient, en remarquant de loin la Courthouse Annex, que celle-ci est assez proche de Scollay Square.

A l'intérieur il y a relativement peu d'éléments permettant de différencier des directions ou des parties dans Scollay Square. Le principal point de repère interne est la bouche de métro avec son kiosque à journaux, qui s'agrippent à un minuscule îlot de forme ovale, en plein milieu de la circulation. Pourtant même ce point de repère-là, est petit et difficile à distinguer de loin. La première chose que l'on en voit est une enseigne aux lettres jaunes, et un trou dans le sol. Son impact est diminué du fait de l'existence juste derrière d'une

Figure 62, page 207

construction semblable installée sur un îlot analogue. Cette seconde porte vers le métro souterrain, n'est pourtant qu'une sortie que l'on utilise peu et qui n'a pas de kiosque à journaux, donc perceptuellement « morte ». La bouche du métro qui pour tout le monde a l'air de se trouver au milieu de Scollay Square est en réalité située presque à son extrémité. Un autre détail frappant du Square est le marchand de tabac aux lettres brillantes situé au coin de Pemberton Street et de Tremont Street, juste au pied du mur abrupt de la Suffolk Bank, et en contraste aigu avec lui.

Il y a peu d'indications directionnelles à l'intérieur du Square, mis à part la pente transversale et les principaux courants de circulation qui la fixent sur un axe. Il n'y a aucun gradient appréciable dans l'orientation de l'espace ou de la masse des bâtiments. Les hauts immeubles se détachant sur le ciel en direction du sud, et le panneau d'affichage qui ferme l'espace au nord, sont les principales différenciations directionnelles de la composition elle-même.

Mais il y a des signes substantiels indiquant la direction dans les variations d'activités et d'animation. La densité des piétons et de la circulation est plus importante à l'extrémité méridionale, là où l'utilisation des bâtiments est du type des services que l'on rencontre normalement dans le centre d'affaires : drugstores, restaurants et marchands de tabac. Le courant piétonnier est alors l'habituel mélange d'employés de bureau et d'acheteurs. Les boutiques de marchandises à bon marché ont tendance à se regrouper plutôt sur le côté Est que sur le côté Ouest du Square, tandis que les asiles de nuits et les hôtels meublés sont installés à l'Ouest, pénétrant vers le haut en direction de la lisière de la zone de transition de Beacon Hill. Là les piétons sont ceux que l'on associe populairement avec l'idée du Square. La grappe de boutiques de livres d'occasion située dans Cornhill forme un autre indicateur interne. La frange septentrionale de la zone conduit aux ateliers et aux entrepôts. Ainsi, bien que rudimentaire par son aspect physique, Scollay Square possède une différenciation et une structure internes, grâce aux pentes, à la circulation et à l'utilisation du sol.

Le Square a donc besoin, pour parvenir au niveau de son importance fonctionnelle, d'acquérir une identité visuelle, de réaliser son potentiel formel notamment son espace rectangulaire, son schéma de voies en forme de fuseau, son implantation à flanc de colline. Pour répondre à son rôle structurel, la jonction avec chacune des voies importantes doit être clairement expliquée, que ce soit quand on entre sur la place, ou quand on en sort. Potentiellement, il pourrait jouer un rôle visuel beaucoup plus marquant par sa situation au point central de l'ancienne tête de la péninsule de Boston, au milieu de tout un ensemble de quartiers (Beacon Hill, West End, North End, zone du marché, centre des affaires, quartier commercial central), au nœud de voies aussi importantes que Tremont Street, Cambridge Street, Court ou State Street, et Sudbury Street, et comme figure centrale du trio de plateformes nodales étagées : Pemberton Square, Scollay Square et Dock Square. Scollay Square n'est pas seulement un endroit dont les activités rendent mal à l'aise les gens « bien » — c'est aussi une belle occasion visuelle manquée.

Bibliographie

1. Angyal, A., "Über die Raumlage vorgestellter Oerter," *Archiv für die Gesamte Psychologie,* Vol. 78, 1930, pp. 47–94.
2. Automotive Safety Foundation, *Driver Needs in Freeway Signing,* Washington, Dec. 1958.
3. Bell, Sir Charles, *The People of Tibet,* Oxford, Clarendon Press, 1928.
4. Best, Elsdon, *The Maori,* Wellington, H. H. Tombs, 1924.
5. Binet, M. A., "Reverse Illusions of Orientation," *Psychological Review,* Vol. I, No. 4, July 1894, pp. 337–350.
6. Bogoraz-Tan, Vladimir Germanovich, "The Chukchee," *Memoirs of the American Museum of Natural History,* Vol. XI, Leiden, E. J. Brill; and New York, G. E. Stechert, 1904, 1907, 1909.
7. Boulding, Kenneth E., *The Image,* Ann Arbor, University of Michigan Press, 1956.
8. Brown, Warner, "Spatial Integrations in a Human Maze," *University of California Publications in Psychology,* Vol. V, No. 5, 1932, pp. 123–134.
9. Carpenter, Edmund, "Space Concepts of the Aivilik Eskimos," *Explorations,* Vol. V, p. 134.
10. Casamajor, Jean, "Le Mystérieux Sens de l'Espace," *Revue Scientifique,* Vol. 65, No. 18, 1927, pp. 554-565.
11. Casamorata, Cesare, "I Canti di Firenze," *L'Universo,* Marzo-Aprile, 1944, Anno XXV, Number 3.
12. Claparède, Edouard, "L'Orientation Lointaine," *Nouveau Traité de Psychologie,* Tome VIII, Fasc. 3, Paris, Presses Universitaires de France, 1943.
13. Cornetz, V., "Le Cas Elémentaire du Sens de la Direction chez l'Homme," *Bulletin de la Société de Géographie d'Alger,* 18e Année, 1913, p. 742.
14. Cornetz, V., "Observation sur le Sens de la Direction chez l'Homme," *Revue des Idées,* 15 Juillet, 1909.
15. Colucci, Cesare, "Sui disturbi dell'orientamento topografico," *Annali di Nevrologia,* Vol. XX, Anno X, 1902, pp. 555–596.
16. Donaldson, Bess Allen, *The Wild Rue: A Study of Muhammadan Magic and Folklore in Iran,* London, Lirzac, 1938.

17. Elliott, Henry Wood, *Our Arctic Province,* New York, Scribners, 1886.
18. Finsch, Otto, "Ethnologische Erfahrungen und Belegstücke aus der Südsee," Vienna, Naturhistorisches Hofmuseum, *Annalen.* Vol. 3, 1888, pp. 83–160, 293–364. Vol. 6, 1891, pp. 13–36, 37–130. Vol. 8, 1893, pp. 1–106, 119–275, 295–437.
19. Firth, Raymond, *We, the Tikopia,* London, Allen and Unwin Ltd., 1936.
20. Fişcher, M. H., "Die Orientierung im Raume bei Wirbeltieren und beim Menschen," in *Handbuch der Normalen und Pathologischen Physiologie,* Berlin, J. Springer, 1931, pp. 909–1022.
21. Flanagan, Thomas, "Amid the Wild Lights and Shadows," Columbia University Forum, Winter 1957.
22. Forster, E. M., *A Passage to India,* New York, Harcourt, 1949.
23. Gatty, Harold, *Nature Is Your Guide,* New York, E. P. Dutton, 1958.
24. Gautier, Emile Félix, *Missions au Sahara,* Paris, Librairie A. Colin, 1908.
25. Gay, John, *Trivia, or, The Art of Walking the Streets of London,* Introd. and notes by W. H. Williams, London, D. O'Connor, 1922.
26. Geoghegan, Richard Henry, *The Aleut Language,* Washington, U. S. Department of Interior, 1944.
27. Gemelli, Agostino, Tessier, G., and Galli, A., "La Percezione della Posizione del nostro corpo e dei suoi spostamenti," *Archivio Italiano di Psicologia,* I, 1920, pp. 104–182.
28. Gemelli, Agostino, "L'Orientazione Lontana nel Volo in Aeroplano," *Rivista Di Psicologia,* Anno 29, No. 4, Oct.–Dec. 1933, p. 297.
29. Gennep, A. Van, "Du Sens d'Orientation chez l'Homme," *Religions, Moeurs, et Légendes,* 3e Série, Paris, 1911, p. 47.
30. Granpré-Molière, M. J., "Landscape of the N. E. Polder," translated from *Forum,* Vol. 10:1–2, 1955.
31. Griffin, Donald R., "Sensory Physiology and the Orientation of Animals," *American Scientist,* April 1953, pp. 209–244.
32. de Groot, J. J. M., *Religion in China,* New York, G. P. Putnam's, 1912.
33. Gill, Eric, *Autobiography,* New York City, Devin-Adair, 1941.
34. Halbwachs, Maurice, *La Mémoire Collective,* Paris, Presses Universitaires de France, 1950.
35. Homo, Leon, *Rome Impériale et l'Urbanisme dans l'Antiquité,* Paris, Michel, 1951.
36. Jaccard, Pierre, "Une Enquête sur la Désorientation en Montagne," *Bulletin de la Société Vaudoise des Science Naturelles,* Vol. 56, No. 217, August 1926, pp. 151–159.
37. Jaccard, Pierre, *Le Sens de la Direction et L'Orientation Lointaine chez l'Homme,* Paris, Payot, 1932.
38. Jackson, J. B., "Other-Directed Houses," *Landscape,* Winter, 1956–57, Vol. 6, No. 2.

39. Kawaguchi, Ekai, *Three Years in Tibet,* Adyar, Madras, The Theosophist Office, 1909.
40. Kepes, Gyorgy, *The New Landscape,* Chicago, P. Theobald, 1956.
41. Kilpatrick, Franklin P., "Recent Experiments in Perception," *New York Academy of Sciences, Transactions,* No. 8, Vol. 16. June 1954, pp. 420–425.
42. Langer, Suzanne, *Feeling and Form: A Theory of Art,* New York, Scribner, 1953.
43. Lewis, C. S., "The Shoddy Lands," in *The Best from Fantasy and Science Fiction,* New York, Doubleday, 1957.
44. Lyons, Henry, "The Sailing Charts of the Marshall Islanders," *Geographical Journal,* Vol. LXXII, No. 4, October 1928, pp. 325–328.
45. Maegraith, Brian G., "The Astronomy of the Aranda and Luritja Tribes," Adelaide University Field Anthropology, Central Australia no. 10, taken from *Transactions of the Royal Society of South Australia,* Vol. LVI, 1932.
46. Malinowski, Bronislaw, *Argonauts of the Western Pacific,* London, Routledge, 1922.
47. Marie, Pierre, et Behague, P., "Syndrome de Désorientation dans l'Espace" *Revue Neurologique,* Vol. 26, No. 1, 1919, pp. 1–14.
48. Morris, Charles W., *Foundations of the Theory of Signs,* Chicago, University of Chicago Press, 1938.
49. *New York Times,* April 30, 1957, article on the "Directomat."
50. Nice, M., "Territory in Bird Life," *American Midland Naturalist,* Vol. 26, pp. 441–487.
51. Paterson, Andrew and Zangwill, O. L., "A Case of Topographic Disorientation," *Brain,* Vol. LXVIII, Part 3, September 1945, pp. 188–212.
52. Peterson, Joseph, "Illusions of Direction Orientation," *Journal of Philosophy, Psychology and Scientific Methods,* Vol. XIII, No. 9, April 27, 1916, pp. 225–236.
53. Pink, Olive M., "The Landowners in the Northern Division of the Aranda Tribe, Central Australia," *Oceania,* Vol. VI, No. 3, March 1936, pp. 275–305.
54. Pink, Olive M., "Spirit Ancestors in a Northern Aranda Horde Country," *Oceania,* Vol. IV, No. 2, December 1933, pp. 176–186.
55. Porteus, S. D., *The Psychology of a Primitive People,* New York City, Longmans, Green, 1931.
56. Pratolini, Vasco, *Il Quartiere,* Firenze, Valleschi, 1947.
57. Proust, Marcel, *Du Côté de chez Swann,* Paris, Gallimard, 1954.
58. Proust, Marcel, *Albertine Disparue,* Paris, Nouvelle Revue Française, 1925.
59. Rabaud, Etienne, *L'Orientation Lointaine et la Reconnaissance des Lieux,* Paris, Alcan, 1927.
60. Rasmussen, Knud Johan Victor, *The Netsilik Eskimos* (Report of the Fifth Thule Expedition, 1921–24, Vol. 8, No. 1–2) Copenhagen, Gyldendal, 1931.

61. Rattray, R. S., *Religion and Art in Ashanti,* Oxford, Clarendon Press, 1927.

62. Reichard, Gladys Amanda, *Navaho Religion, a Study of Symbolism,* New York, Pantheon, 1950.

63. Ryan, T. A. and M. S., "Geographical Orientation," *American Journal of Psychology,* Vol. 53, 1940, pp. 204–215.

64. Sachs, Curt, *Rhythm and Tempo,* New York, Norton, 1953.

65. Sandström, Carl Ivan, *Orientation in the Present Space,* Stockholm, Almqvist and Wiksell, 1951.

66. Sapir, Edward, "Language and Environment," *American Anthropologist,* Vol. 14, 1912.

67. Sauer, Martin, *An Account of a Geographical and Astronomical Expedition to the Northern Parts of Russia,* London, T. Cadell, 1802.

68. Shen, Tsung-lien and Liu-Shen-chi, *Tibet and the Tibetans,* Stanford, Stanford University Press, 1953.

69. Shepard, P., "Dead Cities in the American West," *Landscape,* Winter, Vol. 6, No. 2, 1956–57.

70. Shipton, Eric Earle, *The Mount Everest Reconnaissance Expedition,* London, Hodder and Stoughton, 1952.

71. deSilva, H. R., "A Case of a Boy Possessing an Automatic Directional Orientation," *Science,* Vol. 73, No. 1893, April 10, 1931, pp. 393–394.

72. Spencer, Baldwin and Gillen, F. J., *The Native Tribes of Central Australia,* London, Macmillan, 1899.

73. Stefánsson, Vihljálmur, "The Stefánsson-Anderson Arctic Expedition of the American Museum: Preliminary Ethnological Report," *Anthropological Papers of the American Museum of Natural History,* Vol. XIV, Part 1, New York City, 1914.

74. Stern, Paul, "On the Problem of Artistic Form," *Logos,* Vol. V, 1914–15, pp. 165–172.

75. Strehlow, Carl, *Die Aranda und Loritza-stämme in Zentral Australien,* Frankfurt am Main, J. Baer, 1907–20.

76. Trowbridge, C. C., "On Fundamental Methods of Orientation and Imaginary Maps," *Science,* Vol. 38, No. 990, Dec. 9, 1913, pp. 888–897.

77. Twain, Mark, *Life on the Mississippi,* New York, Harper, 1917.

78. Waddell, L. Austine, *The Buddhism of Tibet or Lamaism,* London, W. H. Allen, 1895.

79. Whitehead, Alfred North, *Symbolism and Its Meaning and Effect,* New York, Macmillan, 1958.

80. Winfield, Gerald F., *China: The Land and the People,* New York, Wm. Sloane Association, 1948.

81. Witkin, H. A., "Orientation in Space," *Research Reviews,* Office of Naval Research, December 1949.

82. Wohl, R. Richard and Strauss, Anselm L., "Symbolic Representation and the Urban Milieu," *American Journal of Sociology,* Vol. LXIII, No. 5, March 1958, pp. 523–532.

83. Yung, Emile, "Le Sens de la Direction," *Echo des Alpes,* No. 4, 1918, p. 110.

Index

Imprimerie Arts Graphiques du Perche 28240 Meaucé
Dépôt légal : janvier 1998 — N° d'Imprimeur 98188
Dépôt légal de la 1re édition : 1er trimestre 1969
Imprimé en France